Zu diesem Buch Nach wie vor stellt das menschliche Gehirn die Wisssenschaft vor viele ungeklärte Fragen. Obwohl zahlreiche Fähigkeiten, wie z. B. Sprache, Zahlen- oder Farbsinn, räumliches Vorstellungsvermögen, in bestimmten Hirnarealen lokalisiert werden können, ist dies nach wie vor ungeklärt bei abstrakten komplexen Gefühlen wie Liebe, Hass oder aber dem Glauben. Detlef B. Linke befasst sich seit vielen Jahren mit den neurophysiologischen und -psychologischen Grundlagen für diese zutiefst menschlichen Eigenschaften. Vor dem Hintergrund der Ereignisse des 11. September 2001 versucht er zu ergründen, ob Religion in der Grundstruktur ein so einheitliches Phänomen ist, dass man für verschiedene Glaubensrichtungen und Kulturen ein identisches Hirnareal annehmen kann. Er fragt, inwieweit Religion in Fanatismus umschlagen kann, und an welchen Punkten Fundamentalisierung und Radikalisierung im Gehirn stattfinden (u. a. am Beispiel der sog. Schläfer). Linke untersucht aber auch den subtilen Einfluss, den Sprachstruktur, Sexualität, Liebe, Gewalt, Nahtodeserfahrung auf das religiöse Empfinden ausüben.

Detlef B. Linke studierte Medizin, Philosophie und Kommunikationsforschung. Der Professor für klinische Neurophysiologie und neurochirurgische Rehabilitation an der Universität Bonn beschäftigt sich seit vielen Jahren mit Bau und Funktion verschiedener Hirnareale im Zusammenhang mit Kunst, Ethik und Philosophie. Auch in der umstrittenen Debatte um Hirntransplantationen ist er ein engagierter Gesprächspartner. Bei *science* ist bereits von ihm erschienen: Kunst und Gehirn (60258), Hirnverpflanzung (60135).

Detlef B. Linke

Religion als Risiko

Geist, Glaube und Gehirn

Rowohlt Taschenbuch Verlag

rororo science
Lektorat Angelika Mette

Originalausgabe

Veröffentlicht im Rowohlt Taschenbuch Verlag GmbH,
Reinbek bei Hamburg, Januar 2003
Copyright © 2003 by Rowohlt Taschenbuch Verlag GmbH,
Reinbek bei Hamburg
Fachliche Beratung der Reihe Eva Ruhnau,
Humanwissenschaftliches Zentrum,
Ludwig-Maximilians-Universität, München
Redaktion Annalisa Viviani
Umschlaggestaltung any.way, Barbara Hanke
(Foto: MAURITIUS-SST; Faltner/Premium)
Satz Lexikon No. 1 und Syntax PostScript, PageMaker bei
Pinkuin Satz und Datentechnik, Berlin
Druck und Bindung Clausen & Bosse, Leck
Printed in Germany
ISBN 3 499 61488 x

Die Schreibweise entspricht den Regeln
der neuen Rechtschreibung.

Für Ingeborg,
Cosima, Maja, Christian, Anita, Joschua, Micha und meine Mutter
in Liebe

Inhalt

Einleitung 11

Religion und Mord 21

Die Stute an der Al-Aksha-Moschee 23
Verstümmelungen im Religionsvergleich 32
Neurowissenschaft und Recht 38
Aufklärung im Islam 40

Gibt es ein Maß? 45

Das «ozeanische Gefühl» hat sich geirrt 47
Pascals Wette 52
Religion als Schuldenerlass – auch ökologisch? 56
Gehirn und Risiko 58
Einkerbungen 61
Gesetz ohne Vater 62
Geist, Glaube und Gehirn 64

Ein seltsamer Diamant: Das Gehirn 69

«Äthiopien» und die Landkarte des Gehirns 71
Schrebergärten des Gehirns 73
Abraham und das PET 74
Andrew Newberg und die Umgrenzung des Grenzenlosen 80
Neurotheologie, Neurorabbinologie, Neuromythologie und
Neuroschamanismus 83
Häufiges Konvertieren – ein Syndrom des rechten Schläfenlappens
oder ein kulturspezifisches Geschehen? 85
Der Mythos von der rechten Hirnhälfte 86
Die Religion und die «Durchlässigkeit» des limbischen Systems 89

Psychose. Keiner sieht mich und wird leben **91**
Ein Hirnmodell für Schläfer und Fanatiker? **93**
Derridas Wette: Kann man eine Software austauschen? **96**
Weniger Streit durch Angleichung der Gehirne? **99**

Das Krampfleiden des Fakirs **103**

Buddha und die Thermodynamik **105**
Schmerzloser Draht in der Wange **105**
Forciertes Meditieren: «Nahtodeserfahrungen» **108**
«Ich stehe auf meinem Tod» **110**
Eine japanische Zeremonie zur Vertreibung des Bösen **113**
Die japanische Verbeugung **115**
Eulenspiegel und der Zen-Meister **117**
Zen-Rabbi **119**
Unendlichkeit im Dialog. Ein Spiel zwischen Mathematik und Zen **120**
Evolution und Meditation **123**

Das Unnennbare: Musik und Religion **127**

Musik: Religion absolut? **129**
Viele Künste kann der Teufel … **135**
Singularitäten für das Böse **137**

Kommunikationsstörung bei den Engeln **141**

Engel: Wie wird man ganz Bote? **143**
Liebe und Metapher **158**

Das Bersten des Liebesapfels und der Diebstahl der Früchte **163**

Das Lied der Lieder **165**
Die Philosophie des Liebesapfels **166**
Der Diebstahl der Früchte **167**

Antlitz und Tier – ein gemeinsames Hirnzentrum 175

Das Antlitz des Herrn: Nur die (erhoffte) Zuwendung ist
sichtbar 177
Das Gesicht: Ort der größten Überraschbarkeit der
Welt 180

Ein oder zwei Quellen für die Religion 183

Sprache und Evolution 185
Zwischen Tür und Angel 195
Weihnachtsschmuck an der Hebräischen Universität 199
Konfliktbearbeitung durch Inszenieren statt Sprechen?
Zur Poesie der Multilateralität 203
Zungenreden und Verstand 205
Die Nacht, die Isomorphie und das religiöse Symbol 209
Die Rede des toten Christus vom Weltgebäude herab 213
Gott ist tot 215
Das Gebet 216
«Cré nom» 218

Evolution und Risiko 221

Evolution und Balance 223
Evolution des Gesetzes 226
Mimesis und Diktatur 229
Ein kosmischer Rechnungshof? 232
Die Wirklichkeit der Religion und der schräge Umgang
mit dem Risiko 235
Riskante Unterschiede bei der Risikovermeidung 238
Gen-Design zur Beseitigung des religiösen Risikos? 242
Risiko 248
Vom Grooming über die Religion zum Würdekonzept:
Die Evolution der Weltgemeinschaft 250
Chora. Don't touch? 253

Arjuna meditiert auf dem Schlachtfeld 259

Die Schrift und die Aggression 261
Wenn der Krieg zum Selbst wird 268

Ekstase 271

Das Ende der Endlichkeit 273
Das Zeitalter der Ekstase 275
Neue Fragen nach dem Menschen 276
Folgerungen und Folgen 277

Ein freies Zusammenleben 279

Freiheit und Tötungsverbot 281
Auf dem Weg zur kulturellen Vielfalt 284

Nachtrag: Ästhetik des Respekts 286

Anhang 289

Anmerkungen 290   Literaturverzeichnis 303   Dank 315
Bildnachweis 315   Personen- und Sachregister 316

Einleitung

Hochzeit nach dem 11. September

R. L. und A. W. waren seit einigen Jahren ein Paar, auch wenn sie ihre Beziehung im turbulenten New York etwas auf Distanz hielten. Mit dem 11. September änderte sich etwas für sie. Was sie nie gedacht hätten, geschah. Sie heirateten standesamtlich. Sie waren rationale Menschen, die ihr Leben individuell gestalten und selber in die Hand nehmen wollten. Jetzt hatten sie Sehnsucht nach Geborgenheit und offizieller formeller Anerkennung ihrer Zusammengehörigkeit.

Man kann sich an Goethe im Jahre 1806 erinnern, als Weimar von den Franzosen belagert wurde. Eine Kanonenkugel war ins Dach seines Hauses eingeschlagen, und schon am nächsten Tag heiratete er Christiane Vulpius, seine langjährige Lebensgefährtin, standesamtlich. Es geschieht etwas mit den Menschen in Krisenzeiten. Sie wollen Sicherheit.

Es geschah etwas mit der Psyche der New Yorker nach dem Terroranschlag. Es hat sich ein großartiges Gefühl eines gemeinschaftlichen Selbst herausgebildet, sagt ein Neurologe, der seine Praxis in der 73. Straße hat. All die Arztpraxen quellen über und Menschen suchen Hilfe bei Psychotherapeuten.

Bildgebende Verfahren können belegen, dass psychische Traumen zu Hirnveränderungen führen können. In den Hirnregionen, die für die Verarbeitung von Emotionen verantwortlich sind, kann es zur Minderung von Stoffwechselaktivität kommen. Es sind am unteren Saum des Großhirns gelegene Strukturen, die in beiden Hirnhälften angelegt sind und in die Hirndarstellung, man möchte fast sagen wie schattenhafte Umrisse von zwei Türmen eingebrannt sind. Es ist nicht leicht, diese Zentren verminderter Hirnstoffwechselaktivität wieder in die Tätigkeit des Gesamtgehirns zu integrie-

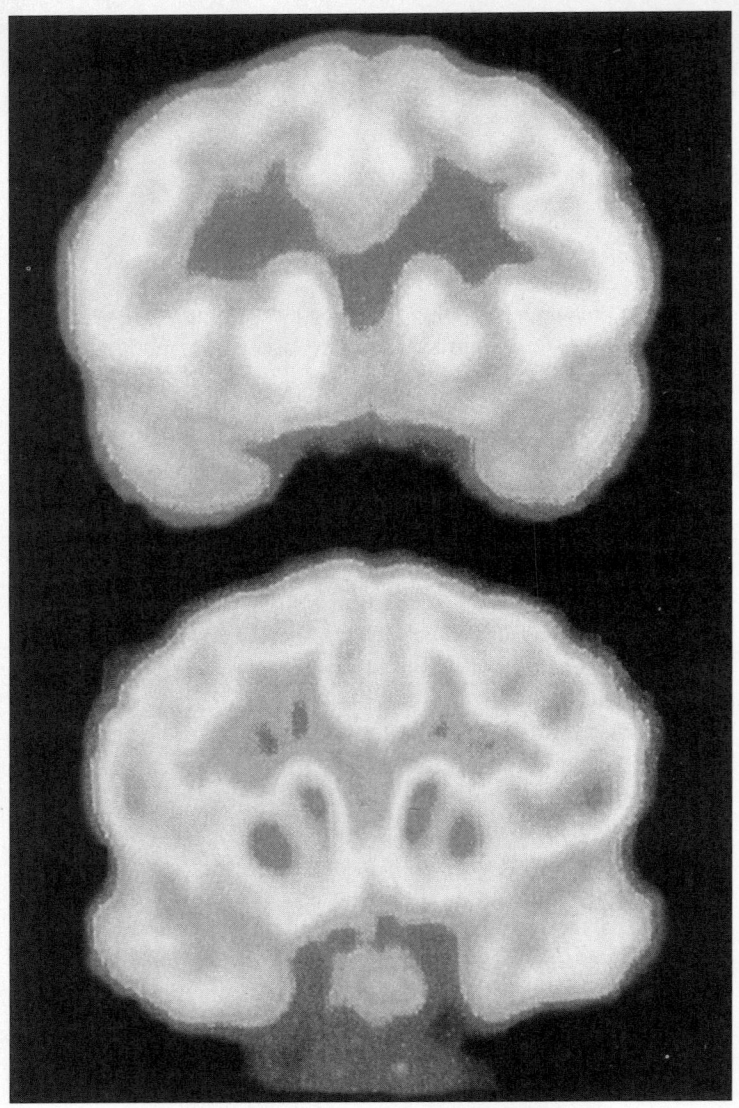

Verminderte Hirnaktivität in Teilen des limbischen Systems nach psychischem Trauma (unten). Aus: H. J. Markowitsch u. a.

ren. Mit ein paar symbolischen Traumverschiebungen ist es nicht getan. Nachts werden die Szenen in Albträumen wiederholt. Die Menschen werden von den Erinnerungen an die Ereignisse wach, ohne dass der Schrecken nachließe. Alle Kunst der Therapeuten ist gefordert, doch die üblichen Kniffe gelangen an ihre Grenzen. Was hilft es, dem Opfer, das sich verfolgt fühlt, zu sagen, dass der Verfolger eine Eigenschaft des Gehirns ist und nur eine Spiegelung des eigenen Ich? Wird ein Polizist als Geisel genommen, so kann dieser Hinweis eine therapeutische Hilfe sein. Der Geiselnehmer, der in den Träumen erscheint, ist nur eine unsinnige Wiederholtätigkeit meines Gehirns.

Das an Evolutionsnotwendigkeiten geschulte Hirn ist skeptisch, dass der Geiselnehmer in Polizeigewahrsam ist und jetzt aus seiner Gefängniszelle nicht ausbrechen kann. Da kann es wichtig sein, zu sagen, dass es sich um eine schädliche Leerlauftätigkeit des Gehirns handelt, die vielleicht in gewissen Phasen der Evolution von Vorteil sein konnte, wenn man durch die ständige Reproduktion der Gefahrensituation seine Reaktionszeit und Handlungsfähigkeit verbesserte. Doch wie will man einen Terroranschlag, der immer und immer wieder in den Albträumen die Menschen jählings hochfahren lässt, als evolutionär veraltete Hirntätigkeit abtun, wenn die Möglichkeit eines weiteren Terroranschlags nicht ausgeschlossen werden kann und die Wahrscheinlichkeit dafür sogar relativ hoch ist? Dann genügt es nicht, nur etwas gegen die Ängstlichkeit des Gehirns zu tun und die Wirklichkeit als dessen bloße Konstruktion abzutun. Die Gefahr muss dann in der Wirklichkeit beseitigt werden und nicht nur in den Konstruktionen des Gehirns.

Bin Laden – eine neuropsychologische Theorie der Terroristen?

Karl Popper sagt: «Lasst Theorien statt Menschen sterben!» Dies ist eine gute Einstellung. Theorien, die eine tödliche Auswirkung haben können, sollte man abwählen. Doch woran liegt es, wenn Menschen zu Mördern werden? Liegt es an den falschen Theorien, oder haben die Theorien im Zusammenspiel mit bestimmten Charaktereigenschaften oder Lebenserfahrungen nur in einer bestimmten individuellen Mischung das Gewaltpotenzial, das man ihnen ansonsten zu Unrecht anlastet? Benutzen Charaktere, die auf Tötung, Hass und Rache aus sind, vielleicht Theorien nur als Vorwand, um ihr emotionales Geschäft zu betreiben?

Wir müssen alles daransetzen, Poppers Motto mehr Raum zu geben und Theorien beseitigen, die auf Tötung ausgehen könnten. Zugleich sollte man aber auch auf charakterliche oder mentale Einstellungen achten, die auf Tötung ausgerichtet sein könnten. So wäre es eine wichtige Frage für die Hirnforschung und Neurobiologie, wie Meme, bestimmte Gedächtnis- und Verhaltenskomplexe, von einer Person auf die andere übertragen werden können und gleichsam wie Computerviren in Freiheit und Programmatik eines Menschen eingreifen und neue Handlungsabsichten inszenieren können. Die Frage ist, wie es geschehen kann, dass ein Mensch nur noch theoriegeleitet ist, die Rückkopplung mit dem Leben, mit anderen Menschen und anderen Welten verliert und sich völlig aus dem Abwägen der Lebensprobleme herauskatapultiert.

Offenbar ist der Mensch in der Lage, sich programmhaft zu verhalten, aber wie Daniel Dennett richtig bemerkt, wird er damit noch nicht zum Computer. Vielmehr verwertet das Gehirn die lebendigen Ressourcen eines Menschen für ein maschinenhaftes Programm. Eine der schockierendsten Ansichten für uns Menschen wäre es, wenn wir uns klar machen müssten, dass Religion, die viele von uns weit über den mechanischen Bereich dieser Welt hinaus in das Spirituelle verlegen möchten, selber einen maschinenhaften Aspekt hätte. Genau dieser Ansicht verleiht aber z. B. Jacques Derrida Ausdruck.

Wenn Religion in der Gefahr ist, maschinenhafte Züge zu bekommen (Wiederholung, Ritus, Dogmatik usw.), dann wäre es gut, in der Theorie eine Markierung für das Leben anzubringen, die uns an die Lebendigkeit erinnert, die stets als Offenheit zu gewinnen wäre. Zunächst sollte jedoch die Frage geprüft werden, ob es Individuen gibt, die besondere Eigenschaften aufweisen, aufgrund deren das Maschinenhafte von Religion bei ihnen auf eine Weise fassen kann, die bei-

Internet-Foto des gesuchten Al-Qaida-Führers Osama Bin Laden

des zusammen, Religion und Mensch, gleichsam zu einer tödlichen Waffe «transsubstanziiert».

Im Fahndungsblatt des FBI wird Bin Laden als Linkshänder charakterisiert. Linkshändigkeit wird im arabischen Sprachraum eher selten angegeben. Sie ist mit gesellschaftlichen Nachteilen verbunden. Aus diesem Grund liegt die Statistik für Linkshänder in arabischen Ländern bei 1 Prozent, in den USA bei über 10 Prozent.

In Ländern, in denen Linkshändigkeit nicht akzeptiert wird, werden Linkshänder häufig umerzogen. Umerzogene Linkshänder kommen in eine komplizierte zerebrale Situation. Möglicherweise war auch Adolf Hitler ein umerzogener Linkshänder (in seinen späteren Lebensjahren entwickelte er in der linken Hand zudem ein Parkinson-Syndrom). Nach Umerziehung der Linkshändigkeit kann es zu allerlei Problemen psychischer Art kommen, zum Stottern, ja sogar zum Bellen. Zwar hat die nicht dominierende Hirnhälfte die Möglichkeit zum Umtrainieren, aber dies kann an eine Grenze gelangen. Noch lange nach dem Umlernen kann sich z. B. ein Schreibkrampf einstellen. Offenbar können die Meme für wesentliche kognitive

Leistungen in beiden Hirnhälften Platz nehmen, aber es kann zu Störungen kommen, wenn sie sich in der nicht dominanten Hirnhälfte ausgestalten müssen. Vieles spricht dafür, dass der Linkshänder besonders neuartige und kreative Kombinationen zwischen den beiden Hirnhälften entwickeln kann. Es kann aber auch schief gehen und der handlungsfreie Raum der Person eingeschränkt werden. Umerziehung beim Linkshänder muss nun keineswegs kausal eingleisig zum Terrorismus führen, dies wäre absurd. Aber eine Anspannung der Persönlichkeit, die im Guten wie im Bösen zum Herausfallen aus der Normalität des Alltags prädisponieren kann, macht es wert, das Kennzeichen des umerzogenen Linkshänders beim Aufspüren von Terroristen als Merkmal mit in den Bereich der Aufmerksamkeit zu rücken.

«Tu nie alle Eier in einen Korb!»

Eine wesentliche Einsicht der ökonomischen Theorie lautet, dass man nicht alle Eier in einen Korb legen soll. Für die Geldanlage ist damit gemeint, dass man es nicht nur in einem Bereich anlegen, sondern Diversifikationen vornehmen sollte, also, wie für viele schmerzlich bekannt, nicht nur in der Börse, sondern auch in unbewegliche Dinge und Sparguthaben anlegen sollte. Für die Organisation der Welt hat man sich jedoch nicht an diese Regel gehalten. Vielmehr hat man alle Eier in einen Korb gelegt und dies Globalisierung genannt. Das Risiko ist dadurch größer geworden, sodass, wenn es zum Crash kommt, der Crash umso größer ist. Nun ist die Globalisierung aber nicht rückgängig zu machen, und vieles spricht dafür, dass alle Entwicklungsformen der Rückkehr von einem Risiko behaftet sind, das noch größer ist als dasjenige, das dabei vermieden werden soll. Die Versuche im 20. Jahrhundert, frühgermanische oder mittelalterliche Lebensformen wieder zu aktivieren, sind dafür ein Beispiel. Es kann also nur darum gehen, dass die Gesetze des Zusammenlebens, die einen Crash vermeiden sollen, stärker betont werden, statt dass archaische Mechanismen die Illusion einer Rückkehr in archaische Lebensformen aktivieren sollten. Gewollte Archaik ist keine Archaik, sondern die brisanteste Mischung aus Vernunft und Unvernunft.[1]

Krisenzeiten müssen mit Gesetzen geregelt werden, und ich denke dabei insbesondere an das jüdische Gesetz, das als Orientierung der Gemeinschaft und Gesellschaft das Zusammenleben fördern kann. Sicher sind Polizei und Staatsgewalt nicht entbehrlich. Das Bewusstsein für *minima moralia* (Du sollst nicht töten) schwindet jedoch in einer Zeit, in der das Gesetz, von dem die Religionen zu künden versuchen, nicht mehr seine Einkerbung in die Geschlechtlichkeit und in das Konzept der Völker in dem Maße finden kann, wie das vor dem Zusammenleben verschiedener Kulturen der Fall war. Wird hier gegengesteuert und jedem sein Raum gelassen (Rechtsraum), dann kann man es riskieren, alle Eier in einen Korb zu tun. Dann können Religionen durchaus im Sinne einer Managementtheorie als ein «Gewinn bringendes» Risiko angesehen werden, denn nach den Theorien der Wirtschaft ist ja gerade Diversifikation bzw. Mannigfaltigkeit einer der Garanten der sicheren Gewinne.

Schleiermacher schrieb eine Schrift über Religion, die sich an ihre Verächter richtete. Heute besteht eher das Problem, dass Religion in den Systemen der Risikoberechnung und des Managements gar nicht mehr wahrgenommen wird oder nur als negatives Risiko kalkuliert wird. Der erste Schritt wäre, zu zeigen, dass sie auch ein Gewinn bringendes Risiko darstellen kann und dass ohne sie das Risiko viel größer sein könnte. Religionen waren immer auch selber Weltmodelle des Risikomanagements; es wäre schlecht, wenn wir deren Erfahrungen verlieren würden. Eindringlich zu betonen ist jedoch, dass mit Religion allein die gegenwärtige Situation recht problematisch wäre. Eine Regression kann uns nicht helfen, es ist sinnvoll, zu sehen, dass die Versprechen und Zukunftshoffnungen, die Religionen gestiftet haben, auch unsere säkularisierte Welt tragen. Die Risikotheorien der Ökonomie werden die Religionen jedoch nicht bis zu Ende durchkalkulieren können, schon weil sie den Menschen nicht bis zu Ende durchkalkulieren können.

Eine ökonomische Vernunft an das Thema Religion heranzutragen, erscheint in der jetzigen Situation sinnvoll. Auch kann Hirnforschung einen Beitrag dazu leisten, falsche Träume von Ganzheit zu relativieren. Wir brauchen analytische Vernunft und den Blick fürs Ganze zugleich. Die Religionen sind der wesentliche Träger des Gedankens, dass das Ganze nicht wahr sein kann, wenn nicht der Einzelne respektiert wird. Diesen Gedanken muss man in allen Religionen fördern, ja, er ist Ausdruck ihres ureigenen Bestrebens, und insofern sind die Religionen selber auch ein Mittel zur Bekämpfung des von Menschen gemachten Schreckens.

Die Eroberung des Kontinents Gehirn eröffnet Chancen für neue Modelle der Form des Zusammenlebens, wie sie in fest markierten Territorien nur schwer erworben werden können. In diesem freien Territorium müssen die Ergebnisse der Hirnforschung selber auch kritisch betrachtet werden, damit dieses höchst dynamische Organ nicht zum Referenzpunkt für starre Deutungen des Menschen wird. Den Hauptvorteil bei der Diskussion über Religion, die Dimension der Erforschung des Gehirns mit hereinzubringen, liegt darin, dass wir mit ihm einen Horizont der Freiheit eröffnen, in dem wir noch Projektionen gestalten können, die andernorts schwer einzupassen sind, da viele von Freund-Feind-Schemata und Denkgegensätzen besetzt sind.

In diesem Sinne folge ich auch nicht den vorschnellen Folgerungen, die mitunter aus einigen mühseligen Anfängen der Hirnanalyse gewonnen wurden, so z. B. der Schwenk von der Vernunft zur Emotionalität. Das Gehirn kann in unterschiedlichem Maße mit Vernunft oder mit Emotionen arbeiten. In beiden Fällen kann Böses oder Gutes geschehen. Sich auf eine der Seiten zu werfen, wäre nicht vorteilhaft.

Zur Zeit folgern einige aus der Hirnforschung, dass man seinen Emotionen vertrauen sollte. Ich meine, dass diese Regel schlicht falsch ist. Der Amokläufer sollte seinen Emotionen nicht vertrauen, der Terrorist ebenfalls nicht. Es geht nicht darum, Emotion und Vernunft oder Risikoberechnung gegen schlichte Einfalt der Seele gegeneinander auszuspielen, sondern darum, die verschiedenen Verhaltensmöglichkeiten des Menschen wieder in seine Verantwortung zu rufen.

Religiöse Menschen mag es stören, dass Religion unter Aspekten des Risikomanagements betrachtet wird und dabei auch noch Befunde der Hirnforschung in den Blick genommen werden. Man sollte jedoch sehen, dass Risikomanagement den Religionen besser anstehen würde als das alleinige Public-Relations-Management, dessen sich die Religionsgemeinschaften heute zunehmend bedienen. Geist und Glaube werden verstärkt dem Management unterworfen, nicht aber im Hinblick auf das Risiko für die Gesellschaft, sondern für das optimale Public-Relations-Ergebnis. Da denke ich, dass die Diskussion des Risikos uns einen Schritt weiterführt, auch bei dem uranfänglichsten Unterfangen, das Religion bestimmt hat: der Versuch, den Menschen in einer risikoreichen evolutionären Situation ein Weg zu sein.

Religion und Mord

Die Stute an der Al-Aksha-Moschee

Nicht nur Leib-Seele-Modelle

(Pegasus, Platos Rosselenker, die Stute des Propheten, Luthers fröhlicher Wechsel und Streit, Freuds Karbunkel, Poppers Kraftfahrzeuglenker und andere «Easy Rider»)

Der Flug

Aus neurophysiologischer Sicht geben Pferd und Reiter eine Rhythmik wieder, die, wenn man sie nicht gleich nach dem üblichen tiefenpsychologischen Schema deuten will, auch als eine Synchronisation im Nervensystem und damit eine Zeitvorgabe für Codierungen gedeutet werden kann. Dies heißt, dass die Art der Rhythmisierung in unseren Nervenimpulsen einen Bezug dafür abgibt, wie wir die Welt deuten. Im gemächlichen Einherschreiten wird sie anders erfahren als im Galopp. Wenn ein Pferd abhebt, so hat das seine Bedeutung, die Zeitkoordinaten der Welt werden verlassen. Die Rhythmik auch mit ihrer sexuellen Nebenbedeutung wird aufgegeben, und der Körper ist bereit für eine neue Poesie. Das Reitpferd des Bellerophon hatte Flügel, und so konnte dieser Dichter mit seinem Pferd durch die Lüfte fliegen. Die Abkopplung von den ursprünglichen Rhythmen des Körpers wird in diesem Bild offenkundig, man kann das als ein Bild der «Vergeistigung» auffassen. Das Unglückliche daran ist, dass die «Vergeistigung» abstürzen kann: Bellerophons Reittier trug nur eine Weile gegen die Schwerkraft der Erde. Vieles spricht dafür, dass es auch mit der menschlichen Vergeistigung so ist, die neue rhythmische Bestärkung durchaus erfahren möchte.

Die Steuerung

Die Dichter sind mit ihren Metaphern in Bewegung. Ihr Flug reicht jedoch nicht allzu weit. Anders ist es bei Platos Rosselenkern, da sitzen die Flügel direkt an den Schulterblättern der Rosselenker. Seltsamerweise schaffen es diese Gefährte bis nahe an die Sonne heran. Das Unglück ereilt sie erst, wenn das Wachs, das die Federn der Flügel festhält, unter der Hitze der zu nahen Sonne zu schmelzen beginnt. Cool bleiben ist beim Höhenflug alles. Erstaunlich ist, dass man so schwere Rosse auf seinen Flug mitnehmen kann.

Im Zeitalter der aus der Flugabwehrtechnik heraus entwickelten Kybernetik interessierte man sich bei dem Thema Höhenflug eher für Fragen der Steuerungsmechanik. Und so wurde aus Platos Rosselenker in der Leib-Seele-Philosophie Karl Poppers der Kraftfahrzeuglenker eines modernen Autos: Schon vom Namen her ist das Auto ein Selbstbeweger, was in der griechischen Antike nur der Seele zugesprochen wurde. Von der Steuerung her ist für dieses Gefährt bisher jedoch noch der Mensch vorgesehen.

Die Rhythmik

Sigmund Freud hat zum Leib-Seele-Problem eine parallelistische Position innegehabt[1], das heißt, er achtete darauf, dass psychische und körperliche Funktionen getrennt beschrieben werden, da z. B. das Ich, das als eine Art Handlungspunkt erfahren werden mag, in dieser Punktualität im Körper nicht nachweisbar ist, was von den gegenwärtigen Neurowissenschaften her deutlich unterstrichen werden muss. Den kybernetischen Steuerungsvorstellungen eines Karl Popper wäre Freud nur partiell gefolgt. Für ihn wäre ein Kybernetiker, der seinen Körper steuert, nur als einer vorstellbar, der partiell auch von diesem Körper beeinflusst wird. Es lässt sich auch folgendermaßen formulieren: Zeitparameter der Codierung der Kognition werden durch die körperliche Rhythmik mit vorgegeben. Werden diese nicht berücksichtigt, so droht der Absturz des gesamten Programms.

Interessanterweise hat Freud nicht nur theoretische Überlegungen, sondern auch einen Traum zum Leib-Seele-Problem beigesteuert.[2] Er reitet auf einem Pferd, das ihn an einer Kapelle vorbeiführt und ihn dann, als er ein Stück Weg vor einem Hotel, zu dem er hin möchte, absteigen will, ihn doch bis zu diesem führt. Dies ist ihm peinlich. Am nächsten Morgen bemerkt er, dass er einen Karbunkel am Damm hat. Offenbar, so folgert er, hat dieser Reiz im Dammbe-

Albrecht Dürer, «Die vier apokalyptischen Reiter». Holzschnitt

reich einen Traum mit Sattel, Pferd und Reiter hervorgerufen. Der Traum entspricht weitgehend seinen theoretischen Vorstellungen, denen zufolge Steuerungsvorgänge nicht nur vom Reiter, sondern auch vom Pferd ausgehen können. Die Frage ist, ob diese Art von Lösung des Leib-Seele-Problems, wie sie ihm im Traum deutlich wurde, ihn von der Tatsache eines Karbunkels am Damm ablenken sollte. Ist diese Lösung nur angemessen, wenn ein «übersteigerter» Reiz im Dammbereich vorliegt?

Auch aus dem Bereich der Religion wird ein wichtiger Ritt berichtet. Der Prophet Mohammed ritt auf seiner Stute im Galopp nach Jerusalem, wo sie abhob und ihn zu einer Schau des Paradieses entführte. Das Pferd hat einen langen Anlauf genommen, ehe es zum visionären Flug ansetzte. Ritt und geistige Vision sind hier vereint.

Die Stelle, an der die Stute abhob, weist noch heute eine Hufspur auf sowie einen Abdruck der Hand des Propheten, mit der er sich beim Abheben abstützte. Es ist der Ort der Al-Aksha-Moschee in Jerusalem, die dem Gedenken der Himmelsreise des Propheten gilt und heute zum Gegenstand territorial-symbolischer Auseinandersetzung geworden ist. Es wäre zu einfach gedacht, wenn man den Sachverhalt einfach auf christliche Teufelsmythologien zurückprojizierte und in der Geschichte des Streits um Jerusalem einen Pferdefuß entdecken möchte. Gerade die Konfrontation von Mythologien und religiösen Bildern ist beim Versuch des gegenseitigen Verständnisses zu vermeiden. Andererseits sind es gerade die Bilder, Symbole und Mythologien, die unkontrolliert einen rationalen Diskurs zum Scheitern bringen können. Eine Lösung des Problems liegt eher im Ausagieren und Inszenieren der Differenzen, wobei dies nicht erst in militärischen Aktionen zum Ausdruck kommen sollte. Die Erfahrung und insbesondere die neuere Hirnforschung zeigen, dass ein direktes Miteinandersprechen auch nicht durch die Gemeinsamkeit des Sprechens schon zur Gemeinsamkeit führen kann. Es wäre aber tiefenpsychologisch nicht uninteressant, nach neuen Konzepten des Ausagierens Ausschau zu halten, damit nicht die umgekehrte Flugrichtung nach dem Motto des Films mit dem Titel *Dr. Seltsam oder Wie ich lernte, die Bombe zu lieben* eingenommen werden muss. Das Wellenreiten/Surfen im Internet oder eine globale Easy-Rider-Kultur, der Walkürenritt der Helikopter geben noch nicht die Rhythmusvorlage, in die sich alle einschwenken könnten oder sollten. Symbole und Bilder müssen nicht abgeschafft werden, aber man sollte über sie reden, sodass vielleicht dadurch alle Menschen das Glück ereilt, an einer Himmelsleiter teilhaben zu können.

Lamm, Katze und Hirsch. Der Abstieg in den Mandelkern

> Er ist beladen mit der Menschheit, den Tieren sogar.
> *Arthur Rimbaud über den Dichter*

Wer in die Tiefe des Mandelkerns hinabsteigen will, hat eine harte Nuss zu knacken. Der Mandelkern (*Nucleus amygdalae*) ist eine Struktur im Schläfenlappen des Gehirns, die vor allem beim Negativbeurteilen der Welt eine große Rolle spielt. Wer in die Tiefe der Systeme des Hasses hinabsteigen will, der kann darin umkommen. In der geistigen Tradition der Menschheit wurde es daher auch Gott selber zugeschrieben, dass er in die Hölle hinuntergeht, um sie zu verwandeln. Diese Botschaft ist nicht leicht zu verstehen, denn bei dem Versuch, das Geschehene nachzuempfinden, würden die Menschen sich den für sie kaum auszuhaltenden Gefahren aussetzen. Wer ins Hass-System hinabsteigt, verliert möglicherweise seine Identität, ohne den Hass verwandeln zu können. Kommt man mit dem Hass in Berührung, so besteht man nur noch aus Abwehr, unter der keine andere Identität mehr zu finden ist, ähnlich wie bei den mit einer Lederrüstung bekleideten Kämpfern in dem Film *Barbarella*: Wenn die Rüstung der geschickt Kämpfenden aufgeschlitzt wurde, zeigte sich dahinter nur leere Luft.

Der Gedanke, dass jemand in seiner völligen Hingabe seine Identität bewahren könnte, ist ein faszinierender Gedanke, der für die menschlichen Beziehungen eine Art Universalgleichung bereitstellen könnte, wenn er nicht die gewöhnlichen Kräfte und Fähigkeiten des Menschen übersteigen würde. Doch ist festzuhalten, dass es Fälle von Hingabe gibt und gegeben hat, die keinesfalls als Identitätsver-

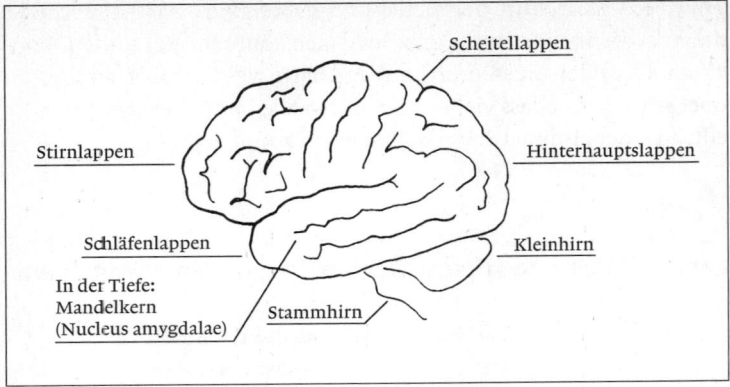

Nucleus amygdalae und Cortex

lust empfunden wurden, sondern als Bereicherung mit etwas Uner-
schöpflichem erlebt wurden. Nicht selten jedoch hat sich das Vorbild
des Opferlamms in sein Gegenteil verkehrt. Man denke nur daran,
dass in Darstellungen Leonardos das Lamm in den Armen Mariens
plötzlich einen schärferen Biss bekommt und sich in eine Katze verwandelt.

Für menschliche Verhältnisse hätte ein Lamm «mit Biss», als eine
Art kleine Raubkatze, vielleicht die Möglichkeit, seine Identität zu
bewahren.

Was geschieht mit der großartigen Idee des Selbstopfers, des von
anderen Gejagtwerdens, des Märtyrertodes nach Art eines heiligen
Sebastian, der den Pfeilen seiner Verfolger zum Opfer fiel, wenn dies
die Identität gefährdet? Es findet eine dramatische Umwendung
statt. Offenbar hält es der Mensch nicht oder nur in kaum absehbaren
Ausnahmesituationen aus, selber zum Opfer zu werden. Die mystische Kommunion mit dem Feind gestaltet sich dann nicht als Friedfertigkeit, sondern als Einnehmen der Rolle des Jägers. Auf diese Weise wird die Friedfertigkeit der Opfermystik in ihr Gegenteil verkehrt:
Die Hubertus- und Sebastian-Schützen sind unter dem Symbol des

Hirsches vereint, der als weißer Hirsch Christus darstellen soll und daher ein Kreuz zwischen seinem Geweih trägt. Die Schützen identifizieren sich aber nicht mit Christus, also dem Hirschen, sondern jagen diesen ja gerade.

Sie stehen damit auf der Seite der Römer, welche die Exekution des sich Opfernden vorgenommen haben. Christus, der gesagt hatte, dass sein Weg die Wahrheit sei und man ihm nachfolgen solle, wird damit zum Gegenstand der Pirsch. Damit ist christliche Opfermystik konkret zu einer risikoreichen Symbolik geworden. Die Schützen, die eigentlich Nachfolger der exekutierenden Römer sind, verstehen sich als Nachfolger Christi. Es ist dann leicht zu verstehen, dass Christen als Verfolger auftreten, wenn die Schützenvereine den Hirsch als Symbol Christi zum Ziel ihrer Kugeln machen. Schon Freud wies darauf hin, wie leicht Religionen in ihr Gegenteil verkehrt werden können. Es geht nicht nur darum, die Schützenvereine von ihrem falschen Selbstverständnis zu befreien, sondern darum zu sehen, wie gefährlich eine Opfermystik sein kann, wenn man ihren Missbrauch nicht anprangert.

Der Selbstmord des Hundes

In der interkulturellen und interreligiösen Wahrnehmung werden unter Umständen völlig unterschiedliche Themen in den Vordergrund gestellt. Es unterscheiden sich die Tabus, die Fetische und auch die Formen des Glück- und Unglückerfahrens («Genießens»). Auch sind die Folgerungen, die aus Kulturunterschieden heraus unter Umständen gezogen werden, bisweilen recht einseitig. So könnte man ja auch, statt dass man fordert, dass die Frauen im Orient entschleiert werden, die Forderung aufstellen, dass auch die Männer im Westen einen Schleier tragen. Wer weiß, ob es zum friedlichen Zusammenleben nicht einiges beitragen würde! Aber eine derartige Forderung wird bestenfalls als humoristisches Aperçu durchgehen.

Wie aber soll man Tabu, Fetisch und «Genießen» im interkulturellen Dialog ausdebattieren, wenn diese drei Dinge gerade dadurch ausgezeichnet sind, dass ihr Verhältnis zur Sprache so ist, dass sie selten ganz ausgesprochen, ganz expliziert sind? Also wird im interkulturellen Dialog von der anderen Seite eher etwas hervorgehoben, was als emotionale Ungeheuerlichkeit erscheint. Vorwürfe sind im Allgemeinen asymmetrisch, und so wie der Westen bisweilen dem Islam den Schleier vom Gesicht zupfen möchte, so würden die Moslems gerne die Chow-Chows und Pekinesen aus den Schlafzimmern der Europäer entfernt wissen. Für den Europäer ist «Hund» zwar ein Schimpfwort, das dazugehörige Tier wird jedoch gerne auf den Schoß genommen und getätschelt. Im Islam ist die Aufnahme eines Hundes in einen Haushalt nicht vorstellbar, und der Hund genießt das Ansehen des dazugehörigen Schimpfworts.

Nun wird um Hunde sicher kein Krieg geführt werden, aber man kann sich vorstellen, wie die emotionale Basis für die Wahrnehmung des anderen verändert wird, wenn dieser Dinge tut, die auf der einen Seite als ungeheuerlich angesehen würden.

Der Hund ist aus der westlichen Kultur nicht so leicht wegzudenken, er ist gleichsam zu einem Teil der Triebökonomie geworden. Insofern stellt er ein interessantes Lehrbeispiel für die Schwierigkeiten des Verstehens zwischen den Völkern dar. Der Hund ist ein derart starker integraler Bestandteil der europäischen Kultur, dass eine Kritik an ihm auf einen Kritiker auch aus der gleichen Kultur zurückfallen würde. Umso wichtiger erscheint aber die Analyse seiner Rolle in der Triebdynamik, wenn wir rational mit anderen Kulturen umgehen wollen.

Beim Spaziergang kann der Hund eine interessante Form der Interaktion mit anderen übernehmen. Er ist mein Besitz, und während ich ihm kommandiere, dass er einem anderen Passanten nicht zu nahe treten soll, kann mein Besitz gerade dieses tun. Betrachtet man Herrchen (oder Frauchen) und Hund als ein geschlossenes System, dann kann es zwei Dinge zugleich mit einem anderen Menschen tun, ihn beschnüffeln und sagen, dass beschnüffeln verboten ist. Insofern ist dieses System perfekter Repräsentant von Doppelmoral und Dualismus. In vielen Fällen ist dies dem Herrchen oder Frauchen gar nicht bewusst. Gewöhnlich sind sie wohl darauf trainiert, dass der Hund, der eigene Besitz, den anderen nicht beißen darf. Klarzulegen, dass die Verhältnisse etwas komplizierter sind, bedarf es vielleicht eines Philosophen: Der Bonner Philosoph Josef Simon ging im Wald spazieren und wurde von einem Hund angesprungen. Der Besitzer rief bezeichnenderweise: «Er will doch nur spielen!» Simon antwortete: «Ich will aber nicht spielen!» Kein Mensch käme auf die Idee, einen anderen Menschen anzuspringen und bei Zurückweisung zu sagen, ich beiße doch gar nicht, ich will nur spielen. Im System Herrchen (Frauchen) und Hund werden solche Grenzüberschreitungen vom Besitzer häufig als unproblematisch angesehen.

Zu einem philosophischen System konnte dieser vermeintlich mit der Moral übereinstimmende Machtzuwachs bei einem ehemaligen Philosophiestudenten auswachsen: Dr. Faustus nahm den zugelaufenen Pudel in sein Heim und schloss mit ihm den Teufelspakt, mit welchem er sich die Beziehung auch zu Margarethe ermöglichte (die er wie mehrere andere in den Tod trieb). Sicherlich hat Goethe damit etwas erfasst, was die spätere Lacan'sche Psychologie als die Neigung des Menschen herausstellte, den anderen als verfügbar zu behandeln. Man sollte jedoch darauf achten, dass dies nicht zum orientierenden Prinzip wird. Es wird noch eine Weile dauern, bis mit neuer politischer Kraft eine menschenwürdigere Orientierung der Triebkräfte zur Formulierung gerät.

In der Zwischenzeit kann man eher melancholisch stimmende Erlebnisse mit dem Hund vermelden. Eine israelische Schriftstellerin[3] hat einen Roman geschrieben, in dem in einer Paarbeziehung erhebliche Kälte herrscht. Der Hund der beiden kann die ständigen Debatten nicht aushalten. Er hat Sehnsucht nach Geborgenheit und weniger Kälte. Er begeht Selbstmord.

Die Schriftstellerin ist allein erziehende Mutter von zwei Kindern und verdient sich ihren Lebensunterhalt mit Sprachunterricht. Sie fährt am Tag eine Stunde mit dem Auto durch palästinensisches Gebiet und fürchtet dabei ständig, erschossen zu werden. Eine sicherere Route würde jedoch viel mehr Zeit kosten. Die emotionale Welt scheint verloren zu gehen.[4] Man fühlt sich an das Gedicht eines israelischen Dichters erinnert, in dem das Psalmwort «jedes zu seiner Zeit» aufgegriffen wird: Nichts können wir mehr zu seiner Zeit machen, alles müssen wir gleichzeitig machen, lieben, schlafen, arbeiten und töten. Werden in solch einer Welt Tabus, Fetische und «Genießen» noch Bestand haben?

Verstümmelungen im Religionsvergleich

Gerade wenn man sich die Befunde über die mimetische Dimension des Menschen deutlich macht, die auf einer mehr oder weniger vorbewussten Ebene stattfindet, dann muss es einem deutlich werden, wie entscheidend symbolische Grundlegungen einer Religion das Verhalten des Menschen beeinflussen können, wenn zu den Symbolen, Mythen und Erzählungen nicht zugleich ein reflektierender Verstand hinzutritt. Der Tiefe des Menschen eine Botschaft zu vermitteln ist unzureichend, wenn dem Verstand der geregelte Umgang mit dem Menschen dadurch nicht bestärkt wird. Doch selbst wenn Verstand und Vernunft eingesetzt werden, könnte man über einige Initiationsmythen der Religion erschrocken sein. Was bedeutet es, wenn am Anfang der Religion eine Tötung steht? Werden nicht die ältesten evolutionären Mechanismen wachgerufen?

Wenn ein Mensch stirbt, stirbt der andere mit. Für die Spiegelneuronen ist es dasselbe, ob ich oder der andere stirbt. Erst die rationale Unterscheidung schafft hier Klarheit. Dies wird aber nicht immer vollzogen. Man denke an das Beispiel, dass Christus als Hirsch dargestellt wird und die Jäger, die ihn erlegen wollen, sich als «Christen» verstehen. Wenn dagegen niemand protestiert, muss man bedenken, dass eine gefährliche Grundhaltung im Christentum ausgebaut wird. Beurteilt man eine Religion nach den Früchten, die sie hervorgebracht hat, dann muss man feststellen, dass auch im Christentum ein giftiger Wein ausgeschenkt wurde (Dr. Basilius Streithofen, Bonn, zufolge kam es im Mittelalter vor, dass man einem Gegner, den man beseitigen wollte, in die Hostie Gift buk. Gleich nach der Kommunion, wenn er in die Bank zurücktreten wollte, sank er tot zu Boden. Man wollte ihn für diese Welt beseitigen, aber nicht für das Himmelreich). Juden hätten die katholische Kirche in Spanien kaum überlebt, wenn sie sich nicht in das liberale Amsterdam hätten flüchten können. Es wird schwer, an einem Christentum festzuhalten, das so viel Schuld auf sich geladen hat. Kann man dem durch einen Korrekturvorschlag entgegentreten? Sollte man das Kreuzigungsereignis statt als Anstiftung zum Mord eher als Gelassenheit gegenüber dem Sterben interpretieren? Dieses Manöver wurde von Märtyrern durchaus verwirklicht. Historisch wirksam ist aber vor allen Dingen eine Konstellation geworden, in welcher der andere für mich stirbt. Als religiöses Motiv soll dies natürlich keine Handlungsanleitung sein, sondern eher von den Ängsten befreien, die mir der andere machen könnte. Der andere nimmt sich zurück, sodass ich mich auf das Gesetz konzentrieren kann (Christus sagt, wer mich liebt, gehorcht dem Gesetz). Es wäre also verkürzt, wenn man eine Religion, die mit dem Sterben eines anderen beginnt, als Aufforderung versteht, ein Ich zu entwickeln, das sich um den anderen nicht mehr bekümmert. Vielmehr soll die Angst genommen werden, damit Raum für eine Vernunft gewonnen werden kann, in der die Regeln für das Zusammenleben in den Vordergrund treten. Auf ihre Weise konvergieren Judentum und Christentum auf das Gesetz des Zusammenlebens. Es kommt darauf an, dass wir es, wie es in den Menschenrechten für alle formuliert ist, hochhalten und bei der allgemeinen Globalisierung auch die Motive der Menschenrechtskonvention globalisieren: Die Rechte der Menschen sollen geachtet werden, damit die Völker sich nicht gezwungen sehen, gegen die Regierenden aufzustehen.[5]

Die Welt ist riskant, und der Mensch macht sich Bilder von der Welt, um nicht all dem Risiko in die Augen sehen zu müssen. Dies erleichtert es ihm, richtig zu handeln, durch die Bilder nicht zu sehr die Welt zu verstellen. Natürlich sind die Bilder auch ein Teil der Welt. So könnte man ihnen bis zu einem gewissen Grad ein Eigenrecht zugestehen, wenn sie nicht einander zum Streit anstacheln würden. Viele Religionen liefern Bilder von der Welt, die den Umgang mit der Welt erträglich machen, die aber zugleich zuweilen nicht genügend Abwehr gegen die Niedertracht gegenüber anderen Menschen zeigen. Insofern ist die Risikobewältigung durch Bilder, die das Leben weniger riskant erscheinen lassen, eine in gewissem Maße unvermeidliche Strategie, zugleich aber auch etwas, was das Risiko vergrößern kann.

Nun könnte man auf Vernunft setzen und sagen, schauen wir

dem Risiko ins Gesicht (dies ist wieder ein besänftigendes Bild, und das Riskante ist ja, dass das Risiko wahrscheinlich gar kein Gesicht hat). Schauen wir also dem Risiko ins Gesicht, bauen wir auf die Vernunft und lassen wir nur noch die Zahlen spielen, um das Leben zu gestalten. Nun gut, für ein solch antlitzloses Leben könnte man ja trainieren, seltsamerweise baut sich aber auch die Vernunft ihre eigenen Mythen auf, und auch der vernünftige Diskurs ist nicht ohne Metaphern, nicht ohne Bilder, die selber wieder Risiken in sich bergen, wenn sie Risiken verbergen sollen.

Zu dem ganzen Komplex Risiko der Welt, Risikobewältigung durch Religion, Versuch der Risikominderung durch Abschaffung der Religion muss auch in der Art Stellung genommen werden, dass deutlich wird, dass alle Techniken der Risikominderung selber ein Risiko in sich bergen. Befassen wir uns mit dem Risiko, das darin liegt, den Risikofaktor Religion abschaffen zu wollen.

Wenn man die Religion als Begleiter der menschlichen Evolution betrachtet, dann lässt sich die geistige Entwicklung des Menschen als zunehmende Einsicht in seine religiöse Beziehung beschreiben. Sehr viele kulturelle und geistige Strömungen haben sich dabei in der Abstoßung von der Religion entwickelt. Nicht immer sind sie dabei von eigenständiger Kraft gewesen, die neue Generationen von den eigenen Ideen überzeugen konnte. Sehr häufig haben sich die neuen Generationen jeweils wieder durch eine Abstoßungsbewegung dann auf andere Art von der Religion her formiert. Einsicht in die eigenen religiösen Beziehungen wurde oft nicht als zusätzliche Einsicht dem menschlichen Wissen hinzugefügt, sondern als Grund für eine Abstoßungsbewegung genommen. Wurde dabei versucht, die Religion abzuschaffen, so traten besondere Risiken auf, mit denen wir uns befassen wollen.[6]

Es besteht Konjunktur für ungewöhnliche Religionen. Europäer reisen gerne in abgelegene Gebirgstäler Asiens, Mittel- oder Südamerikas, um die letzten Reste von Traditionen mysteriöser Kultur aufzuspüren. Die ungewöhnlichste Religion ist aber sicherlich das Christentum, weil Gott in ihr Nägel durch die Fingerstrahlknochen getrieben werden und kurz bevor er eine Lanzenspitze unter die Rippe geschoben bekommt, unter Atemnot noch äußert, er, der Gott, sei von Gott verlassen. Das Ungewöhnliche dieser ganzen Szenerie ist in der Nüchternheit abendländischer Kultur teilweise verschwunden. Man pflegt eher indische Atemtechniken als die Atemnot nachzuempfinden. Dies ist verständlich, aber wenn unsere Nüchternheit gemäß der oben genannten Evolutionsthese auf einer Geschichte unglaublicher religiöser Dramen beruht (der Tod des Juden Jesus Christus, der das Wesen Gottes hatte), dann wäre es wichtig, zu erforschen, wie wir zu dieser Nüchternheit gelangt sind. Bei Hölderlin war sie abendländisch und nicht aus dem orientalischen Feuer abzuleiten. Dies aber bezweifle ich, denn war das Leiden in der Atemnot nicht oft so stellvertretend gedacht worden, dass ich mir um meine Luft keine Sorgen mehr zu machen bräuchte? Und konnte nach dem Verzehr seines Blutes als Wein nicht zum Alltag der Nüchternheit übergegangen werden, beruhigt über den Gedanken, dass sich Blut und Wasser unter meinem Rippenfell ansammeln könnten, kurz gesagt, die Sterbeangst mich weiter umtreiben könnte? War also die von Hölderlin als abendländisch angesehene «Nüchternheit» (die einen Großteil des Emotionalen von dem ausmacht, was wir heute als Säkularisierung bezeichnen) nicht schon durch eine geniale Idee der Art des stellvertretenden Sterbens schon im Orient entdeckt bzw. erfunden worden?

Das Christentum wirkt ungewöhnlich, insofern es einen sterbenden Gott zeigt. Dass dieser sein Wesen durch den Tod hindurch bewahrt, kann natürlich als eine Geschichte vom Gewinn im Verlust und von der Identität im Verlust ausgelegt werden. Gewöhnlich sieht man darin eine Stärke Gottes, dass ihm selbst der Tod nichts ausmacht. Dies sind Erzählungen, die den Menschen in der Tiefe seines Herzens und seiner Triebe befriedigen können, da sie ihm deutlich machen, dass er vor den größten Risiken seines Lebens (Liebe, Tod, Vergänglichkeit) keine Angst um seine Identität haben muss. Es gibt aber auch kritische Reaktionen auf diese Erzählung, die darauf hinweisen, dass das Sterben eines Gottes die Seele über den Tod nicht beruhigt, sondern vielmehr zur Grausamkeit verleitet. Besonders als interreligiöse Kritik tritt diese Position auf. An dieser Stelle beginnen die Schwierigkeiten der Projektion mythischer Komplexe bzw. Erzählungen (Glaubenswahrheiten) in die rationale Redeweise. In dem

Moment, in dem man den Tod des Gottes, der mit seinem Wesen in seine Schöpfung hineinreichen will, nicht nur auf dem Niveau der emotionalen Empfänglichkeit für einen tödlichen Liebesakt (Selbstaufopferung) zu verstehen sucht, tritt der Streit, ja die Grausamkeit des Geschehens zutage.

Man könnte meinen, dass damit der Rückfall in archaische rauschhafte Riten vorprogrammiert sei. Man kann jedoch die Geschichte völlig anders lesen, nämlich als eine Geschichte der Ermöglichung menschlicher Freiheit in dem Sinne, dass die Schöpfung von ihrem Urheber so weit entfernt war, dass er, um in sie hineinzutreten (und dies in der im Kosmos erstaunlichen Gestalt des Menschen), sich selbst verlieren musste, da sonst die Schöpfung nicht frei, sondern sein unterworfenes Eigentum gewesen wäre. Gerade in seinem Tod, den er in seiner Schöpfung vollzog, hatte er die Freiheit der Schöpfung bestätigt. Aus diesem Grund ist das Christentum die Religion des Ursprungs der Freiheit geworden. Es hat aber zugleich schon die im Judentum gepflegte Weisheit bestätigt, dass der Herr (der Schöpfer) in einer unendlichen Differenz zu unserer Welt steht. Insofern haben Judentum und Christentum gemeinsam den kraftvollen Gedanken der Freiheit des Menschen entwickelt und gefördert, der zahlreiche historische Fehldeutungen nach sich gezogen hat.

Es ist nicht entscheidend, welche mythischen Grundstrukturen in einer Religion vorhanden sind, wenn man die Frage nach ihren ethischen Auswirkungen beantworten will. Wichtiger ist, in welchem Zusammenspiel die ethischen Grundstrukturen mit den interpretativen Dimensionen in Zusammenhang stehen. Wird die Liebestat Gottes als ein bis zum Letzten gehender Masochismus oder gar als ein Tötungsereignis unter Menschen (und nicht als eine Erlösungsbotschaft) gedeutet, dann kann man aufgrund dieser Deutungen natürlich nur Brutalität oder Empfänglichkeit für Brutalität feststellen, die zu unkontrollierten Handlungsweisen verleiten könnte. Gerade um dies zu vermeiden, haben Religionen aber immer darauf bestanden, als Gesamtkomplex betrachtet zu werden. Diese Deutungen unterlagen darum immer einem Tabu.

Ein Beispiel dafür, wie die Grausamkeit nicht in ein sakramentales Geheimnis «eingebacken», sondern aus diesem herausgerissen, explizit gemacht und zur philosophischen Methode erhoben wurde, stellt die Hegel'sche Dialektik dar, die sich ausdrücklich nicht als Liebesbotschaft verstehen will, sondern den fortschreitenden Kampf zum Prinzip der Geschichte erklärt. Im Klassenkampf wurde dies zum tödlichen Prinzip verschärft, das zur Ermordung von mehreren Millionen Menschen geführt und die ganze Menschheit an den Rand einer abgrundtiefen Katastrophe gebracht hat.

Religion in einen eher säkularen Zusammenhang übersetzen zu wollen bedeutet also keinesfalls, das Feuer in der Nüchternheit erstickt zu haben. Natürlich ist es nachvollziehbar, wenn in politischen Entscheidungen eine derartige Nüchternheit bzw. Neutralität gegenüber den Religionen angestrebt wird (keine religiösen Symbole in der Öffentlichkeit, also auch kein Kopftuch). Die Gefahr liegt jedoch darin, dass der sprachlich organisierte juristische Kosmos dabei die Gesamtheit menschlichen Verhaltens vergisst, zu der eben auch das nichtsprachliche Feuer gehört. Müssen wir uns vielleicht nicht eher darin üben, das Feuer der anderen zu ertragen, statt es zähmen zu wollen? Das wäre eine wichtige ergänzende Leistung der Kultur zum Nüchternheitsdiktat und zur Neutralitätsvorgabe der Politik.

Heute treffen die Kulturen fragmentarisch aufeinander, und dort, wo für viele Europäer die Frage des Islam emotional zu 90 Prozent schon durch den Schleier entschieden ist, hat der Moslem nicht das Bild des unverschleierten Antlitzes vor Augen, sondern das Wissen darum, dass die Europäerin den Hund mit ins Schlafzimmer nimmt. Es werden also selten Gesamtkonstellationen einer Kultur mit der anderen verrechnet (wahrscheinlich sind sie auch gar nicht verrechenbar), sondern es werden zumeist Fragmente untereinander in Beziehung gesetzt, was zu einer unlösbaren Aufgabe und zu emotionalen Affronts für beide Seiten führt (deswegen die exemplarische Diskussion über die problematische Dimension fragmentierter Religionen in ihren Teilsymbolen, so z. B. die Tiersymbole Hund, Lamm, Katze, Schaf, Hirsch, Pferd, Stute usw., siehe S. 23 f.). Methodisch ist der Vergleich von Fragmenten nicht zulässig; er betrifft aber das, was empirisch erfahren wird, deswegen müssen wir uns damit auseinander setzen. Der Versuch einer unendlichen Übersetzung der verschiedenen «Göttergestalten» ineinander, wie Hölderlin sich dies noch erträumte, muss notwendigerweise scheitern. Bei diesem Unterfangen entdeckt man aber den einen Namen, der nicht durch Erzählungen und Übersetzungen vergegenwärtigt werden muss, sondern der dadurch, dass er in der Differenz gehalten werden soll, sich für immer ausspart.

Neurowissenschaft und Recht

Die Vernunft, explizierend oder übersetzend, ist noch nicht auf der sicheren Seite der Ethik. Im Fall der Enttäuschung braucht man aber nicht gleich das Unheimliche zu beschwören. Um dies zu verhindern, sind die vielen Bemühungen auch der Hirnforscher, die emotionalen Dimensionen des Denkens herauszuarbeiten, von großer Bedeutung.

Die Freiheit, die uns geschenkt ist, kulminiert sinnvollerweise in dem Begriff der Verantwortung. Diese ist das Vermögen, sich zur eigenen Vernunft und Emotionalität in ein Verhältnis zu setzen. Es wäre nicht sinnvoll, dieses Vermögen einfach nur als Vernunft zu bezeichnen. Dieses Vermögen ist kaum essentialistisch als eigene Hirnaktivität bestimmbar. Sie hat ihre Dimension in der Wirklichkeit der Aufforderung. Diesen Aufforderungscharakter kann die Hirnforschung aber durchaus verdeutlichen. Hierzu sei das Beispiel des Loren- und Fußgängerbrücken-Dilemmas erwähnt – ein kleines Beispiel aus der Hirnforschung, das aufzeigt, dass auch ethische Dilemmata ihren Niederschlag in der Hirnaktivierungskonfiguration finden können und dass unser Umgang mit der Ethik, mit dem Sollen, «rationale» und emotionale Zentren auf völlig unterschiedliche Weise tangiert.

Beim Loren-Dilemma handelt es sich darum, dass eine Zuglore, ein kleiner Transportwagen mit fünf Personen, auf der Fahrt unmittelbar vor einem Unglück steht, bei dem diese fünf Personen zu Tode kommen würden. Ein Beobachter kann eine Weiche betätigen und auf diese Weise die Lore umleiten, was aber dazu führen würde, dass eine unbeteiligte Person von dieser Lore erfasst und getötet würde.

Die meisten Menschen entscheiden sich dafür, dass man die fünf Menschen rettet und dafür den Tod des einen Unbeteiligten in Kauf nimmt. Darüber kann man sich streiten, aber empirisch ist es so, dass die meisten Menschen viele Menschenleben retten möchten. Man kann nun eine ähnliche Situation konstruieren, in welcher jemand von einer Fußgängerbrücke aus beobachtet, wie diese Lore auf ihr Unglück zurast. Er hätte auch Zeit, jemanden, der übers Brückengeländer schaut, schnell hinunterzustoßen und damit die Insassen vor ihrem Unglück zu bewahren. Die meisten Menschen entscheiden sich dagegen, obwohl das Zahlenverhältnis von Getöteten und Geretteten das Gleiche wie im ersten Lorenbeispiel ist. In beiden Fällen können fünf Menschen gerettet werden, indem einer geopfert wird. Warum entscheiden sich im ersten Fall die Menschen dafür, diese Verrechnung zu vollziehen, und im anderen Fall nicht? Greene und Mitarbeiter von der Princeton University haben Menschen während der Überlegung dieses ethischen Dilemmas unter einem funktionellen Magnetresonanztomographen untersucht und festgestellt, dass im ersten Fall wesentlich weniger Hirnaktivierung stattfand als in dem zweiten Fall, in dem sie selber aktiv unmittelbar Hand an einen anderen Menschen hätten legen müssen.

Der Mensch kann also gar nicht völlig rational rechnerisch über den Menschen entscheiden. Es hängt vieles von den Handlungszusammenhängen ab, und vieles spricht dafür, dass dieses moralisch auch gut ist. Oder ist es nicht ein Vorteil, dass wir eine Tötungshemmung aufweisen, bei der wir instinktiv daran gehindert sind, jemanden die Fußgängerbrücke hinunterzustürzen, wenn wir diesen Menschen gegen andere Menschen verrechnen wollen? Und ist es nicht eine Schwäche, dass wir uns die Gräueltat, einen Menschen zu töten, nicht so leicht vergegenwärtigen können, wenn unsere Handlung abstrakt nur an einem Schalthebel der Weichenstellung stattfindet? Aus diesem Experiment kann man auf jeden Fall ablesen, dass Vernunft und Emotionalität nicht ohne weiteres gegeneinander ausgespielt werden können, wenn es um ethische Entscheidungen geht. Man könnte auch daraus folgern, dass es entscheidend ist, sich die Selbsthandlungsdimension zu vergegenwärtigen, wenn es um die Diskussion der Tötung von Menschen geht. Natürlich ist dieser Mangel als extrem bitterlich einzuschätzen, wenn es um die leichthin «rational» (zumeist nur verrechnend) geführte Diskussion der Sterbehilfe geht. Wird dabei eigentlich je bedacht, was es bedeutet, handelnd einen Menschen zu töten? Jenen Philosophen, die den Unterschied von Handeln und Unterlassen bei verrechnenden Überlegungen verwischen, sei die Arbeit von Greene ins Stammbuch geschrieben!

Doch wir müssen noch etwas anderes folgern. Die natürliche Tötungshemmung, die den Menschen auszeichnet, wird offenbar unter der Herrschaft der Rationalität wegverrechnet. Dies sollte uns darauf aufmerksam machen, dass die natürliche Gegebenheit des «Du sollst nicht töten!» heute offenbar explizit thematisch werden sollte. Was also kann gegen Defizite der Vernunft helfen? Vernunft – vielleicht aber auch ein Leben, das vernünftig expliziert werden kann. Zumindest aber die Erinnerung an Verantwortung.

Aufklärung im Islam

Was kann man tun, wenn sich Terrorismus auf eine Religion beruft? Was ist zu tun, wenn sich Terroristen auf den Islam bzw. Koran berufen? Die Minimalforderung, die man dem entgegensetzen muss, ist das Beharren auf dem Tötungsverbot. Auch aus religiösen Gründen darf nicht getötet werden. Nun gibt es im Koran Stellen, in denen darauf hingewiesen wird, dass, wenn der Glaube in Gefahr sei, getötet werden dürfe. Im Koran ist das Tötungsverbot nicht als eigenständiges Gebot aufgeführt. Es wird jedoch darauf hingewiesen, dass einen Menschen zu töten bedeutet, eine Welt zu vernichten. Dementsprechend wurde bei der Trauerfeier zum Anschlag auf das World Trade Center auch betont, dass durch den Anschlag Tausende von Welten vernichtet wurden. In der Aussage über die Vernichtung einer Welt oder von Welten liegt eine starke Kraft (wenn eine Welt vernichtet wird, werden in dieser dann nicht auch die Religionen und auch der Islam vernichtet?).

Auch mit der Lektüre des Korans ist es möglich, das Tötungsverbot zu bekräftigen. Die Forderung dazu sollte man aufrechterhalten.

Was heißt es, dass der Glaube in Gefahr ist? Muss man dann nicht seine Seelenkräfte umso mehr mobilisieren, um sich für den Glauben einzusetzen? An dieser Stelle tun sich natürlich Paradoxien auf. Will der Westen nicht nur seine ethischen Grundprinzipien (Menschenrechte), sondern in jedem Fall auch seine Lebensform exportieren, dann erfordert es einen hohen Aufwand an Kraft, einen Glauben, der die Lebensform gestalten will, zu bewahren. Paradoxerweise könnten also Versuche, die auf eine Integration des Islam hinauslaufen, um den Terrorismus zu bekämpfen, im Ernstfall als eine Gefährdung des Islam selber erscheinen. Die islamischen Länder haben die Menschenrechte akzeptiert, und es gibt genügend Kräfte, um die Terroristen an den Rand zu drängen und zu bestrafen. Bei dem Versuch eines über die Menschenrechte hinausgehenden Kulturexports muss man sich jedoch genau überlegen, was man tut. Wenn man z. B. hört, dass man Aufklärung in den Islam «bringen» will, muss man sich klar machen, in welchem historischen Kontext und unter welchen Bedingungen die Aufklärung entstand. Die Vorgeschichte und die Absetzbewegungen, unter denen sich die Aufklärung in Europa entwickelte, kann man nicht einfach wiederholen, und eine von der Geschichte losgelöste «Einfuhr» kann u. U. zu völlig anderen Wirkungen führen, als man geplant hatte.

Aufgrund von Interventionen bei Beziehungen zwischen Menschen, wissen wir, dass, wenn man einen anderen Menschen verändern will, durchaus eine Veränderung erreicht werden kann, im Allgemeinen aber nicht die, die man beabsichtigt hatte. Eine Intervention wirkt als Störimpuls, der oft individuell auf selbständige und freie Weise weiterverarbeitet wird.

Die Aufforderung, der Islam müsse die Aufklärung nachholen, sollte also mit Umsicht erhoben werden. Es müssen einige Klärungen im Kulturvergleich vollzogen werden. Ein wichtiger Impuls in der europäischen Aufklärung war die Kritik an der Metaphysik.

Kants Bestimmung der Grenzen der Vernunft mit den Mitteln der Vernunft richtete sich gegen die bisherige Metaphysik, welche der Ansicht war, dass über Seele, Unsterblichkeit und Gott mit Hilfe von Kategorien, Begriffen, Urteilen und Schlüssen ein zusammenhängendes Erkenntnisgebäude erstellt werden könnte. Kants Augenmerk richtete sich dabei insbesondere auf die Dogmatik, in welcher das Christentum über die letzten Dinge durch Rückgriff auf aristotelische Begriffsbildungen Aussagen zu machen glaubte, die unerschütterlich seien. Kant wollte sich dabei nicht gegen den Glauben richten, sondern dessen begriffliche Dogmatisierung verhindern. Er sagte, er wolle dem Glauben Platz schaffen.[7] Interessanterweise ist der Raum, den er freihalten wollte, weniger durch Glauben gefüllt worden, sondern durch das kritische Verfahren selber, mit dem er für den Glauben Raum schaffen wollte. Die kritische Methode, die gegen die Metaphysik angewendet wurde und die dem Glauben Raum schaffen sollte, führte kulturell zur Aktivierung einer kritischen Einstellung.

Von Interesse und großer Bedeutung ist nun, dass es im Islam eine ähnliche Bewegung gegeben hat; die Kritik an der Metaphysik führte dort jedoch zu einem völlig anderen Ergebnis. Der Raum, der für den Glauben frei gemacht werden sollte, wurde tatsächlich weitgehend vom Glauben eingenommen. Zur Widerlegung bzw. zum «Auseinandernehmen» der Philosophen hatte Al-Ghazali im 12. Jahrhundert eine durchgreifende Metaphysikkritik durchgeführt. Dieser hatte bei Ibn Ruschd (Averroes) wiederum zu einer weiteren Kritik Anlass gegeben, eine Auseinandernehmung der Auseinandernehmung.[8] Die Kritik an Al-Ghazali konnte sich jedoch nicht durchsetzen, sodass die Aufklärung über die Grenzen der Metaphysik Platz greifen konnte. Damit muss der Islam als eine Religion angesehen werden, die wie das Christentum durch eine Metaphysik hindurchgegangen ist, in der aber anders als bei Kant eine Verfestigung der kritischen Position nicht stattfand.

Wollte man Aufklärung in den Islam bringen, was in geringem Maße auch schon der Fall ist, muss man aber sehen, dass eine Aufklärung, die sich durch Metaphysikkritik profiliert hat, nicht einfach auf den islamischen Raum übertragen werden kann. Die übliche Rede, dass der Islam dem Mittelalter zugehört, ist insofern nicht ganz korrekt, als er Bewegungen der Renaissance (in Südspanien) und der Metaphysikkritik (Al-Ghazali) aufwies, die ihn in unterschiedliche Richtungen aus dem Mittelalter herausweisen, wobei die Bewegung von Al-Ghazali in den Vordergrund getreten ist. Der Islam ist eine über Metaphysik «aufgeklärte» Religion der Gesetzesorientierung, die dadurch einen offenen Spielraum für die Anknüpfung an die Rechte der Menschen liefert.

Aufklärung im Sinne eines «Erkühne dich, weise zu sein!» bzw. «Denke selber!» ist nicht nur als Metaphysikkritik möglich. Will man sie fördern, muss man sich allerdings fragen, in welche Situation man sie setzt.

Gibt es ein Maß?

Das «ozeanische Gefühl» hat sich geirrt

Lässt man sich auf eine Definition von Religion ein, dann muss man sich klar machen, dass man einen Begriff aus dem römischen Kulturraum zur Bestimmung von Religion benutzt. Dies ist angesichts der Tatsache, dass die Römer Völker mit anderen Religionen versklavt haben, nicht ganz unbedeutsam. Auf einen Begriff zu verzichten kann wiederum zu Unverbindlichkeiten und Ungenauigkeiten verführen. Es läge also nahe, die Phänomene des Verhaltens des Menschen in der Welt zu sortieren und einige mit dem Begriff Religion zu belegen.

Die einfachste Methode der Bestimmung von Religion wäre natürlich, dass man die Menschen einfach fragt, ob sie religiös sind. Eine ähnliche Bemerkung hat es einmal zum Thema der Tests für Linkshänder gegeben. Warum die langen Beobachtungen, ob beim Händefalten der rechte Daumen oder der linke Daumen zuoberst kommt, wenn man die Versuchsperson doch einfach befragen kann, ob sie Linkshänder oder Rechtshänder ist! Für viele Situationen ist eine derartige Selbsteinschätzung auch völlig ausreichend. Was aber, wenn der Betreffende sich über sich selber täuscht (er gibt an, Rechtshänder zu sein, macht im Alltag aber einige Dinge mit der linken Hand, ohne das allzu sehr zu bemerken)? Auch können Kultureinflüsse eine Rolle spielen. In Kulturen und Religionen, in denen die Orientierung an Freiheit nicht ausgeprägt ist, werden nur ganz niedrige Zahlen von Linkshändigkeit angegeben (in arabischen Ländern bei 1 Prozent, in den USA deutlich über 10 Prozent). Wenn man etwas über die Zusammenhänge von Gehirn und Linkshändigkeit herausbekommen will, so ist es ratsam, nicht nur auf Befragungen Bezug zu nehmen, sondern durch Tests mehr über die Händigkeit herauszubekommen. Auch für die Frage des Zusammenhangs von Kultur und Gehirn kann man erst dann eine verlässliche Studie beginnen,

wenn man einige Parameter nicht nur der Selbsteinschätzung überlässt.

Es gibt viele Fragestellungen, bei denen diese Einschätzung un-
zureichend ist. Will man z. B. Genaues über die Lokalisation der
Sprachzentren wissen, so ist es unabdingbar, auch objektivierende
Untersuchungsmethoden einzubeziehen.

Will man etwas über die Beziehung von Religion und Gehirn erfahren, so ist es erforderlich, nicht nur die Selbsteinschätzung zu berücksichtigen. Sieht man einmal davon ab, dass in Kulturen und Religionen mit wenig Freiheit oder einfach auch durch bürgerliche
Rücksichtnahme Lippenbekenntnisse zustande kommen können, so
muss man vor allen Dingen sehen, dass es auch Irrtümer hinsichtlich
der eigenen Religiosität geben kann. Damit betreten wir allerdings
ein schwieriges Terrain, um nicht zu sagen, ein offenes Meer. Um die
Frage der Selbsteinschätzung der Religiosität zu erörtern, wollen wir
hier ein Fallbeispiel heranziehen, bei dem es offenbar zu einer Fehl-
einschätzung gekommen ist. Es ist die berühmte Äußerung von Sigmund Freud gegenüber seinem französischen Brieffreund Romain
Rolland, dass er niemals das «ozeanische Gefühl» erfahren habe, das
offenbar als Kennzeichen für Religion gelte. Gemeint ist offensicht-
lich ein Gefühl, bei dem das Ich sich in einem größeren Zusammenhang aufgehoben, sich mehr oder weniger als aufgelöst und trotzdem geborgen fühlt. Freud behauptet, dass er dieses Gefühl nie
gehabt und also zur Religion keinen Bezug habe. Fassen wir aber nun
den Religionsbegriff weiter und sprechen auch da noch von Religion,
wo jemand dieses Gefühl bei sich selbst nicht feststellt, sich dafür
aber nach anderen Elementen des Religiösen (Orientierung an der
«mystischen» Urkraft des Gesetzes oder an der Aufforderung zum
ethischen Handeln) ausrichtet.

Religion umfasst jedoch ein weiteres Feld, als nur das Auftreten
eines ozeanischen Gefühls. Sicherlich ist es auch entscheidend, ob
man das Wort Religion oder ein anderes wie Glaube oder die Orientierung am Herrn mit dem genannten Gefühl in Verbindung bringt.
Dennoch ist es interessant festzustellen, dass Freud sich offenbar
über sich selbst täuschte. Denn das Gefühl der Selbstauflösung beschrieb er durchaus, allerdings nicht unter dem Begriff des ozeani-

schen Gefühls, sondern unter dem Begriff des Todestriebs. Dieser Begriff ist stark von den Konzeptionen Fechners geprägt, welcher der Ansicht war, dass das Eingehen der Elemente des menschlichen Körpers in den Kosmos eine Art Geborgenheit und Unsterblichkeit darstelle. Eine derartige «Naturfrömmigkeit» haben viele innegehabt, auch wenn sie dabei mehr an die Landschaft als an das Meer gedacht haben. Die Grundstruktur der Selbstauflösung und gleichzeitigen Geborgenheit ist aber sowohl in dieser Naturfrömmigkeit, wie sie sich bei Fechner artikuliert, als auch in dem Gefühl bei Romain Rolland vorhanden. Hat Freud also dieses Gefühl, das für andere das Entscheidende der Religion ausmachen mag (ich bin im Kosmos geborgen), für einen theoretisch konstruierten Todestrieb verwertet? Bei der biologischen Begründung, die Freud für den Todestrieb anführte, unterlief ihm ein Kategorienfehler, auf den hier nicht näher eingegangen werden soll. Freud folgert, dass, wenn das Interesse des Organismus sein Ziel sei, sich dieses irgendwann auf den Tod richten müsse, da der Tod das unweigerliche Ziel des Organismus sei. Festzuhalten ist jedoch, dass der Mensch unabhängig vom Ziel und Ende seines Organismus emotional leben und für sich selber Ziele entwickeln kann, die in ihrer inneren Ausrichtung nicht auf das Ende des Organismus bezogen sind. Nach Freud ist ja nur das libidinöse Begehren überformbar und transformierbar, nicht aber die Ausrichtung auf den Todestrieb. Wollte man trotz dieser Position den Todestrieb als Ursprung von Unsterblichkeitsgedanken annehmen (Unsterblichkeit als unlebendige Selbstdarstellung), dann bliebe weiter der Befund, dass in der Fechner'schen Fassung des Sichverlierenwollens im Kosmos doch etwas wie ein ozeanisches Gefühl aufscheint. Der Unsterblichkeitsgedanke ist nun in der Tat nur eine der möglichen Positionen in der Vielfalt der Religion, mit der Version des von Bernard Shaw karikierten statuenhaften Aufbewahrtseins im Himmel hatte Freud damit keinesfalls sympathisiert. In der Übernahme der Fechner'schen «Unsterblichkeit» des Geborgenseins im Kosmos, die er kontextuell übernahm, bestätigte er jedoch eine Variante des Religiösen, um sie in einen biologischen Theorierahmen einzufügen. Auf diese Weise konnte er verkennen, dass es zumindest auf der Gefühlsebene, auf der er gerade das Religiöse charakterisierte, als er vom ozeanischen Gefühl sprach, eine durchaus religiöse Einstellung gab.

Auf diesem Hintergrund müssen seine Einschätzungen zur Zukunft einer Illusion (der Religion) noch einmal völlig anders gelesen werden. Es ergibt sich damit die Aufgabe, überall dort, wo in der Psychoanalyse der Todestrieb als wichtiges Element des Menschen herausgestellt wurde, festzustellen, dass gegen deren eigenes Wissen von ihr Religion als wirksam beschrieben wurde. Dies müsste zu einer völligen Neubewertung des gesamten Apparats der Psychoanalyse führen.

Für die uns hier vornehmlich beschäftigende Frage – wer ist religiös? – kommen wir jedoch zunächst zu dem Ergebnis, dass Religiosität auf weit reichende Weise in Bereichen vorhanden sein kann, wo sie selbst von ihren Gegnern – im Extremfall bei ihnen selber – nicht angenommen wird. Auch für die Hirnforschung scheint es angemessen zu sein, einige Phänomene herauszugreifen (Gebet, Meditation, Ritus, mystische Erfahrung usw.). Danach kann auch die schwierige Frage angegangen werden, inwieweit zur Religion ein Sprechaktcharakter in dem Sinne hinzukommt, dass Religion nur dann vorliegt, wenn man auch selber deklariert, dass man religiös ist. Diese Frage ist nicht unbedeutend, weil sie den Zusammenhang der Sprache mit dem Gesamtsystem kognitiver emotionaler Entfaltung im Menschen thematisiert und dem Eingehen einer Verbindung zwischen der Religion und der Sprache – oder auch dem Schweigen – eine ganz besondere Funktion zukommt. Die Frage nach einer einheitlichen Charakterisierung von Religion kann also erst nach Erforschung der Einzelphänomene mit dem Versuch einer Analyse ihres größeren Zusammenhangs erörtert werden. Eine Festlegung auf einen allein «römischen» Begriff mit einer vielleicht auch noch fraglichen Etymologie (Religion nur als Rückbindung) wäre zu einseitig. Dennoch bin ich der Ansicht, dass der Religionsbegriff auch im Sinne einer Rückbindung sehr weit tragen kann, zumal auch das ozeanische Gefühl gewöhnlich nicht ganz ohne Aspekte von Rückbindung zu finden ist.

Um es vorwegzunehmen – ein Mensch, der sich nicht zur Religion bekennt, kann durchaus viele Aspekte des Religiösen aufweisen. In der christlichen Tradition sprach man von der «Anima naturaliter christiana», also von einer natürlicherweise christlichen Seele. Gewiss sind viele Menschen davon beeindruckt, wie bekennende Atheisten sich um Leidende kümmern, für ihre Familie sorgen oder sich für das Gemeinwohl einsetzen. Die Frage ist, ob ein auf diese Weise religiös-ethischer Mensch einer bestimmten Religion zugeschlagen werden soll (könnte man nicht auch von einer «Anima naturaliter buddhistica» sprechen?). Hier eröffnet sich ein weitreichendes Spiegelspiel zwischen den verschiedenen Beschreibungskulturen. Jede Beschreibungsform hat ihre eigenen Kulturhintergründe und vielleicht auch Machtansprüche. Für die Hirnforschung wäre es von Interesse, eine Beschreibungsebene zu gewinnen, die einigermaßen «neutral» gegenüber verschiedenen Kulturen wäre. Zur Zeit sieht es so aus, als ob die europäische Terminologie des «Selbst» in viele Diskussionen über die Hirnfunktion hineingerät. Obwohl dies durchaus problematisch ist, ist es auch nicht einfach zu vermeiden. Für die Frage des Risikos und die damit verbundenen Hirnprozesse genügt es zunächst, verschiedene Einzelphänomene ins Visier zu fassen und sodann noch einmal die Frage nach der deklarierten Religion und dem Zusammenhang der Einzelphänomene zu stellen. Sicherlich hat es Verhaltensauswirkungen, ob sich jemand als religiös ansieht oder nicht, wenn im übrigen ein «religiöser» psychischer Haushalt vorliegt. Gesteigert wird die Frage natürlich in ihrer Intensität bei dem Auftreten von Konfessionen und Bekenntnissen der Religionszugehörigkeit. Bedeutet deren Auftreten, dass der Mensch in seinem ethischen Verhalten durch Reflexion und Bekenntnis stabilisiert wird oder dass er Mechanismen der Inflexibilität, Starrheit und Risikoscheu (Angst vor dem Neuen und anderen) entwickelt hat?

Pascals Wette

> Wenn Sie gewinnen, gewinnen Sie alles, und wenn Sie verlieren, verlieren Sie nichts. Wetten Sie also, ohne zu zögern, dass er ist.
>
> *Blaise Pascal, «Gedanken», Nr. 250*

Der Philosoph Karl Popper wies darauf hin, dass man Theorien anstelle von Menschen sterben lassen sollte. Man möchte dies auch auf den Glauben anwenden. Eine Religion, die den Tod von Menschen einkalkuliert, kann von Menschen nicht eingefordert werden. In der Tat haben Religionen größten Wert darauf gelegt, eine Ethik zum Schutz der Menschen zu entwickeln. Das Tötungsverbot ist in unterschiedlichem Maße doch immer Gegenstand religiöser Ethik. Wie groß die Unterschiede zwischen den Religionen sein mögen, eine minimale Moral wird von ihnen festgehalten. Der Schrecken der Paradoxien des Ethischen liegt darin, dass unter Umständen getötet wird, weil die ethische Auslegung der Welt eine unterschiedliche ist. Es gilt, nicht nur Vernunft einzufordern, sondern auch die in den Religionen angelegten «Mechanismen» des Schutzes vor Erstarrung zu fördern. Im Buddhismus heißt es, triffst du den Buddha, so schlage ihn tot. Dies bewahrt vor gefährlichen Fixierungen. Im Christentum stirbt Gott gleich von vornherein. Wir brauchen ihn nicht erst totzuschlagen, er hat sich selbst hingegeben. Im Tod entzieht er sich, und wir täten gut daran, die vom Christentum geforderte Spiritualität einzusetzen, um auch hier Fixierungen zu vermeiden. Im Judentum wird diese Distanz und Differenzierung schon ohne die Geste des Todes eingeklagt: Der Herr ist nicht greifbar und nicht sichtbar, aber wir haben sein Wort. In den Religionen ist eine Kraft, die gegen Betonierung arbeitet und die allen Totsagungen zum Trotz uns von ihrer Lebendigkeit überraschen lässt. Dass Tote wieder lebendig werden können, dies ist nun einmal das Thema der Religion. Es betrifft nicht erst den abgestorbenen Körper, sondern auch unsere seelischen Regungen, darauf beruht die Kraft der Religionen, die sich all unseren Kalkulationen zu entziehen scheint. Manche meinen, die verschiedenen Religionen würden alle einmal in einer Religion des «Selbst» aufgehen. Dies würde aber gerade das kritische Potenzial von vielen Religionen zerstören: Im Judentum wird der Name des Herrn nicht ausgesprochen. Religion ist nicht nur «Selbstseligkeit», sondern immer schon auch kritische «Differenz». Diese Lebendigkeit ist unerschöpflich. In der kommunistischen Sowjetunion war die Einrichtung eines Religionsmuseums geplant. Man sah Religion als eine überholte Angelegenheit der Geschichte. Die Religionen mit ihren «Prinzipien» der Verlebendigung gehen jedoch weder im Begriff des Selbst noch in dem der Gesellschaft auf.

Es kommt darauf an, diese Lebendigkeit für den interreligiösen und interkulturellen Dialog selber zu nutzen. Die Aktivierung selbstkritischer Momente kann jedoch nicht genügen. Es gilt, die ethischen Grundprinzipien (Du sollst nicht töten) auch bei großen Differenzen zwischen den Kulturen zu wahren. Wie unterschiedlich in den verschiedenen Kulturen die Welt kalkuliert wird, über die Würde des einzelnen Menschen darf nicht hinwegkalkuliert werden. Seit Pascals Wette ist Religion selber zum Gegenstand des Verrechnens geworden. Pascal hat eine nach ihm benannte berühmte Wette durchkalkuliert. Er überlegte, ob es besser sei, zu glauben oder nicht zu glauben. Glaubte man nicht, dann könnte man die Freuden des Lebens genießen, müsste aber mit dem Risiko der Hölle rechnen; glaubte man, so verzichtete man auf Lebensfreuden, bekäme aber ewigen Lohn. Diese Pascal'sche Berechnung ist höchst fragwürdig. 1. Ist die Erstattung des ewigen Lohns aus der Sicht nicht aller Menschen eine sichere Angelegenheit? 2. Muss der Lohn nicht unter Minderung von Lebensfreude einhergehen? Es ist nicht nur eine Frage des Lebensstils. Es könnte durchaus sein, dass auch bei recht «weltlichen» Genüssen eine ewige Belohnung erfolgt. Ferner ist es besonders aus hirnphysiologischen Überlegungen durchaus möglich, dass Ethik und ethisches Verhalten beglücken können. Wichtiger ist aber die Feststellung, dass an das Phänomen Religion überhaupt mit den Kategorien von Risikoberechnung, Versicherungswirtschaft und Börsenspekulation herangegangen wird. Engt man diese Perspektive ein, dann ist die Pascal'sche Wette entsprechend dem Erkenntnisstand der Risikowissenschaften (in einem weiten Sinne von der Kosmologie bis zur Aggressionspsychologie) erheblich zu erweitern. Sind Religionen nicht immer schon Bewältigungsmechanismen für ein Risiko? Unterscheiden sie sich nicht auch hinsichtlich des Maßes von Risiko und Risikoplanung?

In den zyklischen Religionen des Werdens und Vergehens wurde versucht, einen Einklang mit der «Natur» herzustellen. Moderne Berufungen auf solche Einstellungen noch im 19. und 20. Jahrhundert haben jedoch zu barbarischen Katastrophen geführt. Wenn die Ethik dem Werden und Vergehen untergeordnet wird, ist Mord und Völkermord keine absolute Hemmung mehr entgegengesetzt. Religion, in der ein Versprechen des Herrn die Zyklizität von Werden und Vergehen durch einen Fortschritt oder zumindest durch die Hoffnung auf Zukunft ersetzen sollte, konnte die Ethik des Individuums in den Vordergrund stellen. Jetzt kommt alles darauf an, dass diese Ethik hochgehalten wird, auch wenn das Versprechen auf Zukunft nicht gleich in materiellen Wohlstand umgemünzt werden kann.

Religionen können nicht ohne Probleme in eine andere Zeit, auch nicht in die Gegenwart, versetzt werden. Die Wiederbelebung der germanischen Religionen des Werdens und Vergehens hat zu der Katastrophe des 20. Jahrhunderts beigetragen. Das Wort Vergehen erfuhr neben seiner naturphilosophischen auch seine kriminologische Bedeutung. Es gibt jedoch auch Religionen, die nicht unmittelbar auf Fortschritt setzen, aber bei dem Versuch, für bestimmte Regionen der Welt ein Gleichgewicht mit deren Ressourcen herzustellen, die ethischen Prinzipien vehement betonen (katholisches Christentum und Islam). Der Islam hatte für seine von Wüsten geprägte Welt eine weitgehende Anpassung der Bedingungen an die Natur ermöglicht. Wir treten ihm mit den von hohen ökonomischen Standards ermöglichten Lebensformen gegenüber, diese Lebensformen werden größtenteils durch das Erdöl ermöglicht, das unter seinen Wüsten liegt. Wenn wir die Lebensform der Individualität in den Islam tragen wollen, dann müssen wir uns darüber klar sein, dass wir das Versprechen eingehen, dass für diese Lebensform der Individualität auch die ökonomischen Bedingungen bereitet sein werden. Die klassischen Familienformen, u. a. als Form der Altersversorgung, können nicht ohne weiteres weggewünscht werden, wenn nicht zugleich ein System der

Rentenversicherung und Altersversorgung und andere Risikobewältigungsmechanismen am Horizont aufscheinen. Wollte man Islam und westliche Kultur vergleichen, so müsste man zunächst einmal das Individuum plus Rentenversicherung auf der westlichen Seite und das Individuum in seiner Vernetzung in der Familie im Islam analysieren. Dann würde sich zeigen, dass im Islam ein Großteil der Risikobewältigung, die wir im Westen dem Versicherungssystem überlassen, auf der Basis von Religion und unmittelbaren menschlichen Beziehungen geregelt wird. Der Vergleich wird problematisch, da die Grenzen der Versicherungsmathematik angesichts der Wetterkatastrophen ähnlich deutlich werden wie die Grenzen nicht auf Fortschritt ausgerichteter Religionen innerhalb einer globalen Verzahnung der Kulturen.

Religionen dienen der Risikobewältigung und können mit den Bildern, die das Risiko erträglich machen sollen, selber zum Risiko werden. Es kann noch keine Mathematik des Risikos angeboten werden, die auch die Religionen in ihre Strukturen einschließen würde. Schön wäre es, wenn man das Bewusstsein dafür wecken könnte, nicht nur aus der westlichen Perspektive Individuen und Individuen zu vergleichen, sondern zu sehen, dass der menschliche Geist eine gewaltige Dimension der Freiheit aufweist, mit den unterschiedlichsten Formen der Welt zurechtzukommen, und dass der Glaube Berge versetzen kann, sodass der Blick auf den Horizont frei wird. Diese Kraft des Glaubens dürfen wir uns nicht nehmen lassen. Wir brauchen sie als Ressource für die verschiedenen Möglichkeiten der Gestaltung der Welt. Schließlich könnte es sein, dass wir die ökonomischen Versprechen auch gegenüber den Religionen der Dritten Welt nicht einhalten können. Besonders dann wird es gut sein, auch deren Ethiken als einen Beitrag zum Gelingen der Welt und zur Sicherung der Menschenrechte zu lesen.

Religion als Schuldenerlass – auch ökologisch?

> Das Unrecht, da zu sein: die Dinge leiden eins am andern
> und an sich selber, weil sie ein Mehrseinwollen sind, immer
> mehr noch als mehr. Zeit sein, das ist der Schuldspruch;
> unsere Strafe: Geschichte.
>
> *Octavio Paz*

Die Hirnforscher und Neurophilosophen sind in großen Scharen zum Monismus übergelaufen bzw. haben ihn mit viel gedanklicher Kraft und theoretischer und empirischer Arbeit zu entwickeln getrachtet. Die Verabschiedung des Dualismus stellt aber nicht nur eine Vereinfachung der neurowissenschaftlichen Forschung für praktische Zwecke dar in dem Sinne, dass der Geist aus der Maschine vertrieben wurde und man sich bei der Beobachtung der Nervenzellen nicht mehr um magische interaktionistische Effekte zu sorgen braucht. Natürlich kann man nicht sagen, dass der Monismus der gegenwärtigen Neurowissenschaften und Neurophilosophie ein Materialismus sei, da die Vereinheitlichung der Geist-Materie-Dimension nicht bedeutet, dass eine der beiden Seiten als einzige übrig bleibt. Monismus kann auch Spiritualismus sein. In gewissem Sinne ist das Gehirn auch Geist, zumindest ist es Form und insofern nicht einfach Materie.

Eine wichtige Dimension, die bei der Konstituierung eines Monismus oft einfach auf der Strecke bleibt, ist die des Gesetzes und des ethischen Verhaltens des moralischen Impetus. Gerade um die Dimension des Rechts zu sichern, wurden allgemein die Abgrenzungen gegen die Materie oder die Natur und später sogar gegen die Biologie vollzogen. Man kaufte sich dabei einen Dualismus ein, den man in anderen Fragen des kulturellen Lebens vielleicht als hinderlich empfinden mag. Die übereilte Beseitigung des Dualismus kann jedoch problematisch sein. Bereits Martin Heidegger hatte versucht, auch die Schemata des Denkens in der Zeit verschwinden zu lassen und alles von der Zeitlichkeit her zu deuten. Das Ergebnis war, dass er für die Dimension des Rechts keinen wesentlichen Raum bereitstellen konnte. Man muss sich vorsehen, wenn man alles im Werden und Vergehen verschwinden lassen will.[1] Die ethische Dimension, um die sich die Hirnforschung bisher wenig gekümmert hat, kann dabei völlig verloren gehen. Vilém Flusser hat das drastisch in der These auf den Punkt gebracht, dass die Zeit selber der Teufel sei. Die Frage ist, ob wir aus der Zeit überhaupt heraustreten können. Es wäre eine vorschnelle Kapitulation, wenn man das Weltall der bloßen Zeitlichkeit überantworten wollte. Plato hatte zwar als Grundmechanismus des Kosmos eine Kolbenbewegung ausmachen wollen (jeder Psychoanalytiker hätte seine Freude daran), davon unabhängig bemühte er sich jedoch, das Gute und die Gesetze in einen Bestimmungsrahmen zu bringen.

Die Rhythmik der Hirntätigkeit lädt natürlich ein, die Codierung vom Zeitaspekt her zu deuten. Man sollte jedoch nicht vergessen, dass im Hirn die Inhalte selber auch die Zeit bestimmen und wir auf diese Weise die Möglichkeit haben, selber ein Maß zu geben, das mitunter darin bestehen kann, dass wir das Maß nicht in uns selber suchen (dass das Etwas-im-andern-Suchen selber im Gehirn seine Grundlage haben mag, sollte nicht dazu verführen, die Differenz zwischen Ich und anderen aufzuheben).

Es gibt aber noch andere Möglichkeiten, das Maß für den Menschen als etwas nicht Fernliegendes verstehen zu lernen. Der Verlust von neuronalen Verknüpfungen in der Kindheitsentwicklung, u. a. im dritten und vierten Lebensjahr, ermöglicht eine Differenzierung der Kognition. Der Verlust ist zugleich ein Gewinn, und auf diese Weise kann man in die Diskussion um das Gesetz die Möglichkeit einbringen, es nicht als etwas Externes, sondern als etwas Inneres zu empfinden, das die Möglichkeiten der inneren kognitiven Gestaltung eröffnet. Das Gesetz könnte dann als etwas erfahren werden, das uns nicht eingeschrieben wird, sondern das selber die Matrix, das Gebäude, die Grundstruktur liefert, in die sich das Leben einschreibt. Also nicht das Gesetz schreibt sich in das Leben ein, sondern das Leben in das Gesetz – das wäre ein zu prüfender Vorschlag.

Dann wäre auch eine Stelle markiert, an der eine «Versöhnung» zwischen den Gesetzen der Natur und des menschlichen Geistes «gedacht» werden könnte. Vielleicht zeichnet sich dort ein Gesetz ab, das nicht die Gestalten des extremen Risikos beansprucht. In der alten griechischen Philosophie wurden die Gesetze des Kosmos auch auf das menschliche Leben übertragen und diesem ein Mechanismus von Rückzahlung und Vergeltung übergestülpt. Das Christentum kennt mit der Hölle ein Strafmaß, das unendlich ist und – abgesehen von katholischen Fegefeuerkonzeptionen – für Abstufungen nicht zugänglich. Das ist die radikale Heimzahlung, die hier gedacht wird und schnell zu der Vorstellung verleitet, alles sei der Gnade überlassen. Die totale Heimzahlung wird dabei oft als schrecklicher Weltuntergang im Blickfeld behalten und stachelt nur die Unrast an, mit der man glaubt, die Gnade sichern zu können. Mit der unendlichen Strafe wurde der Gedanke eines unendlichen Gottes gesichert, der aber zugleich den Gedanken einer unendlichen Freiheit ermöglichte. Auf diese Weise konnte das westliche Denken den Gedanken der Freiheit fördern.

In asiatischen Vorstellungen stehen kleinere Rück- oder Heimzahlungen nicht so sehr nach dem Entweder-oder-Prinzip im Vordergrund. Dort geben die Gesetze (das Karma) Rückzahlungen nach Maß. Im Westen aber haben wir uns mit dem Gedanken der Gnade die unendliche Freiheit erobert, die wir bisweilen auf die Gestaltungsmöglichkeit der Welt ausdehnen zu können glauben (keine ökologischen Grenzen). Wir haben uns damit aber den Gedanken der Apokalypse aufgebürdet, den wir am liebsten jedoch auf Abweichler projizieren, um die Freiheit zu genießen und uns von Rechnungsbedenken zu entlasten. Wir können jedoch in uns ein Maß zum Buchstabieren finden, das Bewusstseinserweiterung auch als Einbeziehung unserer Verluste begreift. Wir sollten zu unseren Verlusten stehen (da wir diese auch als ein Zeichen von Hoffnung erkennen werden).

Gehirn und Risiko

Die mathematische Berechnung des Risikos ist eine relativ späte Errungenschaft der Menschheit. Erst im 16. Jahrhundert wurden auf der Basis von Risikoberechnungen Versicherungen abgeschlossen. Bezeichnenderweise geschah das in der Seefahrt, für die man bis dahin die Versicherung der Götter, dass einem nichts geschehen werde, einzuholen pflegte. Sicherlich ist es kein Zufall, dass die Versicherungswirtschaft im Bereich der gefahrenträchtigen Seefahrt – damals waren es italienische Seefahrer – begann. Das Landrecht mit seinen ausdifferenzierten Regeln des Alltagslebens erstreckte sich nicht auf die Meere, auf denen das Abenteuer erprobt werden konnte. Vielen erschien die Unberechenbarkeit der Ozeane ungeheuer, noch im 19. Jahrhundert gaben auch die Philosophen, so tat es jedenfalls Nietzsche, die Losung aus: «Auf die Schiffe, ihr Philosophen!»

Die späte Entwicklung der Risikoberechnung mag Ausdruck dessen sein, dass der Mensch auf riskante Situationen zumeist nur mit zwei Verhaltensmechanismen in der Evolution reagiert hat: flüchten oder standhalten. Im menschlichen Leben kommt das noch heute deutlich zum Ausdruck. Bei einer schweren Erkrankung neigen wir dazu, entweder alles zu verharmlosen oder alles schwarz zu sehen. Auf eine Fifty-fifty-Prognose können wir uns als Patienten kaum einstellen. Je nach Temperament wählen wir dann die hellere oder die dunklere Seite. Für Risikoplanung in globalen Angelegenheiten scheint das nicht die avancierteste Technik zu sein. Differenziertere Risikoberechnungen sind angebracht. Doch kann das menschliche Gehirn mit Risiko überhaupt angemessen umgehen?

Eine Voraussetzung für den angemessenen Umgang mit Risiko ist die Fähigkeit, mit Wahrscheinlichkeiten umgehen zu können. Bereits dies ist beim Menschen schlecht ausgeprägt. Natürlich stellen die unbewusst ablaufenden, evolutionär entwickelten Fluchtreflexe auch eine Verrechnung von Wahrscheinlichkeiten dar. Würden sie durch eine bewusste Kalkulation verzögert, so hätten sie ihre Effizienz verloren. Der Umgang mit Wahrscheinlichkeiten erscheint eher mühselig, besonders wenn sich die Wahrscheinlichkeiten im Laufe der Zeit auch noch ändern. Eine sprachliche Kommunikation sieht Wahrscheinlichkeitsabstufungen nur in geringem Maße vor. Die philosophischen Begriffe gar meinen, alles zu einer Entscheidung zu bringen, und ein bestimmter Begriff liegt erst bei eindeutiger Negation vor («omnis determinatio est negatio»). Wahrscheinlichkeiten und poetische Anspielungen können von unserem Wirtschaftssystem kaum verwertet werden. Mehrdeutigkeiten werden daher häufig als Störfaktoren angesehen, auch wenn sie den Menschen in eine angemessene Übereinstimmung mit einer besonderen Situation bringen können.

Man kann sich vorstellen, dass der Nervencode, der auf Wahrscheinlichkeiten aufbaut, in Schwierigkeiten geraten kann, wenn er Wahrscheinlichkeiten selber thematisieren soll. Darin kann man den Grund für das Konstanzbegehren des Menschen (also auch für seine Metaphysik) finden wollen. Wird die Berechnung von Wahrscheinlichkeiten für den Menschen ohnehin schon schwer, so wird deren Verrechnung als Risiko für ihn problematisch, wenn er kein fixiertes Ich-Konzept von sich selbst besitzt. Im Nervensystem gibt es mehrere Strukturen, die sich mit dem Abschätzen von Wahrscheinlichkeiten befassen: dorsolateraler frontaler Cortex, frontopolarer Cortex und frontomedialer Cortex. Die erste Struktur dient der Korrektur von Wahrscheinlichkeitsannahmen, die zweite der Bezugnahme des Risikos auf das eigene Ich, die dritte Struktur spielt bei der Konstituierung dieses Ich eine entscheidende Rolle.

Die Selbstbezüglichkeit beim Umgang mit Wahrscheinlichkeiten, die Abschätzung des Risikos für einen selber stellt einen Vorgang dar, bei dem die Verrechnungsprozesse in unsere tiefsten emotionalen Schichten hineinreichen (bezeichnenderweise sind die Zentren, die für die Abschätzung des eigenen Risikos offen gelegt wurden, auch für die Mutter-Säugling-Beziehung bedeutsam). Dies zeigt, dass Risikoabschätzung nicht immer einfach durch den Appell zur Vernunft verwirklicht werden kann. Risikoberechnung ist natürlich am einfachsten, wenn entweder der Mensch gar nicht berücksichtigt wird (maximale Nutzenoptimierung, die keine Rücksicht auf den Einzelnen nimmt) oder mit konstanter Subjektkonstituierung und Interessenvertretung gerechnet wird. Doch was heißt es, das eigene Risiko abschätzen, was ist mein eigenes Risiko? Ist mein eigenes Kind nicht unter Umständen das mir Eigenste, das mir noch näher ist als meine Anatomie selber? Hängt es nicht erheblich von der «Software» ab, was wir riskieren wollen? Ist es nicht oft sogar die «Software» selber, die wir am wenigsten riskieren wollen, obwohl gerade diese (erinnert sei an Poppers Satz von der Zerstörung der Theorien statt der Menschen) oft am meisten von uns verteidigt wird. Sicher ist es so, dass der Mensch von außen nicht als Mittel zum Zweck benutzt werden darf, sondern dass er das höchstens für sich selber beanspruchen kann. Subjektfestschreibung so oder so (als fixierte Identität, als Interessenbereich oder als einzelnes winziges Nichts) kann immer nur aus der Perspektive des Einzelnen für sich selbst entschieden werden. Wir sollten der Risikoberechnungsmaschinerie nicht den Gefallen tun, dass wir uns kulturell auch als Subjekte mit konstanten Eigeninteressen gebärden. Dies wäre der Kategorienfehler der Übertragung der Achtung des Individuums auf eine kulturelle Lebensform, die auch ganz anders gestaltet sein könnte: ohne konstante Subjektinteressen (und auch nicht nur über Lotosblüten hüpfend). Wir sollten uns eine Risikomathematik wünschen, die den Freiraum für möglichst vielfältige Komplexe und offene Lebensentwürfe «einkalkuliert». Dazu gehört auch der Freiraum von vielfältigsten Lebensgemeinschaften, Kulturen und Religionsverbindungen.

Einkerbungen

Liebe ist gefährlich. Liebe stellt die Öffnung der Ich-Grenzen dar. Die Seele ist wie ein rohes Ei ohne Hülle, ein einzelnes Wort, oft nur missverstanden, kann alles zerstören. Auf Liebe in der Welt zu setzen, ist ein riskantes Manöver. Bleiben Verletzungen zurück, so hat man noch mehr Hass als vorher. Die Feindschaft zwischen zwei Parteien zu überwinden, war Romeo und Julia nur für kurze Momente geglückt. Natürlich reitet die Liebe auf ähnlich falschen Strukturen wie die Aggression. Gerade dies macht sie gefährlich. Versuche, auf die Liebe zu zählen, hat es in der Geschichte in Hülle und Fülle gegeben. Die friedliche Nutzung der Kernfusion, das freundliche Licht der Sonne in den Herzen der Menschen zu entzünden, ist bisher nur unzureichend gelungen. Auch die Bemühungen aus der Differenz heraus, um nicht zu viel erschreckende Nähe zu haben, die Beziehung zwischen Menschen zu gestalten, ist als eine «zivile» Nutzung der Kernenergie in der Seele nur in beschränktem Maße geglückt. Immer wieder hat der Mensch Ausschau gehalten nach einem Kontrolleur der Fusions- und Spaltungsprozesse, um sich in Fusion und Spaltung nicht selber zu verlieren. Es ist demütigend, einen anderen Menschen nicht anzusehen, seinen Blick abzulehnen, schreibt Avishai Margalit. Doch wenn Heiratsüberkreuzungen zwischen Religionen abgelehnt werden und man sich deshalb gar nicht erst anschaut, wie soll dann Frieden einkehren?

Das Herz der Menschen in aller Welt ist von der Sehnsucht nach Frieden erfüllt. Wie kann man die Konflikte zwischen den räumlich überall immer mehr zusammengedrängten Menschen lösen?

Die Regeln für das menschliche Zusammenleben sind von den Religionen dem Menschen so eingeschrieben worden, dass sie seine tiefsten Gefühle betrafen. Geschlechtlichkeit war im zweifachen Sinne betroffen, als Bezug zu den Vorgängen der Fortpflanzung (Sexualethik) und als Bezug zum Zusammenhang der Geschlechter (Nation, «auserwähltes Volk»). Dadurch konnte sichergestellt werden, dass der Name Gottes nicht vergessen wurde. Will man dies jedoch nicht als das letzte Ziel der Ethik und Gebote annehmen, dann ergibt sich die Frage, wie man das Gesetz des Zusammenlebens dem Menschen tief einprägen kann, ohne es selber zum Ursprung von Streitereien zu machen.

Gesetz ohne Vater

Nimmt man die Dimension der Neurowissenschaften ins Visier, dann eröffnet sich ein Horizont, in dem die Kindheitsentwicklung so beschrieben werden kann, dass sich unterschiedliche kulturelle und religiöse Kontexte in ihrer Verschiedenheit diskutieren lassen, ohne dass man eines der Kulturmodelle in den Vordergrund treten lassen muss. Vieles spricht dafür, dass die Hirnentwicklung beim Kind eine Gesetzlichkeit aufweist, die – wenn genügend Außenreize und Weltangebote vorhanden sind – ein Muster aufweist, das nicht allein nach dem Modell des Ödipus zu beschreiben wäre. Dies erscheint nicht nur hinsichtlich des Vergleichs verschiedener Kulturen und Religionen von Interesse, sondern auch im Hinblick darauf, dass Kinder zunehmend nach einem Muster aufwachsen, das gegenüber der klassischen Dreierkonstellation von Vater–Mutter–Kind erhebliche Variationen aufweist.

Auf einer gewissen Beschreibungsebene ist in der Hirnentwicklung jedoch ein Phänomen festzustellen, das als *Gewinn durch Verlust* beschrieben werden kann. Es handelt sich um den Verlust an Nervenverknüpfungen der Nervenzellen im Gehirn bei der Ausbildung von differenzierter Kognition und Wahrnehmung. Hirnleistung und Hirnentwicklung bedeuten nicht einfach nur Wachstum und Ausdifferenzierung, sondern werden auch durch Aussonderung des nicht Benötigten gewährleistet. Insofern kann der Verlust von Nervenverknüpfungen ein Gewinn für die kognitive Entwicklung sein. Für die verschiedenen Systeme des Gehirns – beispielsweise visuelles System, Stirnlappen mit seinen Kontrollfunktionen – gibt es verschiedene Zeitmuster für die Ausbildung von Myelinscheiden (Umscheidungen der Nervenfasern durch Isolierzellen, die eine schnelle Nervenleitung gewährleisten) und von Synapsenaussprossungen. Verschiedene Zeitmuster gibt es auch für die Verminderung von Nervenverknüpfungen und sogar Nervenzellen. Mit der Entwicklung der Kognition während des Verknüpfungsverlustes ist eine größere Regularität der für die Kognition relevanten Prozesse verbunden. Metaphorisch könnte man sagen, dass die «Lettern» des Gesetzes durch Herausschneiden des Hintergrunds deutlich werden. Natürlich kann man nun nicht die Regel aufstellen, dass jeder Verlust ein Gewinn wäre. Es zeigt sich aber, dass die neuronale Entwicklung ihre Leistungsfähigkeit nicht nur dem Wachstum, sondern auch der Reduktion verdankt. Geht man davon aus, dass dies die Stelle ist, an der Regeln und Gesetze für unsere Hirnfunktion konstitutiv werden können, dann kann man in diesem Kontext sagen, dass für die Entwicklung dieses Gesetzes die Vaterrolle nicht zwingend erforderlich ist. Dies bedeutet jedoch keinesfalls einen Rückfall in das narzisstische Modell, dem C. G. Jung den Vorzug gab, der die ödipale Entwicklung ablehnte. Vielmehr zeigt sich, dass eine Einschreibung in unserem Nervensystem bei der Entwicklung unvermeidbar ist und dass es angemessen wäre, diese auch anzunehmen und für sich zu akzeptieren. Damit soll Narziss nicht verurteilt werden, aber es wird deutlich, warum er so unglücklich ist. Trotz seiner Selbstbespiegelung ist er nicht zufrieden, denn diese Selbstbespiegelung gibt den Einschnitt im Nervensystem nicht wieder. Der Einschnitt erscheint hier als selber nicht repräsentierte Spiegelungsachse, d. h., das System verhält sich, als ob es keinen Verlust hätte, und jagt durch seine Neuronen, um sich überall noch einmal zu finden, statt Achtsamkeit auf die durch den Verlust entwickelte Regularität zu üben.

Sicherlich ist dieser neue Forschungszweig noch in den Anfängen und es ist in den noch nicht erkannten Bereichen mutig, mit Metaphern hinüberzulangen. Vielleicht sollte man aber auch auf die eigenen Kräfte der Rücknahme achten, um eine Sprache zu gewinnen, in der der Verlust zu einem angemessenen Ausdruck kommen kann.

Geist, Glaube und Gehirn

Bei der Frage, was denn der Glaube sei, spielt traditionell die Abgrenzung gegen das Wissen eine große Rolle. Die Theorien des Wissens haben sich jedoch erheblich geändert. Wissen erscheint nicht mehr so gesichert, wie es zu Zeiten der aktivsten Abgrenzung gegenüber dem Glauben der Fall war. Als eine wesentliche Forderung der Wissenschaftstheorie gilt, dass Theorien falsifizierbar sein müssen. Wissen ist also einer ständigen Überprüfbarkeitsforderung ausgesetzt. Man ist nicht der Ansicht, dass es an ein Ende gelangen kann. Statt Glauben und Wissen erneut abzugrenzen, scheint es daher zunächst sinnvoll, Erkenntnisse der Popper'schen Wissenschaftstheorie, welche die Gestalt eines ethischen Gebots haben, auch für den Glauben zu aktivieren. Der Glaube sollte ebenfalls falsifizierbar sein. Spätestens dann, wenn der Sektenführer zum Massenselbstmord aufruft, sollte die eigene Glaubensposition überprüft und das nahe liegende Ergebnis erwogen werden, dass man von einem Dämon heimgesucht wurde. Nun bedeutet das nicht, dass man den Herzensglauben in Form von Hypothesen formulieren müsste; es bedeutet nur, dass man z. B. mit den ethischen Ressourcen des Glaubens selber diesen in seinen praktischen Auswirkungen überprüft bzw. kritisch dazu Stellung nimmt, wie man das Leben in Bezug auf den Glauben gestaltet. Es wäre schließlich nicht richtig anzunehmen, dass ein textualisiertes Glaubenskonzept zu automatischen Konsequenzen im Leben führen müsste. Die Lebensführung prägt das Gehirn, und die Realisation des interpretierten Textes hängt in ihrer Gestaltung weitgehend von der Lebensführung ab. Religionskritik sollte daher mit der Kritik an der Lebensführung beginnen und die Frage, ob die Schuld bei der Religion selbst zu suchen sei, sollte eher im Anschluss daran erörtert werden.

In Grundsatzfragen des Glaubens ist der Versuch, hypothetisch zu arbeiten und nach Falsifikationen Ausschau zu halten, in einigen Religionen mit dem Risiko des Verlustes des Heils behaftet. Aus dem Glauben herauszutreten, um ihn prüfen zu können, hieße, sein gestalterisches Prinzip verlassen. Wird alles Heil darin gesehen, dass der Mensch sein Herz ganz dem Glauben verschreibt, dann könnte die Heillosigkeit der Prüfung das Ergebnis verfälschen. Der Vorteil des Glaubens gegenüber dem Wissen könnte ja gerade darin bestehen, dass er mit dem Herzen schneller handeln kann als die in einem Wissenssystem vielleicht an entlegenen Stellen abgespeicherten ethischen Folgerungen, die erst im Rahmen eines Gesamtweltbildes geortet und abgerufen werden können (bezeichnenderweise beginnen viele Philosophien nicht mit der Ethik, sondern mit der Erkenntnistheorie und mit Fragen der Konstituierung von Ich und Bewusstsein. Wie weit ist es von dort bis zum Handeln!).

Gewiss sollte man die Rahmenparameter für die Bestimmung des Glaubens aus der Perspektive des Wissens überprüfen. Die Einteilung in sinnliche und übersinnliche Welt liefert kaum noch den erkenntnistheoretischen Rahmen zur Charakterisierung des Glaubens. Die wesentlichen Kognitionen und Emotionen des Menschen, Glauben sowie Wissen, bewegen sich in sinnlichen und nichtsinnlichen Bereichen zugleich. (Das Ordnungsschema des Übergeordnetseins für das Nichtsinnliche, wie es im Wort des *Über*sinnlichen zum Ausdruck kommt, hat mit dem Verlust der Vertikalordnung, z. B. «Himmel und Erde», seine Kraft verloren. Es scheint daher eher der Verlust dieser Vertikalen zu sein als der Verlust der Trennung von Sinnlichkeit und Übersinnlichkeit, der zu einem neuen Kraftzusammenhang in Glaubensdingen herausfordert.)

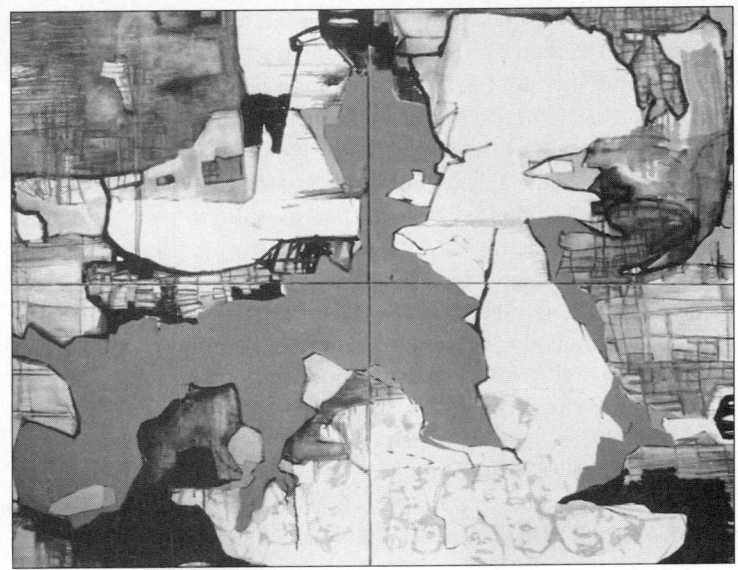

«Matrix: Entspiegelung oder Verdoppelung?». M. L., Öl und Bleistift auf Leinwand

Die Chance des Glaubens ist nicht an eine Zweiteilung der Welt gebunden, sie kann auch in einer einheitlichen Welt als Wandlung des Menschen gedacht werden. So findet sich im indischen Denken des Karma ein komplexes Verrechnungssystem für alle Daten und Taten des Lebens, so weist Luther auf ein Regelwerk hin, das alle Verrechnungsmöglichkeiten durchbricht.

In seiner Schrift *Von der Freiheit eines Christenmenschen* zitiert Luther Paulus (Röm 13, 8: «Ihr sollt niemandem etwas schuldig sein, denn dass ihr euch untereinander liebet»). Damit ist das ganze Prinzip kosmischer Verrechnung, wie es sich in der griechischen Philosophie (bei Anaximander) und auch in den Reinkarnationslehren Asiens findet, im ethischen Gebot unterbrochen. Damit ist gemeint, dass diese Verrechnungen auch durchbrochen werden können. Bezieht man die Liebe mit ein, so kommt die Hirnforschung mit ihren Kalkulationen neuronaler Impulse spätestens hier an ihr Ende (die freien Energien durchbrechen die Determiniertheit). Für Luther ist dies alles von der Begegnung mit Christus abhängig: «Ich bin das Leben und Auferstehen; wer da glaubt an mich, der lebt ewiglich» (Joh 11, 25). Man könnte versuchen, dieses Geschehen des Glaubens, so wie es in den von Luther ausgewählten Zitaten zum Ausdruck kommt, auch als eine Befreiung vom Doppelgänger anzusehen, in dem Sinne, dass man mit den Rivalitäten und Duellen dieses Schemas nichts zu tun hat, wenn man es in seinen Valenzen bei der Identifizierung mit Christus absättigt.[2] Für Luther würde ein derartiger Glaubensakt den Menschen frei machen.

Folgt man diesem Denkansatz, dann werden Beziehungen zum anderen (man kann dabei auch an die Atomdrohung zwischen zwei Staaten denken) nicht mehr von unkalkulierbaren Duellmechanismen heimgesucht, sondern von der Möglichkeit bestimmt, sich nüchternen Sachfragen zuzuwenden, da die psychischen Doppelgängermechanismen nicht mehr interferieren können. Geht man von einer derartigen Deutung aus, dann wäre es aber nicht gut, Christus, der von den Spiegelungen gerade befreit, wieder in den anderen hineinzuspiegeln. Er soll schließlich frei machen von diesen Spiegelungsmechanismen, die zu Aggressionen führen können.

Für die Diskussion, ob man Einheit im Denken anstreben oder Differenz betonen solle, weist dies einen zwischen den Gegensätzen sich auftuenden Ausweg: Die Bindung der Doppelgängermechanismen durch Christus (hier findet die Seele ihre Einheit) ermöglicht den angemessenen Umgang mit Differenzen und den immer neuen Impuls, das «Karma» zu durchbrechen und nicht zu versuchen, die Logik der Verrechnung in die nicht berechenbare Unendlichkeit (z. B. des atomaren Schlags) hineinzutragen.

Der Geist, der sich im Doppelgänger von Christus befreit, ist in den Fragen von Differenz, Gesetz und Sachlichkeit offen. Die Herausforderung an den Menschen, allem noch eine Analyse hinzuzusetzen, findet gerade in der Beziehung zu Christus ihre Bestätigung. Er ist dieses 1 + n, das Derrida formuliert, wenn er Glaube und Analyse zusammenbringen möchte: Stets gehe ich über 1 hinaus, aber gerade diesen Vorgang kann man in Christus zum Ausdruck gebracht finden.

Auf dieser Basis steht natürlich die Frage nach dem Fortschreiten der Impulse für die Hirnforschung im Mittelpunkt. Es könnte sein, dass ganz grundlegende Untersuchungen über die Struktur der Informationsverarbeitung und deren energetische Organisationen an die Tiefe der Fragen des Glaubens heranreichen und nicht erst die Verbildlichung bestimmter Meditationsprozesse deren Kern trifft. Kalkulatorisch einholen wird die Hirnforschung diese Vorgänge nicht, denn auch wenn wir das «Karma» durchbrechen, würden wir uns «verrechnen», wenn wir die «Mechanismen» der Liebe für bis ins Letzte überschaubar hielten.

Kommen wir noch einmal auf die Frage der Zweiteilung der Welt zurück, so müssen wir feststellen, dass es als vorteilhaft erscheint, diese in die Dynamik des 1 + n durchaus einzubeziehen, also weder strikten Monismus noch strikten Dualismus zu betreiben, sondern vielmehr den Blick auf die stete Lebendigkeit des Fortschreitens des Denkens zu richten, dessen Spaltung auf ein Ereignis verweist, das mit Christus auch zur Anschauung gebracht werden kann. Wenn wir diese starre Zweiteilung verlassen, dann wird der Geist auch nicht als Flamme auftreten, die den Körper zu Asche machen möchte (dies war der Vorwurf Derridas an Hegels christliche Konzeption der Vergeistigung: sie gemahnt an den Rauch der Verbrennungsöfen von Auschwitz).

Geist möchte sich nicht in der Gemeinde einschließen, sondern sucht Kommunion auch mit dem anderen. Hat er seine Spiegelungsdimension in Christus «entsorgt», dann ist er in der Lage, die Differenzen zum anderen zu bewahren, ohne die Liebe zu ihm Einbuße erleiden zu lassen. In diesen Überlegungen sehe ich auch eine Verständigungsmöglichkeit zwischen Judentum und Christentum. Es muss aber betont werden, dass Denken keine Plattform entwickeln kann, auf der zwischen beiden urteilend entschieden werden könnte. Wir können jedoch darüber nachdenken, auf welche Weise Textüberlieferungen in die Lebendigkeit unseres Gehirns geraten. In dieser Angelegenheit sind wir gerade am Anfang, und kurze kursorische Ausflüge des Denkens besitzen in ihrem vorgreifenden Charakter eine gewisse Gefährlichkeit. Vielleicht brauchen wir in dem Maße, wie wir u. a. durch die Hirnforschung zusätzliche Erkenntnisräume eröffnen, auch deren Erfüllung und Begleitung durch das Gebet.

Ein seltsamer Diamant: Das Gehirn

Ein seltsamer Dezember-Tag

«Äthiopien» und die Landkarte des Gehirns

Ist es ein Akt höchster Freiheit oder ein Akt der Krankheit und Seelenspaltung, wenn man sein ganzes bisheriges Leben verwirft? Meines Erachtens kann das nicht pauschal entschieden werden. Die Geste des Verwerfens kann eine hohe moralische Leistung sein, da sie erlaubt, sich aus Verirrungen und Verstrickungen zu befreien. Es wäre schrecklich, wenn wir über diese Handlungsmöglichkeit nicht verfügten. Andererseits gibt es Verwerfungen, die im Rahmen einer emotionalen Aufwallung alles vergessen lassen und gleichsam auslöschen, von der Telefonnummer bis zur Erinnerung an frühere Freundschaftsbeziehungen und gemeinsame Erlebnisse und Erinnerungen. Der gewollte, bewusste Akt der Verwerfung, der aus einem Urteil heraus gestaltet wird, hat die mit dem Urteilsvermögen eng verknüpften Willenskräfte auf seiner Seite. Hier können auch weitere, die Lebensgestaltung förderliche Willenshandlungen bevorstehen. Genauso hat auch die Verwerfung aus einer starken Emotion heraus viele Kräfte der Seele auf ihrer Seite. Geschieht die Verwerfung aber aus einer Reaktion heraus, in der einfach nur zu viel Schmerz empfunden wurde, wo man deswegen das Schmerzhafte nicht wahrnehmen will (das kann bisweilen die ganze Welt sein), dann kann es sein, dass es in der Zukunft schwieriger wird, mit dieser Entscheidung zurechtzukommen. Vor allem wenn auch noch Gedankeninhalt und Erinnerung dabei verloren gehen, kann es schwer werden, in der Interaktion mit früheren Freunden diese nicht mit schiefen Erinnerungen zu belasten, die in die Leerstelle des Nichterinnerten hineingeworfen werden.

Man muss also vorsichtig sein mit der Idealisierung der großen Entscheidungsgeste. Rimbaud nahm bereits mit siebzehn Jahren von seinem dichterischen Leben Abschied, reiste nach Äthiopien, um eine Tätigkeit als Handelskaufmann auszuüben. Es ist fraglich, ob man dies als Idealtypus einer freien Entscheidung ansehen soll. Eine Tabula rasa konnte er sicherlich nicht machen. Nicht selten wird hier sehr viel hineinidealisiert. Ein völliger Bruch mit seinem vorherigen Leben lag in mancher Hinsicht gar nicht vor. Auch in Äthiopien schrieb er weiter, so z. B. Berichte an die Geographische Gesellschaft in Frankreich. Auch vor der abrupten Negation seines soziokulturellen Zusammenhangs hat er schon Negationen der «symbolischen Ordnung» vorbereitet. Das Sichauflösen der Sonne in seinen Gedichten lässt die Verabschiedung der bisherigen Ordnung nicht als ein abruptes Ereignis, sondern als lange vorbereitet erscheinen.

Interessanterweise gibt es nun Verabschiedungen der Geisteswissenschaften, der symbolischen Ordnung, der Poesie usw. auf eine Weise, die nicht nur hinterrücks und unerwartet das Auftreten der Vergangenheit wieder zulässt, sondern von vornherein deren Auftafelung plant. Man kann die Entrees der Poesie, die fetten Bissen der Romane und das scharfe Besteck der Philosophie auf der keinesfalls leeren Tafel des Gehirns wieder zu finden suchen. Setzt man die Segel nicht für das Horn von Afrika, sondern für die Geographie des Gehirns, dann kann man alles verabschieden und dennoch alles – gewandelt – wieder zu finden hoffen. Dies macht das gegenwärtige große Abenteuer der Hirnforschung aus, und viele hoffen, im Sichverlieren oder im Sich-bereits-verloren-Haben doch noch die eigene Gestalt in der Architektonik und Dynamik des Gehirns wieder erkennen zu dürfen. Man sollte darauf achten, dass man das Gehirn dabei nicht zu einer goldenen Kugel macht. Die bildlichen Verfahren suggerieren Erkenntnis, wo zunächst nur Kolonialisierung stattgefunden hat. Um das Gehirn in das allgemeine System einzugliedern, ist es erforderlich, seine Handlungsbeziehungen, seine Ökonomie, seine Ökologie, kurz, den Haushalt seiner Codierung zu erforschen.

Schrebergärten des Gehirns

Geheimrat Schreber ist ein berühmter Fall aus der Schizophrenieforschung. Sigmund Freud untersuchte ihn persönlich und schrieb eine lange Analyse seiner Krankheit. Schreber war Gerichtspräsident und an Schizophrenie erkrankt. Außerhalb der Psychowissenschaften ist er heute insbesondere als Erfinder der Schrebergärten bekannt. Wer kein eigenes Haus mit Garten hatte, sondern in einer Mietwohnung lebte, konnte in der Vorstadt eine kleine Parzelle anmieten, in der er am Wochenende seine Gartengelüste und den Wunsch nach Hegen, Pflegen und handwerklicher Tätigkeit befriedigen konnte. Heute spricht man von Schrebergartenmentalität, wenn sich jemand parzelliert, oft etwas kleinstädtisch abgrenzen will. In der Hirnforschung verfuhren Lokalisationisten manchmal ähnlich. Hinsichtlich der Hirnzentren hat zeitweise eine Art Schrebergartenpolitik geherrscht. Grundsätzlich kann man heute für die Hirnfunktionen jedoch sagen: Der Besitzer wohnt woanders als dort, wo die Parzellen aufgeteilt sind. Gerne würde man wissen, auf welchen Routen der Besitzer des Gehirns seine einzelnen Parzellen aufsucht. Ein wichtiges Modell ist bereits der Versuch, aus der Gesamtaktivität des Gehirns heraus das Entstehen einzelner Parzellierungen verstehen zu wollen.

Dennoch muss auch die unter den gegenwärtigen Bedingungen der bildgebenden Verfahren vorherrschende Technik der Lokalisierung und «Parzellierung» unter noch dynamischeren Aspekten betrachtet werden. Eine Kognition hat je nach Gesamtzustand des «Systems» sehr unterschiedliche räumliche Realisierungen im Gehirn. Parzellierungen sind nur begrenzt wirksam, bei vielen Funktionen spielen zahlreiche Partien zusammen, als ob es sich um eine Reisbauernwirtschaft handle.

Wenn ein bestimmtes Hirngebiet als aktiviert in den bildgebenden Verfahren aufleuchtet, dann ist mit dem Nachweis des Anstiegs von Sauerstoffverbrauch und Stoffwechselaktivität eine größere Nervenaktivität in diesem Gebiet durchaus zu folgern, es sind aber weitere Fragen zu klären:

1. Handelt es sich um hemmende oder aktivierende Nervenzellen und Synapsen?

2. In welcher Beziehung steht der Energieverbrauch zur Informationsverarbeitung?

3. Wie konstant ist die Aktivierung dieses Areals bei Wiederholung der Funktion?

4. Können nicht auch Informationsverarbeitungsprozesse, die nur ganz wenig Energie beanspruchen, d. h. über wenige Neuronen verlaufen, für einen kognitiven Prozess unter Umständen entscheidend sein?

5. Kann man bei einem Menschen überhaupt so etwas wie eine Ausgangs- oder Ruhefunktion bestimmen? Gibt es für ihn überhaupt einen Normzustand, wechselt seine Aktivität nicht ständig?

6. Was bedeutet Minderaktivierung? Im Hinblick auf welche Norm hätte man sie zu bestimmen?

Bevor man sich mit lokalisatorischen bildgebenden Verfahren im Bereich religiöser Erfahrung und im Bereich der Neurotheologie vorwagt, müssten viele Fragen dieser Art systematisch geklärt werden, die für die Theorie der Informationsverarbeitung, der Thermodynamik des Gehirns und des Umgangs mit dem Risiko und dem Neuen entscheidend wären.

Abraham und das PET

Wie kann man in der Hirnforschung ein kognitives oder emotionales Ereignis eindeutig identifizieren? Besonders wenn man sich in das Gebiet der Religion vorwagt, wird es schwierig werden, genau zu bestimmen, worum es sich handelt. Die untersuchten Personen wissen mitunter selber nicht, worauf sich ihr religiöses Verlangen richtet. Bei anderen Einstellungen wird die entwickelte religiöse Haltung sogar darin gesehen, das eigene Verlangen zu mäßigen.

Der logische Begriffsapparat des Mathematikers Gottlob Frege stellt einige wichtige Orientierungen bereit. Fragt man sich, ob die Japaner und die Ägypter, die beide die Sonne verehrt haben, das Gleiche verehrt haben, so kann man eine fregische Begriffsunterscheidung einführen, um ein wenig Klarheit in die Diskussion zu bringen. Frege wählte nicht das Beispiel der sowohl von den Japanern als auch von den Ägyptern angebeteten Sonne, sondern das vom Abendstern und Morgenstern, die beide identisch sind und im Planetensystem als Venus bezeichnet werden. Anhand dieses Beispiels führte er die Unterscheidung von «Sinn» und «Bedeutung» ein. Die Venus kann unterschiedliche Bedeutungen haben, einmal als Abendstern, einmal als Morgenstern. Der Sinn, der dahinter steckt, ist jedoch immer der Gleiche, nämlich der, dass es ein bestimmter Planet ist, der bei früheren Untersuchungen, am Abend und am Morgen, für zwei verschiedene Himmelserscheinungen gehalten wurde. Kann man nun sagen, dass der japanische und der ägyptische Sonnenkult sich auf den gleichen Sinn bezogen, aber unterschiedliche Bedeutungen durch unterschiedliche Kontexte realisierten? Für die Hirnforschung sind solche Überlegungen von grundlegender Bedeutung, da bei der Planung eines Experiments zur Messung und bildgebenden Darstellung der Hirnaktivität bei religiöser Praxis die Aufmerksamkeit darauf gerichtet werden muss, ob bei der Zusammenstellung der Probanden nicht einfach die Kategorie des Sinns angesetzt ist und damit möglicherweise bei den einzelnen untersuchten Personen völlig unterschiedliche Bedeutungen und Bedeutungskontexte wachgerufen werden, die dann das Hirnaktivierungsbild stärker prägen als der identische Sinn, nach dem die Personen zusammengestellt waren. In einem solchen Fall wird man bei der Mittelung zwischen verschiedenen Personen für die Hirnaktivität kaum prägnante Muster finden, aber dies wäre ja auch ein Ergebnis, nämlich dass die Verwirklichung von Religion eine höchst individuelle Angelegenheit sein kann, bei der die Gehirne die unterschiedlichsten Akrobatikleistungen vollbringen, um im externen Verhalten den Eindruck von Gleichklang zu erwecken.

Menschen, die in einer Religion groß geworden sind, ist dies zum Teil zu einer zweiten Natur geworden, ihre verschiedenen Bedeutungsdimensionen brauchen in den einzelnen Situationen gar nicht bewusst abgerufen zu werden, um bei Entscheidungen wirksam zu sein. Dies führt dazu, dass eine religiöse Haltung sich in einem bildgebenden Verfahren der nuklearmedizinischen Hirnaktivitätsmessung unter Umständen gar nicht niederschlägt, weil sie prozessual noch ohne sonderliche Aktivierung das Geschehen bestimmt. Es muss bedacht werden, dass wichtige Entscheidungen im Gehirn bereits durch das über lange Jahre geformte Neuronenwachstum gebahnt werden, und dass bei einer aktuellen religiösen Meditation beispielsweise die Neuronenverbindungen zunächst nicht mehr geändert werden, sondern nur auf unterschiedliche Weise auf ihnen gespielt wird. Im weiteren Verlauf werden sich dann allerdings durchaus Umorganisationen durch Wachstumsprozesse einstellen.

Insofern ist das Repertoire möglicher Messbarkeiten ohnehin eingeschränkt und man kann sich beim Studium der Religion nur auf einige aktualisierbare Prozesse konzentrieren. Insbesondere Meditation, Gebet und der Umgang mit Schrift kommen dafür infrage. Für die exotischen visionären Ereignisse kann man natürlich auch einen Schritt in den Bereich der Psychiatrie und Psychopathologie wagen. Religion ist jedoch ein komplexes System, das nur partiell in bewusster Aktivierung einen Niederschlag in den Hirntätigkeiten findet. Nun muss man aber nicht für die PET-Messungen und andere bildgebende Verfahren auf der Seite der mentalen Aktivität nur ein Bedeutungschaos konstatieren. Es ist durchaus denkbar, einige Kontextparameter versuchsweise so zu behandeln, dass bei ihrem Vorhandensein oder Nichtvorhandensein ganz andere Hirnaktivitätsgruppierungen zu erwarten sind. So könnte z. B. bei Kulturen mit unterschiedlicher Schrift die religiöse Meditation zu sehr unterschiedlichen Hirnaktivierungen führen. So wie die Venus einmal in den Abend und einmal in den Morgen hineinscheinen kann, könnte bei unterschiedlichen Schriftsystemen ein unterschiedlicher Bereich des Gehirns (es müssen nicht immer unterschiedliche Hemisphären sein) aktiviert werden, bei dem es sich unter den angegebenen Voraussetzungen um das gleiche religiöse Phänomen handeln würde, auch wenn unterschiedliche Hirnpartien aktiviert sind. Eine derartige rekonstruktive Hirnlokalisationstechnik könnte Licht in das Vielerlei heller und dunkler Hirnaktivitäten werfen.

Letzten Endes sind solche Entscheidungen politisch-religiöser

Natur, und es wäre verkehrt, die Ergebnisse des Hirnforschers unabhängig von seiner Methodenentscheidung zu werten.

Fragen der Identifizierung und Abgrenzung sind grundlegende Entscheidungen der Menschheitsgeschichte. Bestimmt macht es sich Rousseau zu einfach, wenn er alle Religionen für identisch erklärt. Aber auch der eifersüchtige Gott Israels hat Identifikationsschritte durchgemacht, so wenn Abraham seinen Herrn mit dem Gott der Kanaaniter, dem Schöpfer der Welt, identifizierte (siehe Genesis). Der jüdische Philosoph des Mittelalters Maimonides war der Ansicht, dass Allah mit dem Gott der Juden identifiziert werden könne. Einer globalen Identifizierung aller Religionen steht sehr viel entgegen. Aber auch bei großer Aufmerksamkeit gegenüber der Abwehr von Götzenverehrungen sind Identifizierungen möglich, wie das Beispiel Abrahams und Maimonides' deutlich erkennen lässt. In der Tat ist für das Judentum nicht der Islam, sondern eher das Christentum der Gegner. Darüber dürfte auch die gegenwärtige politische Konstellation nicht hinwegtäuschen. Die grundsätzliche Differenz zwischen Judentum und Christentum erscheint unüberbrückbar und wird von christlicher Seite bisweilen so beantwortet, dass man Christus eben in den Hintergrund stellen müsse.[1]

Es ist erkennbar, dass sich Verstehen nicht nur über Gleichmacherei (sie bewegt sich oft nur an der Oberfläche und kann daher Konflikte nicht immer dauerhaft lösen), sondern auch über die Herausarbeitung einer Differenz, die einen Abstand herstellt, über den man einander grüßen kann, ermöglichen möchte.

Die Hirnmechanik zu untersuchen ist schwieriger, als dies bei der Himmelsmechanik der Fall war. Erregungsausbreitung in den über hundert Milliarden Nervenzellen folgt komplexeren Mustern als dem einer Planetenumlaufbahn. Will man in den verschiedenen Erregungsmustern einen konstanten Sinn identifizieren, so begibt man sich in einen unendlichen Prozess kultureller Annäherung an ein Gebilde, das Kultur in einem nicht eindeutig bestimmbaren Maße für sich bereits zur Natur gemacht hat.

Man sollte die Hirnforschung ausnutzen und gerade solche Anverwandlungsprozesse, die von dieser Disziplin gut thematisiert werden können, zum Ausgangspunkt für Forschungen auf dem Gebiet der Religion machen. Bei zunehmender Aneignung eines Wissens oder einer Verhaltensweise wird die Zahl der dafür zur Verfügung gestellten Neuronen reduziert. Die Information kann dann zwar nicht auf eine einzelne Zelle komprimiert werden, es bilden sich jedoch Superzeichen heraus. Bei zunehmendem Kenntniserwerb bzw. Einübung sind nicht mehr so viele Neuronen in ihrer Aktivierung erforderlich wie zuvor.

Solche Vorgänge können mit dem Erleben von Automatisierung oder gar mit dem Empfinden eines Verlustes von Lebendigkeit einhergehen. Gerade um solche Themen bewegt sich aber ein Großteil religiöser Debatten dann, wenn Rituale durch ihre Wiederholung als nicht mehr lebendig empfunden werden. Wie viele Glaubensrevolutionen wurden angezettelt, weil man glaubte, bestimmte Riten hätten die Lebendigkeit verloren! Dann wurden neue Glaubensformen gesucht, denen häufig ein ähnliches Schicksal widerfuhr.

Sollte man sich dann nicht gleich die Einsicht der Hirnforschung zunutze machen, die zu berichten weiß, dass alle Lernprozesse mit einer Automatisierung verknüpft sind, die nicht mehr von einem Gefühl spontaner Lebendigkeit so wie zu Beginn des Lernprozesses begleitet sind, wenn das Lernen fortgeschritten ist? Sollte man vom Glauben dann nicht von vornherein nicht zu hohe Dinge erwarten und lieber die Weisheit u. a. der Benutzung tibetischer Gebetsmühlen erforschen, die oft als abschreckendes Beispiel von Mechanisierung des Lebendigen angeführt wurden?

Die Psychoanalyse sieht in der Wiederholung den Todestrieb, und die Hirnforschung kann im Wiederholen des Gelernten das Absterben der bewussten Kontrolle beobachten. Ist in dieser Wiederholung, die eher als tödlich denn als zwanghaft anzusehen ist, nicht auch eine Chance eines Ereignisses verborgen, das man nicht willkürlich initiieren kann?

Gerät das Beschwören von Lebendigkeit nicht auch zu einem tödlichen Ritual mit einer Mantik und Beschwörungsrhetorik, die selber erstarrt? Die Hirnforschung weist wie Biologie und Physiologie überhaupt auf die Möglichkeit verschiedener Zustände des menschlichen Organismus und des Nervensystems hin. Sollte man die in diesem Bereich ausdifferenzierten Messmöglichkeiten nicht nutzen, um einige Grundfragen der Religion zu debattieren, die nicht dem einseitigen Identifizierungsbedarf einer spezifischen Metaphysik entspringen?

Vielleicht können zwei Religionen ja auch partiell zueinander im Verhältnis verschiedener Lernstadien stehen. Die Rede davon, dass das Wort zuerst bei Gott war und dann in die Welt fand, könnte man dafür stark machen, dass mit dem Wort nicht irgendeine Unterhaltung oder ein Tagesklatsch gemeint sein wird, sondern das Gesetz, das der Herr den Menschen auferlegen möchte.

Kommt das Gesetz zu den Kranken, so scheint es angemessen, dass es ihnen auf eine Weise nahe gebracht wird, die ihrem Begehrensvermögen entspricht. Der Kranke, der in die Turbulenzen der Begehrlichkeiten seines rechten Schläfenlappens geraten ist, kann dort den Attraktor des Antlitzes und der Personalität gewahren. Er sollte jedoch wissen, dass er sich mit dem Fleisch gewordenen Wort das Gesetz einverleibt hat. Universalisiert werden sollte diese Botschaft für die Kranken (die Frage, ob wir alle krank sind, wäre erst noch zu entscheiden).

Die Juden sind schon beim Vater, sie brauchen den Sohn nicht, sagt Michael Brumlik. Und Ted Peters hat den Spruch des Neuen Testaments, am Ende wird alles Gott sein, zum Titel eines seiner Bücher gemacht, eschatologisch, d. h., wenn man es auf das Ende hin denkt, konvergiert das Christentum nach seinen Aussagen auf das Judentum. In der Zwischenzeit kann es denen, die krank oder noch nicht beim Vater sind, helfen. Lévinas weist darauf hin, dass wir in der Begegnung mit dem anderen auf das Gesetz verwiesen werden. Es gehört zu den fatalen Katastrophen der Geschichte, dass die Begegnung mit dem fremden Antlitz oft nicht als Hinweis auf das Wort des Herrn gesehen wurde. Durch das heruntergeklappte Visier der eigenen Rüstung kann man eben nur Feindbewegungen beobachten.

Andrew Newberg und die Umgrenzung des Grenzenlosen

Die Forschungen zum Zusammenhang von Religion und Gehirn, zum Teil unter dem Stichwort Neurotheologie, haben insbesondere aufgrund der Untersuchung von Andrew Newberg für einige Aufregung gesorgt. Das Gehirn scheint ein besonderer «heiliger» Platz zu sein, an dem nicht alle «Gaben» abgestellt werden dürfen. Es ist der letzte weiße Fleck in der Landkarte, und das Koloniemachen führt hier zu besonders erbitterten Kämpfen. Die Kognitionswissenschaften hatten dabei zumeist darauf verzichtet, auch der Ich-Funktion eine korrelierte Hirntätigkeit zuzuschreiben (siehe z. B. Varela und Thompson). Auch der Freiheit wurde nicht allzu viel Aufmerksamkeit geschenkt. Die Versuche von Libet wurden nicht selten als Beweis dafür gewertet, dass der Mensch nicht frei ist. So haben die Kognitions- und die Neurowissenschaften einen großen «Freiraum» erobert, in dem sie ihre wissenschaftlichen Konstruktionen ohne die «nervige» Intervention eines Ich-Konzepts weiterführen wollen. Offenbar ist die Ansicht weit verbreitet, dass eine «Ent-Ichung» keine sonderlichen Folgen für den mehr und mehr in naturwissenschaftliche Konzepte geratenden Menschen haben würde. Wenn man aber in den Neurowissenschaften nicht allzu gerne das Ich-Konzept nachbuchstabieren möchte, so sollte man doch bei den Auswirkungen auf die Gesellschaft zumindest überlegen, welche Rolle nicht nur die Freiheit, sondern auch das Gesetz für den Menschen spielt, in dem er sein Ich entfalten kann. Dies wäre eine dankbare Aufgabe für Neurowissenschaften, Entwicklungspsychologie, pädagogische Bildungstheorie und so etwas wie neuronale Rechtswissenschaften. Die Regeln für unser Zusammenleben könnte man unter ausdrücklicher Betonung der Freiheit in einem derartigen Horizont sichern. In dieser Hinsicht wird noch viel zu wenig getan.

Andrew Newberg hat mit seinem Buch *Why God Won't Go Away* in den USA einen Bestseller gelandet. Newberg, der Neuroradiologe ist, vertritt die Ansicht, mit seinen Untersuchungen bei meditierenden Franziskanerinnen und Zen-Mönchen ein Zentrum für die Meditation nachgewiesen zu haben. Diese seine Überzeugung spiegelt der Buchtitel wider, der besagt, dass Gott uns nicht verlassen kann, wenn wir im Gehirn ein Zentrum für die Gotteserfahrung haben. Dies kann man allerdings nicht ohne weiteres behaupten. Es ist zwar verständlich, dass beispielsweise die calvinistische Tradition, in der die Gnade des Herrn im Vordergrund steht, auch naturwissenschaftlich bestätigt werden soll. Aber diese Motivationslage, aus der heraus Gnade zum selbstverständlichen Eigenbesitz gerechnet wird, müsste zunächst noch einmal selbst befragt und sodann vor allen Dingen in ihren Auswirkungen auf die Interpretation naturwissenschaftlicher Versuchsanordnungen geprüft werden. Es ist gewiss ein großes Gefühl, sich der Gnade des Herrn sicher zu sein. Es wäre wirklich eine üble Tat, wenn man versuchen würde, einem Menschen dieses Gefühl zu vereiteln. Man kann jedoch den methodischen Zweifel auch einmal ins Spiel bringen, da nicht ausgemacht ist, ob das selbstsichere Gefühl der Gnade oder der ständige Selbstzweifel für das Handeln besser sind. So muss man sich zunächst darauf beschränken, mit beiden Verhaltensweisen Erfahrungen zu machen und dann die Schlussfolgerungen ziehen. Werden allerdings vorzeitig Verankerungen der Gnadenselbstgewissheit in naturwissenschaftlichen Befunden vorgenommen, dann muss der skeptische Zweifel (religiös gesprochen: das Ringen um Gnade) etwas früher geäußert werden. Die Existenz eines Hirnzentrums für religiöse Beziehungen garantiert also nicht, dass diese auch immer gnadenvoll verlaufen werden.

In der Depression, in der Schizophrenie, in der Hirnverletzung, im Schlaganfall kann es geschehen, dass diese Verhaltensweise nicht mehr aufgesucht werden kann oder eine tiefe innere Destruktion aufweist. Der von Newberg namhaft gemachte Scheitellappen für religiöses Erfahren begleitet nicht dauerhaft das Leben eines Menschen, er kann sich unter dramatischen Lebensumständen in seinem Verhalten völlig wandeln, sodass die in seinem Bereich stattfindenden Körperwahrnehmungen, z. B. bei einer Schizophrenie, grundlegend verändert werden können. Aber es bedarf nicht solcher Extreme, um zu sehen, dass in vielen Lebenssituationen dieser Zugang erschwert sein kann. Dennoch kann man sich für die Möglichkeit der

Gnadengewissheit stark machen. Aus ihr ein Naturgesetz zu machen wäre zu viel. Man sollte aber nicht vergessen, dass für viele auch der Zugang des Zweifels eine intensive Beschäftigung mit Gott ermöglicht hat.

Konzentrieren wir uns auf die biologischen Befunde, so ist festzuhalten, dass Newbergs Ergebnisse keineswegs überzeugend sind. Newberg fordert die Franziskanerinnen und Zen-Buddhisten zur Meditation in der bildgebenden Röhre auf, und zwar in einer Versuchsanordnung, bei der sie, wenn sie glauben, in die mystische Phase geraten zu sein, den Start der Messinstrumente selbst auslösen. Man könnte nun beanstanden, dass diese zusätzliche Meditationsstufe, die dazu führt, dass ein Gerät gestartet wird, selbst noch zu einem anderen Setting der Hirnaktivierung führt. Gewiss wäre es eine dankbare Aufgabe, grundsätzliche, kaum eliminierbare Parameter (z. B. Startbedingungen) der bildgebenden Verfahren beim Verhalten deutlich zu machen. Sieht man in diesem Fall aber davon ab, dass zur Meditation noch die Reflexion darüber hinzukommt, dass meditiert wird, so stellt man fest, dass die Ergebnisse keine überwältigenden Aktivierungsbesonderheiten aufweisen. Newberg und seine Mitarbeiter hatten durchaus richtig erkannt, dass zwischen dem Parietallappen (Scheitellappen) und dem Frontallappen (Stirnlappen) Aktivierungsunterschiede zu verzeichnen sind. Doch welches sind die Normwerte? Handelt es sich um eine «Hyperfrontalität» im Sinne einer übersteigerten Aktivität im Stirnlappen, oder ist die Stirnlappenaktivität als normal einzustufen und die Scheitellappentätigkeit als vermindert anzusehen? Diese Meditationsaufnahmen weisen jedenfalls einige Ähnlichkeiten auf mit Messungen bei Versuchspersonen in Ruhe oder Entspannung, wobei sich die Tätigkeit dann weitgehend auf den Frontallappen konzentriert, in dem offenbar innere Sammlung stattfindet. Newberg gelangt jedoch nicht zu einer positiven Formulierung der frontalen Aktivierung, sondern wertet die relative parietale Minderaktivierung als objektiven Aktivierungsmangel. Diesem schreibt er die Funktion zu, von den Körperwahrnehmungen zu abstrahieren und Meditation zuzulassen. Ein schlagender Unterschied zu bloßer Ruhe und Entspannung ist damit aber nicht deutlich nachgewiesen. Die Verwertung der Ergebnisse für ein

Konzept der Neurotheologie erscheint daher als verfrüht. Von einer lokalisatorischen Umgrenzung der Erfahrung des «Grenzenlosen» kann noch keine Rede sein.

Neurotheologie, Neurorabbinologie, Neuromythologie und Neuroschamanismus

Die experimentellen und empirischen Paradigmen der Neurotheologie sind noch spärlich, die Irritation in weltanschaulichen Bereichen und Nachbardisziplinen ist jedoch erheblich. Die Ausgestaltung der Neurotheologie wird als wichtige strategische Position im Dialog zwischen Geisteswissenschaften, Theologie, Religion und Naturwissenschaften erkannt. Vorsicht bei der Einschätzung der Ergebnisse ist daher umso wichtiger. Allein die Wahl des Wortes Neurotheologie setzt schon einen Akzent. Sollte man nicht auch von Neurorabbinologie und Neuroschamanismus sprechen, um diese nicht einfach der einseitig griechisch-christlichen abendländischen Tradition der Theologie unterzuordnen? Zumindest wäre zu bedenken, ob die religiösen Phänomene im Zusammenhang mit der Hirnforschung nur unter den Leitbegriffen westlicher Theologie zu diskutieren wären oder ob nicht auch beispielsweise Rechtsfindungsstrategien der Rabbiner oder Ekstasepraktiken der Schamanen als Thema aufgegriffen werden sollten. Die Unterordnung verschiedener Religionen unter ein gleiches Bild der Neuroradiologie könnte zu einer schädlichen Minderbewertung der sprachlich-symbolischen Dimension führen. Natürlich konnte Newberg bei seinen Messungen die sprachlichen Codierungen der franziskanischen und der zenbuddhistischen Kultur nicht erfassen. Diese waren aber vielleicht das Entscheidende für die Entgrenzungserfahrungen im Meditationserlebnis, während die Minderaktivität des Scheitellappens nur eine nebensächliche Dimension, die nicht einmal zwingende Voraussetzung der Meditation, war. Gerade im Zen-Buddhismus haben die großen Erleuchtungen unter Umständen nicht während der völligen Entspannung, sondern sogar in höchster Anspannung in einem Streitgespräch mit dem Meister oder sogar unter Auskugelung des eigenen Armes durch diesen stattgefunden.

Von großem Interesse ist die Frage, in welchem Maße die höchste Rationalität an allen eindringlichen religiösen Erlebnissen beteiligt sein kann. Ebenso aufschlussreich wäre es, die mythischen Tätigkeiten des Gehirns in ihrer neuronalen Organisation besser zu verstehen. Insofern könnte auch eine Neuromythologie oder Neuromythik entwickelt werden, die weit über das hinausreichen würde, was sich Karl Jaspers darunter vorstellte. Er benutzte den Begriff der Neuromythologie, um damit die lokalisationalistische Wernicke-Schule der Hirnforschung zu diskreditieren. Wie das undiszipliniert-autistische Denken in die Medizin gerät oder überhaupt auch in den Wissenschaften einen Teil ihres Bestands ausmachen kann, wäre ein eigenes und interessantes Forschungsunterfangen. Wahrscheinlich reicht es nicht aus, derartige Denkweisen nur abzulehnen. Auch Wittgenstein war so klug, das Fortstoßen der Leiter erst zu empfehlen, als er oben war. Selbst der rationalste Wissenschaftler muss zwischendurch auf mythische Entwürfe zurückgreifen; dies im Haushalt des Denkens zu analysieren wäre eine wichtige Aufgabe. Es wäre schlimm, wenn wir die Rationialität, die wir als Ziel unserer Tätigkeiten ansehen, gegen diese vorbereitenden kreativen Prozesse ausspielen wollten. Es wäre ein tödlicher Bruderkampf, der sich zur Erlangung von Rationalität immer wieder einstellen wird. Die Neurowissenschaften können nach meinem Dafürhalten hilfreich dabei sein, die Stelle der Welt zu beschreiben, an der diese Streitigkeiten ihren Ort haben. Dies wird nicht davor bewahren, dass Religion auch unvorhergesehen ins Denken einfallen kann. Eine Theorie des Risikos kann uns jedoch damit vertraut machen, dass wir auch das Unerwartete erwarten können und mit dem Unberechneten hin und wieder «rechnen» müssen.

Häufiges Konvertieren – ein Syndrom des rechten Schläfenlappens oder ein kulturspezifisches Geschehen?

> Quecksilbern ist mein einer Handschuh und der andre seiden.
>
> *Federico García Lorca*

Beim Rechtshänder findet sich die Sprachleistung normalerweise über Kreuz in der linken Hirnhälfte. Das Sprachverstehen ist in diesem Fall im linken Schläfenlappen situiert, während im rechten Schläfenlappen Sprechmelodie, Witz, Ironie, Themenführung, Themenwechsel und weitläufige Assoziationen angesiedelt sind. Die semantischen Verbindungen sind im rechten Schläfenlappen weitläufiger. Wird ein Satz nicht verstanden, so werden die weiterreichenden Suchprozesse der rechten Hirnhälfte aktiviert. Auch die Poesie und die Metapher finden sich eher in dieser Hirnhälfte. Wer sich an Worten und Urteilen festhalten will, der wird eher zur linken Hirnhälfte überwechseln. Dennoch spielt der rechte Schläfenlappen bei der Identitätskonstituierung eine wesentliche Rolle. Mit seinen diffusen und eher weitläufigen Assoziations- und Suchmöglichkeiten ist er in der Lage, so etwas wie Identität zu konstituieren, die über bloße Punktualität hinausgeht. Für diese weit ausholende Identität zieht der rechte Schläfenlappen Bilder heran, in denen sie sich verdeutlichen kann. So wird bei der Wahrnehmung des eigenen Gesichts eher der rechte Schläfenlappen aktiviert. Aber auch die Muse und «Götter» werden offenbar vom rechten Schläfenlappen getragen. Demzufolge wäre es kein Wunder, dass die poetische Schaffenskraft mit dem Erlebnis oder Ereignis einer Muse in enger Verbindung steht. Die Verschiebungen, die aufgrund der weitläufigen Assoziationen der rechten Hirnhälfte erforderlich sind, stehen in enger Beziehung zu großen Emotionen und zur Liebe. Nicht nur sexuelle Aktivität, auch der Alkohol betrifft eher die rechte Hirnhälfte. Es ist kein Wunder, dass die Zeichensysteme eines Menschen, die hier ihre Verankerung finden, durch die wechselnden Aktivitäten in Bewegung geraten können. Die entwurzelten Zusammenhänge suchen dann nach neuer Integration: Hier hat also auch der kreative Prozess seinen Ort.

In Bezug auf Religion kann eine kreative Verschiebung und Dynamik bisweilen problematisch sein und so starke Ausmaße annehmen, dass ein Wechsel der Religion oder der Konfession dem Individuum erforderlich erscheint. Solche Tendenzen können verstärkt werden, wenn im rechten Schläfenlappen epileptische Vorgänge stattfinden. Der Bostoner Neurologe Norman Geschwind diagnostizierte bei Epilepsiepatienten mit Krampfleiden im rechten Schläfenlappen im krampffreien Intervall das Auftreten von Hypersexualität, Hypergraphie (viel schreiben) und häufiger religiöser Konversion. Wenn die Dynamik des rechten Schläfenlappens auf die Spitze getrieben ist, muss sie also unter Umständen eine neue Verankerung suchen.

In Deutschland stellt man dieses Syndrom seltener fest. Möglicherweise hängt es damit zusammen, dass man hierzulande nicht so oft zu einem anderen Glauben übertritt. In den USA sind 90 Prozent der Menschen gläubig und religiös, in Deutschland liegt die Rate zwischen 10 und 40 Prozent. Für die Differenz im medizinischen Befund bietet sich also ein kultureller Parameter an. Fehlt die religiöse Situation, dann kann ein religionsbezogenes Syndrom auch nicht in der entsprechenden Häufigkeit beobachtet werden. Vielleicht finden sich dafür in Deutschland andere «Konversionen», z. B. die zwischen weltanschaulichen Positionen. Folgt man der Spur der Hirnforschung, dann könnte man die Phänomene der Kultur anders klassifizieren, und Religion wäre dann nur eine der möglichen Ausgestaltungen eines tieferen Geschehens.

Der Mythos von der rechten Hirnhälfte

Immer wieder ist Ganzheit der Schlüsselbegriff bei Diskussionen um Religion. In der westlichen Kultur wird dabei Ganzheit oft anders verstanden als in den asiatischen Ländern, aus denen Perspektiven importiert werden, die mit dem Begriff der Ganzheit belegt werden. Die Ayurweda-Medizin aus Südindien beispielsweise hat durchaus ganzheitliche Aspekte in dem Sinne, dass sie den Menschen mit dem Kreislauf der Dinge versöhnen will. Bei Körpermassagen mit Öl oder Kuren mit Pflanzensamen soll der Mensch seinen Frieden mit der Natur schließen. Dies kann bei vielen körperlichen Unpässlichkeiten von großem Vorteil sein. Die Ayurweda-Medizin ist durchaus ganzheitlich in dem Sinne, als sie den Menschen in die Ganzheit der Natur zurückführt. Das Ganze, das Heile, erfordert, dass seine Teile in ihm verschwinden. Im Westen wird die Methode, die das Heile erzeugen soll, jedoch so verstanden, dass mit ihr die Kräfte aktiviert werden, die den Tod vermeiden lassen. Würde man die westlichen Heilmethoden mit der indischen Ayurweda-Methode vergleichen wollen, so zeigte sich, dass im Selbstverständnis des Ayurweda eine Statistik mit Nichterfolgen gar nicht möglich ist, da auch der Tod und die Verschlimmerung einer Krankheit zum Ganzen der heilenden Natur gehören. «Ganzheit» wird im Westen also als eine partikulare Technik eingesetzt, um Einzelelemente des Ganzen, nämlich Individuen gegen das Ganze, zu wahren. Die Natur nimmt aber keine Rücksicht auf die Individuen. Es wäre ein Irrtum, in der Natur mehr Heilung zu erwarten als in der technischen Medizin. Die Auswahl von einzelnen Elementen der Natur (Pflanzenblätter, Pflanzensamen usw.) stellt ja bereits eine Technik dar, von der man seine Heilung erwartet. Der Begriff der «Natur» wird also auch häufig mit euphemisierenden Vorstellungen unterlegt. Schon der naturverbundene Mensch durchbricht also mit seiner Technik der «Naturverbundenheit» den Kreislauf der Dinge. Religion und Fortschrittsglaube steigern dies zumeist auf ihre Weise. Die westliche Umdeutung des Ganzheitsbegriffs stellt dabei eine erhebliche Steigerung dar.

Unter Ganzheit versteht man im Allgemeinen, dass das Ganze mehr ist als die Summe seiner Teile. Nun lässt sich aber das Ganze im Allgemeinen nicht erfassen, ohne dass man auf die Teile Bezug nimmt. Es wäre also nicht von Vorteil, ganzheitliches Denken dem analytischen Denken entgegenzusetzen.

Von besonderem Interesse ist nun, dass die Forschung selbst für die Interpretation ganzheitlicher und analytischer Denkweisen herangezogen wurde. So wurden der rechten Hirnhälfte ganzheitliche Funktionen und der linken Hirnhälfte eher analytische Leistungen zugeordnet. Dies macht in einem gewissen Maße Sinn, da die phonetischen Leistungen der dominanten Hirnhälfte (gewöhnlich die linke) so weit entwickelt sind, dass mit ihnen ein differenziertes kombinatorisch-analytisches Spiel vollzogen werden kann. Der rechten Hirnhälfte ganzheitliche Funktionen zuzuordnen macht insofern ebenfalls einen Sinn, als hier bildliche Funktionen erbracht werden und außerdem in der semantischen Dimension weit auseinander liegende Aspekte zusammengeführt werden können.

Dieses dualistische Modell wurde bisweilen in weltanschaulicher Hinsicht verabsolutiert und dann auch noch so gewertet, dass den ganzheitlichen Funktionen der rechten Hirnhälfte Präferenz zugestanden werden sollte, da hier der größere Überblick für Managementaufgaben und Kreativität gewährleistet werde. Auch wurde sogar die rechte Hirnhälfte als die asiatische der linken Hirnhälfte als der europäisch-logozentrischen gegenübergestellt. Dass die Dualität der Hirnhälften für eine Zweiteilung der Welt der Religionen herhalten muss, halte ich nicht für angemessen.[2]

Es erscheint mir passender, die Funktionen der rechten Hirnhälfte als ein Zwischenstadium vor der Herstellung von Serialität und sprachlicher Ordnung zu verstehen, das dabei keineswegs ganzheitlich sein muss. Als Beispiel hierfür sei eine Erfahrung mit dem Wada-Test angeführt. Beim Wada-Test wird die Narkose einer Hirnhälfte durchgeführt, um Sprache, Gedächtnis, visuelle Erinnerung, Emotion usw. im Verteilungsmuster in Bezug auf die beiden Hirnhälften zu erfassen. Bei einem Patienten wurde eine Narkose der linken Hirnhälfte durchgeführt; es trat eine Blockade seiner Sprachleistungen ein, die damit als der linken Hirnhälfte zugeordnet werden konnten. Als sich die Narkose zurückbildete und die Funktion der rechten Hirnhälfte noch im Vordergrund stand, antwortete er auf die Frage: «Der Löwe wird vom Tiger getötet, welches Tier ist tot?» mit der Äußerung: «Alle!» Nun könnte man meinen, dies sei gerade ein Beleg dafür, dass die rechte Hirnhälfte ganzheitlich reagieren würde, weil sie den Allquantor «alle» benutzt hatte. Dies ist aber noch keinesfalls ein Beleg für ganzheitliches Denken, sondern nur für ein falsches Urteil. Wer über alles etwas aussagt oder auf Details mit «Alle» reagiert, denkt noch nicht ganzheitlich, sondern mitunter nur falsch.

Das Ganze in den Blick zu nehmen, bewährt sich unter Umständen am ehesten, wenn man sich im Urteil auf die Details konzentriert. Sich auf die Kleinarbeit einzelner Urteile zu konzentrieren, kann ein wesentlicher Dienst am Ganzen sein.

Die Religion und die «Durchlässigkeit» des limbischen Systems

Im Gehirn ist vieles mehrfach angelegt. Filterfunktionen für die Informationsaufnahme finden sich an vielen Stellen, vor allem des limbischen Systems. Selbst für Neurophysiologen, die solche Filterfunktionen als Zensorleistung interpretieren möchten, bieten sich mehrere Hirnregionen an. Es ist also kein Widerspruch, wenn sie einmal das Frontalhirn, das andere Mal den Hippocampus, eine kleine Struktur im limbischen System, für solche Kontrollfunktionen verantwortlich machen. Man muss jedoch darauf Acht geben, ob solche Kontrollfunktionen gleich mit den großen Fragen der Religionen in Zusammenhang zu sehen sind, oder ob sie nicht einfach nur eine Beschreibung für die Filterung von Informationen liefern, einerlei, ob es sich um Religion oder sonst etwas handelt, oder ob die Informationen, die bewahrt werden, solche der Toleranz oder solche der Niedertracht sind.

An dieser Stelle ist es wichtig, sich an die heuristischen und explikativen Möglichkeiten des psychophysischen Parallelismus zu erinnern, der es ermöglicht, zwischen dem zerebralen und dem psychischen Anwendungsbereich von Begriffen (z. B. Filter, Zensor usw.) zu unterscheiden.[3] Dies ist umso dringlicher, als gerade bei der Beschreibung von Religion die Begriffsebenen noch mehr durcheinander gehen, da Religion nicht ohne weiteres ein psychisch voll manifestiertes System darstellt, sondern immer nur nach ausgewählten Momenten auch in der Psyche ihre Verwirklichung findet. Selbst ein Katholik lebt nicht im Bewusstsein der Archive des Vatikans, sondern ist, wenn sein Glaube lebendig ist, von partikularen Intensitäten geleitet, die das Ganze widerspiegeln mögen.

Gewiss ist die Filterfunktion des Hippocampus für die Struktur der menschlichen Kognition von besonderer Bedeutung. Hier wird danach selektiert, ob etwas an Informationen neu ist und ob es gegebenenfalls zum Bisherigen passt. Die damit gegebenen Einschränkungen der Informationsverarbeitung gelten für uns alle und sind kein Spezifikum für Religion. Die Freiheitsgrade von Religion und Nichtreligion werden eher mit einer anderen Struktur des limbischen Systems in Verbindung gebracht, die als Amygdala bezeichnet wird. Während die Informationen, die dem Hippocampus zukommen, gefiltert und relativ eingleisig aus dem Cortex zugeliefert werden, können die Informationen der Außenwelt auf den Hippocampus ohne Vorsortierung von Thalamus und Cortex hier ihren Einwirkungsort finden. Die Amygdala bekommt eine herausragende Rolle, sie darf nicht als Schaltstelle in einem System differenzierter Informationsaufbereitung angesehen werden. Relativ ungeschützt wird sie den sensorischen Informationen ausgeliefert und entwickelt daher selber eine Strategie der Ja-Nein-Schaltung, des Abwehrens als feindlich oder des Annehmens als freundlich, wobei ihre Hauptaufgabe darin besteht, nicht passende Informationen als feindlich einzuordnen. Sie ist der Ort, an dem Freund-Feind-Schemata ihre schwer überholbare Realisierung finden. Schwer überholbar ist diese Struktur, weil sie in der Not des Ausgesetztseins gegenüber den äußeren Informationen kaum anders als mit Ja-Nein-Antworten reagieren kann und dabei zumeist dem Nein den Vorzug geben muss. Eine Strategie, diesen Negationen zu entgehen, wäre der Versuch, sich intensiven sensorischen Stimuli nicht auszusetzen, als da vor allen Dingen die Sexualität zu nennen wäre. Dies war in der Tat in den Religionen immer wieder der Versuch, den differenzierteren Informationsverarbeitungsstrukturen von Thalamus, Cortex und Hippocampus eher zu vertrauen, die unmittelbare Sinnlichkeit möglichst zu vermeiden, da sie, wenn sie überbordend wird, nicht selten mit der Negation beantwortet wird, um dem Selbst einen Schutz zu gewähren. Natürlich ist dieser Schutz ein wesentlicher Teil des Selbst. Dogmatische Haltungen in der Religion sind also weniger auf eine abstrakte Informationskapazitätsbegrenzung zurückzuführen als vielmehr auf die Reaktion auf überbordende Stimuli. Aus früheren

Predigten ist dieser Sachverhalt zur Genüge bekannt: Die Sünde (womit zumeist traditionell die sexuelle Stimulation, weniger die anderen Gebote, wie «Du sollst nicht stehlen, töten» usw., gemeint waren) war ein ständiger Begleiter der religiösen Botschaftsvermittlung, was am ehesten so zu deuten ist, dass die sexuelle Stimulation bei den Predigern offenbar eine große Rolle gespielt hat und die Predigtrede aus der Lust ihrer Negation folgte. Predigen hätte damit eine doppelte Lust: die erfahrene Lust des Sexuellen und die darauf gesetzte ihrer Negation, die auch als Stimulus des Redens betrachtet werden kann.

Psychose. Keiner sieht mich und wird leben

Einige Studenten verdienten sich Geld durch Nachtwachen. Ich machte welche auf der geschlossenen Männerstation der Psychiatrie. Dort musste ich vor Mitternacht einen Rundgang machen und auch die Einzelzimmer aufschließen. Ich war besonders gespannt auf den Mann, von dem gesagt wurde, er habe Gott getroffen. Ich schloss die Tür auf und traf meinen Kommilitonen B. Er hatte Verständnis für mein verblüfftes Gesicht und erklärte mir, dass er wohl wisse, dass er aus medizinischer Sicht an einer Schizophrenie leide, er wisse, dass er in einer geschlossenen Abteilung untergebracht sei, aber darüber hinaus gäbe es die Wahrheit, dass er im Zimmer Gottes gewesen sei. Unter der grellen Neon-Deckenbeleuchtung sprachen wir lange darüber, dass er beide Perspektiven für wahr hielt. Als Medizinstudent gab er der Meinung der Lehrbücher Recht, dass es sich um eine schwere Psychose handeln müsse. Zugleich wollte er aber auch nicht von der Wahrheit abrücken, Gott gesehen zu haben. Voller Glut und Begeisterung behauptete er, den Herrn gesehen zu haben, und lächelte dann, wenn er sagte:« Ja, es ist eine Geisteskrankheit.»

Ihm war ein Zivildienstleistender zur Seite gestellt worden, sodass er die Vorlesungen besuchen konnte. Unter uns galt er als seltsam, aber keiner nahm an, dass er stationär behandelt würde, oder ahnte, welche Gründe dafür vorlagen. Der Speichel in den Mundwinkeln, der auf die Nebenwirkungen der Medikamente (Psychopharmaka und Neuroleptika) zurückzuführen war, wurde nicht weiter gedeutet.

Ich interessierte mich für B. An einem vorlesungsfreien Nachmittag wollten wir unser Gespräch fortsetzen. Er sagte mir, er werde mir einen Beweis dafür liefern, dass er einen Blick in eine andere Welt werfe. Wir gingen über die Poppelsdorfer Allee ins Bonner Münster. Dort gäbe es den Beweis. Er führte mich zu einer Marienstatue, Maria mit Stab und Kind. Wenn man lange davor stünde, fange der Stab an, zu vibrieren. Gemeinsam starrten wir eine Weile. Er sah den Stab vibrieren.

B. war in der Lage, das Examen abzulegen, aber die Zulassung zum ärztlichen Beruf bekam er nicht. Er selbst meinte, dass er das Risiko nicht eingehen wolle, einem Patienten zu schaden. Ein halbes Jahr später hörte ich, dass er sich das Leben genommen hatte.

Nicht nur in der Psychiatrie gibt es Versuche, den Menschen vor zu viel Gottesnähe zu bewahren. Die Religionen selber arbeiten daran. In den Religionen gibt es zahlreiche psychohygienische Vorkehrungen, um die psychotische Überflutung durch die Begegnung mit Gott zu vermeiden. Wenn Jacques Teboul in seinem Roman *Lauf, Hölderlin!* schreibt, dass Hölderlin Zungenküsse mit Apollon austauschte, dann wird verständlich, dass auch im Rahmen der Verehrung griechischer Götter der Wahnsinn ausbrechen kann. Thomas Pynchon berichtet in seinem Roman *Mason & Dixon* von einer Begegnung mit Christus, bei der nur sein Rücken wahrgenommen werden konnte. Es erinnert an die Begegnung von Moses mit dem Herrn, den er auch nur von hinten sah. Thomas Pynchon führt an, dass Worte auf dem Rücken des Gewands angebracht waren, die er nicht lesen konnte. Er erkannte aber, dass sie deutsch waren. Man möchte eine subtile Anspielung auf Luther vermuten, der die Erkennbarkeit des Herrn im Vergleich zur Metaphysik in deutlichere Distanz setzte. Vor allem ist er in *Bewegung*. Von hier ist es gar nicht so weit zum vorbeigehenden Gott, den Heidegger in *Beiträge zur Philosophie* erwähnt. Vielleicht ist auch die Rede von der «Gottesferne» nicht mit dem Akzent der Verzweiflung zu artikulieren: Die Ferne beschützt uns.

Ein Hirnmodell für Schläfer und Fanatiker?

Im 9. Jahrhundert gab es im Islam einen Mystiker, Al Hallaji, der von sich sagte, ich bin das Gesetz (Ana Al Haqq). Er empfand das nicht als Anmaßung, sondern als Hingabe in dem Sinne, dass er sich von seinem Ich entleerte und nur das Gesetz noch in sich wirken ließ. Al Hallaji wurde geköpft, weil man es für eine Anmaßung hielt, dass sich ein Mensch für den Ort des Gesetzes ausgab. Von dem Mystiker war es so gemeint, dass es nicht selbstbezogen sei, wenn er sein Ich aufgebe und an dessen Stelle das Gesetz wirksam sein lassen würde. Aber ist es denn nicht Selbstbezogenheit, auch wenn an die Stelle der Ich-Interessen etwas anderes gesetzt wird? Kann in unserem Gehirn überhaupt eine «Software» Platz nehmen, die nicht von den Eigenschaften unserer Körperinteressen durchtränkt wird? Wird nicht auch die Hingabe von Gesten des Selbstbezugs geformt? Kann nicht die absolute Gesetzestreue auch von den Schärfen des Kampfes gegen die sie tragenden Körper gezeichnet werden?

Neurobiologen und Neurophilosophen lieben es bisweilen, den Menschen nur von seinem Selbstinteresse her zu interpretieren, um dadurch eine Kontinuität zwischen Biologie und Bewusstsein herzustellen. Die Frage nach Dualismus und Monismus ist jedoch in vielen Fällen keine objektive, sondern eine Frage des Verhältnisses des Menschen zu sich selbst, die auf unterschiedliche Weise gelöst werden kann. Die objektive Dimension kommt jedoch wieder dadurch ins Spiel, dass auch der, der sich gegen seine eigene Körperlichkeit und seine Selbstinteressen wenden will, in dieser Wendung nicht selten von den Besonderheiten seiner Individualität geprägt wird. Doch man muss anerkennen, dass der Mensch in den hohen Leistungen von Wissenschaft und Kultur die Fähigkeit zur Abstraktion von seinen körperlichen Bedürfnissen gelernt hat. Die besondere Abkopplungsfähigkeit des symbolmanipulierenden Parietallappens ist hierbei hervorzuheben. Auf dieser Ebene könnte man das biologische Konzept der Meme, das am Modell der Gene entwickelt wurde, durchaus auch für die Beschreibung von menschlichen Verhaltensweisen heranziehen, die über ein Individuum hinausgehen könnten.

Auch bei völlig unterschiedlicher genetischer Konstellation können Gedächtniseinheiten von einem Menschen auf den anderen im Sinne von Verhaltens- und Denkmustern transferiert werden. Das sollte man sich aber nicht wie einen Austausch von Disketten oder die Übertragung eines einfachen Computervirus vorstellen, sondern als einen differenzierten Vorgang der Einnistung in die jeweils spezifischen individuellen Charakterstrukturen und neuropsychologischen Eigenheiten.

Wie kann es aber dazu kommen, dass sich eine solche informationelle Einheit in so unterschiedlichen Umgebungen organisieren kann und im Zweifelsfall das Leben von vielen Menschen einschließlich des eigenen Lebens der Software-Dimension im eigenen Gehirn unterordnet? Aus unbefangener neurobiologischer Betrachtung muss man feststellen, dass Menschen schon immer – und nicht nur die Märtyrer – für eine Sache gestorben sind und dass Hunderte von Millionen Menschen, die in Kriegen ihr Leben gelassen haben, dies nicht nur im Rahmen eines Risikos für ihre Sache, sondern zum Teil auch angesichts des sicheren Todes vollzogen haben. Ein neurobiologisches Modell, das diese Möglichkeit des Menschen («Lieber tot als rot») nicht als seine wesentliche Konstitution ansieht, verfehlt den Versuch einer ausreichenden Verhaltensbeschreibung bereits im Ansatz. Fallbeispiele von Spionen (z. B. Günter Guillaume, der Berater von Willy Brandt) belegen, dass zudem nicht nur der Austausch einer Identität in Bezug auf den Körper, sondern die gleichzeitige Existenz mehrerer «Identitäten» durch wechselnde Zugehörigkeit der verschiedenen Kulturen und Systeme für die Kognition und das Verhalten von Menschen möglich ist.

Will man das Problem potenzieller Attentäter und politischer und religiöser Fanatiker gezielt angehen, so empfiehlt es sich für die neurobiologische Modellbildung, auf breiter Basis zunächst phänomenologische Recherchen zu betreiben. Dies ist eine schwierige und umfassende Aufgabe, und der Mensch sieht sich dabei wieder in der Situation, sein Schiff auf offener See in freier Fahrt reparieren zu müssen. Dennoch sollen hier einige Überlegungen neurobiologischer Art zu einer möglichen Prävention und Prophylaxe von Schläfern, Fanatikern und Attentätern angestellt werden.

Meine These lautet, dass zur Prävention und kulturellen Offensive gegen den Terrorismus mehr analytische Differenzierung gefordert werden muss, nicht nur im Sinne einer Förderung von Verstand und Vernunft, sondern gegebenenfalls auch durch stärkere, praktisch-pragmatische Einbindung der religiösen Überzeugung. Es wäre gefährlich, die religiösen Überzeugungen nur noch als innerliche Überzeugungen zuzulassen, wenn ihre Idee auf gesamtgesellschaftliche Hingabe ausgerichtet ist. Nehmen wir den Islam, der schon als Wort Hingabe bedeutet, so wäre es problematisch, seine Vorstellungen aus dem politischen Bereich eliminieren zu wollen, da die Hingabe dann zur bloßen Idee würde und als solche nicht mehr den Differenzierungsanforderungen der Praxis ausgesetzt werden könnte. Anstelle der Privatisierung des Islam soll also die Aufforderung zu dessen praktischer Bewährung in der Vielfalt gesellschaftlicher Herausforderung treten.

Dies sei an einem neuropsychologischen Modell für einen anderen Bereich von «Durchschmoren» von «Hirnkabeln» verdeutlicht. Man kennt Beispiele von neuronalen Funktionsstörungen, wenn das Handeln zu sehr aus dem Kopf heraus geschieht. Im Bereich der Musikmedizin sind Verkrampfungen der Finger bekannt, die unter Umständen zu einem schicksalhaften Abbruch der Musikerkarriere führen können. Untersuchungen mit bildgebenden Verfahren zeigen, dass die Differenzierung der Finger in der Hirnrindenrepräsentation verloren gegangen ist und dass sich zum Beispiel Mittel-, Ring- und Kleinfinger in einem Areal verschmelzend darstellen, wo früher eine weitflächige differenzierte Repräsentation vorhanden war. Deuten sich solche Störungen an, dann hilft zunächst nur, langsamer zu spielen, damit man ein Gefühl für die Rückkopplung der Finger bekommt und man die Musik nicht aus einem einzigen Programm heraus hinwirft. Dadurch können sich differenziertere Fingerrepräsentationen wieder aufbauen. Ähnlich kann man es sich bei überwertigen Vorstellungen denken: Die praktische Differenzierungsleistung in der ethischen Realisierung einer Religion kommt im interkulturellen Umgang unter Umständen nicht zum Tragen. Religion wird nicht mehr in der Praxis beansprucht, es kommt zu keinen Rückkopplungen und Korrekturen des eigenen Weltbilds. Dieses wird vielmehr als Totaloperator gegen alles in Reserve gehalten. Man muss versuchen, ein derartiges Durchschmoren differenzierter Repräsentationen durch «Überlagerung unzureichend getrennter Kabel» dadurch zu vermeiden, dass die ethischen Überzeugungen, die sich auf die Veränderungen der Welt und auf die Bewährung in der Welt ausrichten, einer steten Zwischenprüfung unterzogen werden. Religion muss also eine Politik mitmachen dürfen, damit nicht ein Zorn gegenüber der Welt durch Durchbrennen verschiedener eingerollter Kabel entbrennt. Also durchaus politische Hingabe, aber eine rückkoppelnde, sich differenzierende, sich selber und das eigene Handeln stets kritisch überprüfende Beziehung der Religion zur Welt, in der sie dann die rückkoppelnden Fingerübungen vor dem Durchschmoren bewahren können. Nicht also das Ausspielen von Rationalität gegen Gefühl und Religion, sondern die stete rationale Prüfung von Gefühl und Religion, vielleicht auch umgekehrt.

Derridas Wette:
Kann man eine Software austauschen?

Bekanntlich kann man die «Software» des Gehirns nicht beliebig austauschen. Wird so etwas versucht, dann treten zumeist Beschädigungen der alten und neuen «Software» zugleich auf. Mit diesem Problem hat sich die Psychoanalyse bereits ausgiebig befasst. Die Fragestellung wurde auch in Gedankenexperimenten untersucht. Zumeist konzentrierte man sich darauf, die Frage zu beantworten, ob durch einen solchen Austausch die Identität des Selbst oder der Person beeinflusst wird. Aus der Sicht des Wissens um die Neuroneneigenschaften ist einzuwerfen, dass die Nervenzellen einem derartigen Austausch nicht unterzogen werden können, da die Informationen, die sie tragen, nicht einfach als deren molekularer Inhalt zu verstehen sind, sondern auch in der Größe, Form und Existenz der Nervenzellen begründet sind (neue Informationen können sogar neue Zellen hervorrufen. Ein Softwareaustausch müsste also auch neue Zellen herbeischaffen und alte beseitigen. Dies kann sinnvoll aber nur in dem Kontext der vorhandenen Zellen geschehen). Der Versuch, die «Software» auszutauschen, wird nur partiell gelingen und vor allem Spuren in der Persönlichkeit hinterlassen. Es wird jedoch nicht möglich sein, das Verhältnis von «Software» und Gehirn auf eine definierte Weise zu bestimmen. Gerade die Variation dieses Verhältnisses macht schließlich die Individualität aus. So kann bei einem an Inhalten orientierten Persönlichkeitsprofil die Veränderung einer Weltanschauung ein destruktives Geschehen für die betreffende Person darstellen. Es kann aber auch sein, dass die Überlebensinstinkte so flexibel mit den Semantiken der Welt umgehen können, dass der Betreffende in den verschiedensten Kultursituationen sein Interesse bewahrt und man den Eindruck hat, dass er den jeweiligen Kultursituationen gegenüber gut angepasst erscheint. Sabata Zwi, ein religiöser Führer des 17. Jahrhunderts, war eine derartige Erscheinung. Er hielt sich für den kommenden Messias des Judentums; als er jedoch von einem Sultan gefangen genommen wurde, bekannte er sich zum Islam.

Wie tief reicht das semantische System in eine Person hinein? Kann die Person es ändern, ohne sich selbst ändern zu müssen? Darauf kann man nicht pauschal antworten, denn gerade die Innigkeit des Verhältnisses zur Semantik, zum sprachlichen System, macht die Besonderheiten der Individualität aus. Der französische Philosoph Jacques Derrida machte eine Probe aufs Exempel. Er ließ sich auf eine Wette ein, bei welcher er nachzuweisen versuchte, dass mit den per Computer systematisch erstellten Begriffen seines philosophischen Werks seine Gedankenwelt nicht in ihrer durchgängigen Strukturierung erfasst werden könnte. Zu all den systematischen Begriffen, die aus seinem Werk extrahiert wurden, schrieb er einen Kommentar, der deren Verankerung im Persönlichsten deutlich machte.

Es zeigte sich, dass er bei dem Versuch, seine uneinholbare Individualität zu demonstrieren, insbesondere auf seinen sexuellen und rituell-religiösen Intimbereich (Beschneidung) und auf seine Mutter rekurrierte. Die Individualität des Menschen wäre demnach keine unspezifische Materialisation eines Intellekts, der im Körper nur seinen Ort findet und wie eine Form in einer beliebigen Materie zum Ausdruck kommen kann, sondern ist die tiefere Auseinandersetzung mit der Dynamik von Sexualität und bisherigen Formen der Fort-

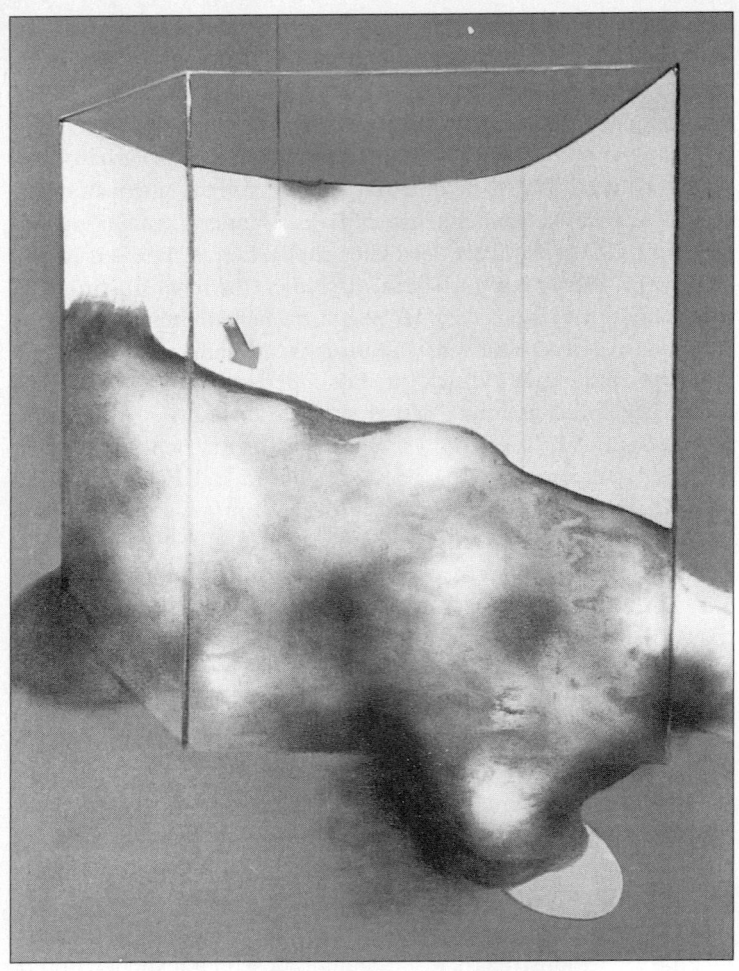

Francis Bacon, «Sand Dune». Öl und Pastell auf Leinwand

Ein seltsamer Diamant: Das Gehirn

pflanzung. Derrida hat im Rahmen seiner Wette ein für uns alle wichtiges Ergebnis zutage gebracht. Die Eigenheit des Individuums ergibt sich nicht aus dem Verhältnis von Form und Materie, wie es beispielsweise bei dem Gedanken der Fall ist, aus einer Vorstellung heraus aus einem Marmorblock eine Figur herauszumeißeln. Die «Software» individualisiert sich am Zusammenspiel mit komplexen Mechanismen des Begehrens. Dies ist aber genau die Stelle, an der sich Religionen in das Individuum einschreiben. In Teilen des Christentums, in denen eine Anthropologie des Form-Materie-Verhältnisses fixiert wird, reflektiert diese Anthropologie dann nicht genügend den Sachverhalt, der im Rahmen der Ethik (Vermeidung der Sünde) zumeist hochgehalten wird. Das sakramentale Brautfest, das die Religion über die Geschlechtlichkeit wölbt, verliert in der Anthropologie des Materie-Form-Verhältnisses seine bestimmende Kraft. Vielleicht aber ist die Struktur des Menschen eher vom Fest her («Hochzeitsfest») als von der Ähnlichkeit zum Form-Materie-Verhältnis bei der Bronzegießerei zu bestimmen. Dann würde der Geist auch nicht in der Starrheit einer Geometrie, sondern in der fröhlichen Gemeinsamkeit zu suchen sein.

Weniger Streit durch Angleichung der Gehirne?

Differenzen haben ihren Ursprung nicht in Differenzen. So könnte man es in der deutschen Sprache beschreiben, dass man auch mit unterschiedlicher Weltsicht zusammenleben kann. Noch wird es als gleichbedeutend angesehen, wenn jemand unterschiedliche Ansichten hat und wenn jemand mit einem anderen nicht gut zurechtkommt. Es wäre ein Fortschritt, wenn diese mangelnde Unterscheidung in der deutschen Sprache verschwinden würde. Dann könnte man sagen, es besteht zwar Differenz zwischen uns, aber wir verstehen uns gut.

Es ist nicht erforderlich, dass man in allen Dingen der gleichen Ansicht ist, um miteinander gut auszukommen. Es kommt darauf an, wie man mit dem Phänomen Differenz umgeht. Stimmt man in fast allen Meinungen überein und tritt eine geringe semantische Differenz auf, so kann, wenn die Emotionen entsprechend ausgerichtet sind, sich an dieser winzigen semantischen Unterscheidung ein Streit entzünden.

Bezeichnenderweise beginnt ein Beziehungsstreit z. B. in Zweierbeziehungen gerade an Kleinigkeiten. Man ist dann nicht bereit, ein anderes kognitives Schema zu aktivieren, bloß um die Perspektive des anderen gelten zu lassen. Es ist wie mit der Ungeduld im Straßenverkehr gegenüber dem Vordermann, bei der es auch nicht um den Zeitgewinn einer Sekunde geht, sondern darum, dass man für diesen eventuell ein anderes kognitives Schema des Verhaltens aktivieren muss. Diese Probleme kann man nicht durch Gleichschaltung der Meinungen und Verhaltensweisen lösen. Zwei Autos können nicht an der gleichen Stelle sein, und so gibt es Interessenkonflikte auch bei Meinungsgleichklang.

Menschen können einander auch verstehen, wenn sie sehr unterschiedliche Gehirne haben. Man sollte sich darin nicht täuschen lassen. Wenn ein Gehirnteil bei einem Menschen stärker ausgeprägt ist als bei anderen, bedeutet dies noch nicht, dass diese Partie Anlass oder Ursache für Missverständnisse sein müsste. Im Gegenteil, sie könnte ja zum Mobilisieren von Kräften für das Verständnis benutzt werden. Insofern ist es schon bei der Beschreibung des Geschlechterverhältnisses problematisch, Unterschiede der Gehirne für Missverständnisse verantwortlich zu machen. Dass Mann und Frau einander begehren, macht das Verhältnis so schwierig. Und es ist die Strukturierung des Begehrens durch die Religion, die das Verhältnis zwischen den Religionen erschwert.

Wir sind noch weit davon entfernt, zu verstehen, wie eine kulturell kognitive Strukturierung des Lebens auf die Gestaltung des Begehrens Einfluss haben kann. Auch ist noch keinesfalls geklärt, wie das Begehren Verwicklungen nach sich ziehen kann. So viel sei jedoch angemerkt: Es genügt nicht, Toleranz allein gegenüber anderen Weltbildern zu fordern. Man sollte sich klar machen, dass die Schwierigkeiten beginnen, wenn ein anderer Umgang mit dem Begehren erkennbar wird. Soll man es als Privatsache verstecken, soll man es bis zur völligen Selbsthingabe und Selbstaufopferung «ausspielen»?

Soll man es gar als Tragkraft für den Streit zulassen? Wie ist mit dem Begehren mancher umzugehen, die Welt unter eine einzige Gestalt zu stellen?

Festzuhalten ist, dass die lokalisatorische Hirnforschung für diese Fragen kaum zureichend ist. Um diesen Fragen näher zu kommen, müsste man sich mit Informationen, Wahrscheinlichkeitsprozessen, Risikoverhalten und Energetik befassen.

Das Krampfleiden des Fakirs

Buddha und die Thermodynamik

Folgt man den Lehren Buddhas, so ist das Ich der Ursprung allen Leidens. Gibt man das Ich von sich, so ist man der Leiden enthoben. Für viele, die in der westlichen Mentalität verhaftet sind, klingt dies wie die Aufforderung, das Kind mit dem Bad auszuschütten. Kann das Ich überhaupt vom Menschen abgetrennt werden, kann man überhaupt das Ich verabschieden wollen? Zeigt man in diesem Willen nicht gerade sein stärkstes Ich? In der Tat gibt es recht selbstzerstörerische Varianten bei dem Versuch, dieser Aufforderung nachzukommen. Noch heute kann man die nach westlichen Maßstäben ausgebrannten Meditierenden am Ufer des Ganges beobachten. Dennoch hat die These vom Ich als dem Ursprung des Leidens offenbar eine große Anziehungskraft nicht nur für Asiaten oder westliche Touristen des Geistes, sondern auch Sigmund Freud hat in seiner grundlegenden Theorie der menschlichen Psyche, in dem *Entwurf einer Psychologie*[1], die Ansicht vertreten, dass das Glück des Menschen mit möglichst wenigen Seelenenergien am ehesten zu erreichen ist und dass die Menge von Energien dem Glück umgekehrt proportional ist. Energien benannte er in diesem Modell als «Ich». Freuds Theorie, die im Wesentlichen thermodynamisch konzipiert war, spiegelt also auf ganz anderen Voraussetzungen fußend eine asiatische Weisheit wider, die demzufolge offenbar nicht einfach auf Asien beschränkt ist.

Schmerzloser Draht in der Wange

Der menschliche Körper bietet erstaunliche Möglichkeiten der Lebensgestaltung. Biologische Variationen ermöglichen es, Schmerzen auszuhalten oder Lebensformen zu wählen, die man unter normalen

Bedingungen nicht für möglich halten würde. So gibt es beispielsweise das Kaiman-Syndrom, ein Hormonmangel, der dazu führen kann, dass der Mensch als Erwachsener kein Interesse an Sexualität entwickelt. Es ist nicht auszuschließen, dass durch solche konstitutionellen Besonderheiten evolutionäre Kulturexperimente in die Welt kamen. So gibt es auch die angeborene Analgesie (Schmerzunempfindlichkeit). Bei manchem Fakir könnte man so etwas vermuten. Bei einem von mir untersuchten Fakir stellte sich etwas anderes heraus. Es handelte sich um einen europäischen, öffentlich auftretenden Fakir, der den größten Teil seiner Darbietungen so gestaltete, dass sie zwar schmerzhaft aussahen, in Wirklichkeit aber durch allerlei Gewöhnung und Tricks gar nicht so problematisch waren, wie sie dem Zuschauer erschienen. Er verfügte jedoch über einen ungewöhnlichen Mechanismus der Selbstbeeinflussung seines Nervensystems, der dann als Überraschung zutage trat.

Wir hatten seine Aufführung mit allerlei medizinischen Messungen verknüpft. Vor allem sollten die Hirnströme während einiger Fakirleistungen gemessen werden. Vor der Aufführung wurde ihm Blut abgenommen. Dazu musste mit einer spitzen Nadel in die Ellbogenvene gestochen werden. Bei diesem kleinen Eingriff kollabierte der Fakir und verlor das Bewusstsein. Das ist nicht besonders erstaunlich, ein Training für die Unterdrückung von Schmerzwahrnehmungen ist im Allgemeinen auf ganz bestimmte Körperpartien und Schmerzapplikationssituationen eingeschränkt. Es gibt sogar einige Berufsgruppen, die auf Schmerzwahrnehmung, Stromschläge und Blutsehen besonders empfindlich reagieren. Metzger können im Allgemeinen bei sich selber das Gewahren von Blut nicht ertragen; Elektriker haben Angst, wenn bei ihnen Untersuchungen mit Strom durchgeführt werden, und in der gerichtspsychiatrischen Abteilung einer Klinik konnte ich beobachten, dass auch Mörder bei der Blutabnahme leicht kollabieren.

Viele Vorführungen, in denen Schmerzunempfindlichkeit in Trance gezeigt wird, sind für den Beobachter eindrucksvoller als für den, der die Tat ausführt. Durch glühende Kokosschalen zu laufen, muss die Fußsohlen nicht allzu sehr beeinträchtigen. Es wäre etwas anderes, wenn es sich um glühende Kohlen handelte. Kokosschalen werden meistens mit viel funkenstiebendem Effekt von den Zehen zur Seite gestoßen.

Auch der Fakir ging mit dem Feuer so um, dass es nicht allzu viel Schaden anrichten konnte. Er strich mit seinen nackten Armen durch brennende Fackeln, ohne das Gesicht zu verziehen. Aber wir alle wissen, dass wir mit dem Finger durch die Flamme einer brennenden Kerze streichen können, ohne uns zu verbrennen, vorausgesetzt, es geht schnell.

Der Fakir stach sich Stricknadeln durch die Wangen in den Mund hinein. Hierfür gibt es eine vorwiegend mit Bindegewebe und Fett ausgefüllte Stelle, an der sich keine gefährdeten Blutgefäße befinden. Ein wiederholtes Durchstechen braucht nicht allzu viele Schmerzen zu bereiten, da das Bindegewebe an dieser Stelle ohnehin schon vernarbt ist. Das Gleiche gilt für das Durchstechen der derben Haut am Ellbogen. Beim Fakir konnte man da schon dicke Narbenpolster erkennen, die durchstochen werden konnten, ohne dass ein Tropfen Blut floss.

Von Interesse war jedoch, dass er bei stärker schmerzhaften Prozeduren besondere Techniken und Möglichkeiten seines Gehirns einsetzte. Er wies einen Krampfherd im EEG auf, d. h. eine Ansammlung von Spikes, die auf eine Krampfbereitschaft deuteten. Durch eine bestimmte Art von Trance konnte er diesen Krampfherd aktivieren und geriet dann in eine Art «Dämmerzustand», der ihn von seinen Schmerzen weitgehend abschottete. Durchaus pathologische Veränderungen des Gehirns können also willentlich eingesetzt werden, um die Unbill der Natur zu überwinden.

Forciertes Meditieren: «Nahtodeserfahrungen»

In der Tiefe da ist eine Rose, in der Rose ein anderer Fluss.

Federico García Lorca

Bis vor wenigen Jahrzehnten wurden Berichte über Nahtodeserfahrungen noch so gehalten, als ob der Betreffende wirklich tot gewesen wäre und aus dem Jenseits rückkehrend von dessen Landschaften Reisebeschreibungen mitbringen könne. Dies ist sicher nicht der Fall, da für jemanden, bei dem das Hirn irreversibel ausgefallen ist, eine bewusste Berichterstattung nicht mehr möglich ist. Es handelt sich also nur um «Nahtodeserfahrungen» und nicht um Berichte von einem Leben jenseits des Todes. Nicht in allen Situationen von Todesnähe werden solche Erfahrungen gemacht. Die Statistiken sprechen von einem Drittel der Fälle von Todesnähe, die auch zu entsprechenden «Nahtodeserfahrungen» führen. Wahrscheinlich ist die Zahl aber noch kleiner, da viele Patienten, die sich in Todesnähe befinden, aufgrund der verabreichten Medikamente (Beruhigungsmittel usw.) auf die besonderen Erfahrungen nicht eingehen können. «Nahtodeserfahrungen» können auch gemacht werden, wenn gar keine Lebensgefahr besteht, wohl aber Sauerstoffzufuhr oder Stoffwechsel des Gehirns eingeschränkt sind. Bei den «Nahtodeserfahrungen» werden verschiedene Erlebnisse berichtet, wie das Sehen von Licht, das Auftreten eines Begleiters, das Empfinden von Harmonie und Glück usw. Das Auftreten von «Out-of-body-Erfahrungen», die Betrachtung des eigenen Körpers als Autoskopie, ist nicht an Todesnähe geknüpft, sondern kann auch in anderen Situationen stattfinden. Die Fülle der «Nahtodeserfahrungen» stellt sich ein, wenn nicht nur ein kurzer Moment der Angst auftritt, sondern wenn der Mensch in der Erfahrung des Todes kapituliert und sich selbst aufgibt. Dann kann sich Alterität nach vorne drängen. In Situationen des Sturzes in ein Seil, bei denen Bergsteiger glaubten, tödlich zu verunglücken, aber durch das verankerte Seil nach kurzem Fall noch gerettet wurden, kommt es im Allgemeinen nicht zur Ausprägung der Fülle der Wahrnehmungen, die bei «Nahtodeserfahrungen» möglich sind. In dieser

Situation zeigt sich normalerweise nur eine Überflutung des Bewusstseins mit Lebenserinnerungen. Der große Evolutionsbiologe Charles Darwin berichtete selbst über ein Straucheln an einer Böschung und meinte, es sei erstaunlich, wie viele Gedanken einem gleichzeitig in kürzester Zeit durch den Kopf gehen könnten.

Viele der «Nahtodeserfahrungen» und der «Out-of-body-Erfahrungen» lassen sich im Hirnmodell als ein neuer Zugang zu alten «diesseitigen» Informationen beschreiben. Unsere Gedächtnisstruktur ist so angelegt, dass Erinnerungen an Ereignisse und Handlungen, die wir vollführt haben, durchaus so auftreten können, dass wir uns dabei selber im Blick haben (Erinnerung an den letzten Schwimmbadaufenthalt: 80 Prozent der befragten Personen sehen sich, als ob sie sich von dem Beckenrand aus zuschauen würden).

Auch für die inneren Lichterfahrungen kann man sich vorstellen, dass die Neuronen, die für die interne Lichtqualität verantwortlich sind, statt von Außenrezeptoren nun von dem inneren Aktivierungssystem angesteuert werden.

Für eine genauere Spezifikation der neuronalen Systeme bei «Nahtodeserfahrungen» liefert ein Narkosemittel einen Hinweis. Das Mittel Ketanest greift in den Stoffwechsel der NMDA-Rezeptoren ein. Diese spielen eine große Rolle bei langsam ablaufenden Informationsprozessen, die zu einer tieferen Einspeicherung führen. Nach Ketanest-Narkosen kann es zu zahlreichen Halluzinationen und nahtodeserfahrungsähnlichen Wahrnehmungen kommen. Das Mittel wird daher in der Routine nicht eingesetzt, wird es aber einmal benutzt, dann hängt am Bett des Patienten normalerweise das Schild «Vorsicht, Ketanest-Narkose», damit durch Außenreize (Pflegepersonal, Ärzte usw.) nicht unnötig Halluzinationen ausgelöst werden. Die Wahrnehmungen nach einer Ketanest-Narkose können sehr angenehm sein. Eine Patientin brachte nach ihrer Entlassung unserer Anästhesistin einen Blumenstrauß mit der Bemerkung, dass sie noch nie so etwas Schönes erlebt und geschaut hätte wie nach der Narkose. Nun ist aber nicht zu empfehlen, diese Erfahrungen gezielt anzusteuern. In der Tat haben «Nahtodeserfahrungen» eine Ähnlichkeit mit mystischen Erlebnissen und können auch als Bestärkung der Persönlichkeit empfunden werden. Die tiefen Einprägungen dieser Erlebnisse können ein Niveau der Sicherheit vermitteln, ohne dabei Gegenstand ständiger Vorstellung sein zu müssen. Es ist aber auch möglich, dass es zu sehr unangenehmen Erfahrungen kommt. Vieles hängt offenbar von Zufall, Lebensphase und Bereitschaft des Einzelnen ab. Der plötzliche Blitz erzeugt nicht die Landschaft, sondern erleuchtet sie.

«Ich stehe auf meinem Tod»

Es dient auf hoher See als Kompass ihnen eine Rose.

Federico García Lorca

Der Philosoph Jacques Derrida sagt, wenn eine neue Frau ins Leben tritt, kommt sie von oben. Ein Wahrnehmungstheoretiker würde eher behaupten, dass sie von vorne oder von der Seite kommt. Aber was heißt es, wenn ein Mensch in das Leben eines anderen Menschen tritt? Ist schon genug an Räumlichkeit erfasst, wenn das Hereintreten in den visuellen Wahrnehmungsraum beschrieben wird? Oder tritt jemand, wenn er bei einem anderen ins Leben tritt, in einen Raum von Koordinaten, der eher von Begriffen wie Leben, Brautschleier und Mädchenblüte bestimmt wird (der semantische Raum mag auch von ganz anderen Wörtern bestimmt sein), aber es sind immer auch Wörter, mit denen ein anderer Mensch bei mir zu tun hat. Auch Wörter nehmen einen Raum ein. Die Unterscheidung dieser Räume wäre ein eigenes Thema. Die neuronale Repräsentation im Gehirn weist natürlich hochkomplexe Überlagerungen auf, in denen semantische und verbale Aktivierungen ein bewegliches Gruppierungsgeschehen darstellen. Aber der Raum der Sprache ist nicht nur ein metaphorischer Raum, sondern der Raum, in dem sich die entscheidendsten Lebensvollzüge abspielen. Dieser Raum kann durchaus mit intuitiven Koordinaten wie oben, unten, vorne, hinten, zeitlich usw. beschrieben werden. Vieles spricht dafür, dass diese Beschreibungen die Strukturiertheit des Raums treffen und zugleich auch Anweisungen für die Einarbeitung von Gedächtnisspuren sein

Lee Ufan, «Correspondences», 2000

können. Wir haben es am Mundraum demonstriert (S. 185 f.), dass sich im Raum des menschlichen Körpers ein anderer Raum, der des Sprechens, festsetzt, der mit seiner neuronalen Repräsentation neue zeitliche Reihenfolgen und Gruppierungen zulässt.

Wir unterscheiden einen körperlichen Raum und einen Raum der Sprache. Der Raum der Sprache ist der Beschreibung durch intuitive Koordinaten zugänglich und gibt Anweisungen für die Zuordnung von Gedächtnisspuren. Dies wird in einem vektoriellen Modell besonders deutlich. Untersuchungen von Georgopoulos zeigen, dass die Ausrichtung einer Handbewegung aus der vektoriellen Ausrichtung neuronaler Aktivierungen heraus antizipierend abgelesen werden kann. Vieles spricht dafür, dass Ähnliches auch für den komplexen Raum sprachlicher Codierung gilt. Im Computermodell benutzt man bereits Vektoren zur Darstellung von Metaphern. Natürlich ist dieser Raum der Sprache wesentlich komplexer als der Raum unserer normalen sensomotorischen Orientierung. Dennoch sind Orientierungsangaben wie oben und unten und dergleichen für die Zuweisung im semantischen Raum nicht ohne Bedeutung.

George Lakoff und Mark Johnson haben darauf hingewiesen, dass sensomotorische Schemata als Metaphern für kognitive Modelle verwendet werden können. Vieles spricht dafür, dass es sich dabei nicht nur um eine rhetorische Stilfigur handelt, sondern um einen Hirnprozess, bei dem Verschiebungen so geartet sein können, dass sich mehrere kognitive Informationen um ein ähnliches Schema gruppieren. Wenn dies der Fall ist, dann hat das große Auswirkungen auf den Abruf von kognitiven Inhalten. Zur Verdeutlichung ein Beispiel: Der japanische Religionsphilosoph Nishitani hat das Verhältnis zum Tod so situiert, dass er sagte: «Ich stehe auf meinem Tod.» Auch hier haben die westlichen Visualisierungstechniken eher ein anderes Verhältnis nahe gelegt. Der Tod wird nicht nur als Person, sondern auch als von der Seite, von vorne oder schräg von hinten, dann sogar an die Schulter greifend, zu einem herantretend dargestellt. Welch ein Unterschied zu der japanischen Denkweise! Wie schon im Beispiel der Frau, die ins Leben tritt, gibt es auch für den herannahenden Tod völlig unterschiedliche Raumzuweisungen. Stellen wir die Konzepte von Ost und West noch einmal dar:

I. Die Frau kommt 1. von oben (Jacques Derrida), 2. von der Seite oder von vorne (Wahrnehmungspsychologie bzw. Alltagsdarstellung).

II. Der Tod 1. liegt unter mir (japanischer Religionsphilosoph Nishitani), 2. kommt schräg von hinten, von der Seite oder von vorne.

Auffallend ist, dass ein anderer Mensch und der Tod in der gewöhnlichen Wahrnehmungsdarstellung mit denselben Ordnungsschemata situiert werden. Wenn Raumkoordinaten für semantische Räume sich mit Wahrnehmungsräumen überdecken und in ihrem eigenen Raum auch noch Doppelzuweisungen aufweisen, dann kann dies tief greifende Folgen haben. Eine Kultur, in welcher der Tod und der Mensch aus der gleichen Raumdimension an einen herantreten, kann als eine Kultur bezeichnet werden, die offenbar Probleme mit dem anderen Menschen hat. Zumindest kann es sein, dass in ihr mit dem anderen Menschen zugleich auch Muster von Todesgefahr abgerufen werden bzw. in die Koordinaten der Aufmerksamkeit geraten. In einer solchen Kultur werden Liebe und Tod vielleicht mehr semantische Koppelungen aufweisen als erforderlich ist: vom Wagner'schen Liebestod bis zum verklärenden Euthanasietod als Liebestod-Drama in dem Film *Ich klage an*.

Die klassische Gestalt, die unter der Alterität in der abendländischen Kultur dem Menschen entgegentrat, war die des sterbenden Christus. Vom Gnadentod ließ das entchristlichte 19. Jahrhundert die Spur des Todes im anderen zurück. Schon in der Schrift von 1794 von Johann Gottlieb Fichte verschwand der andere zugunsten einer völligen Verfügungsmacht über ihn. Es wäre gut, wenn Andersheit, Tod und die Gestalt des Menschen sowie das Ereignis der Liebe in differenzierterer Dynamik erfahren werden könnten.

Eine japanische Zeremonie zur Vertreibung des Bösen

Es gibt Zeremonien, bei denen man den Eindruck hat, dass sie das Gehirn auf optimale Weise auf das Leben und seine Risiken vorbereiten sollen. Als Beispiel sei die japanische Zeremonie genannt, in der zwei Zen-Meister bzw. Shintu-Priester böse Geister aus der Umgebung eines Neugeborenen vertreiben sollen. Dieses Ritual wird vor allem bei den Babys der japanischen Kaiserfamilie, aber auch in einigen Kreisen Kiotos praktiziert. Beabsichtigt wird damit, übel wollende Dämonen zu vertreiben. Dies erweckt den Eindruck eines magischen Rituals. Neuropsychologisch lässt sich aber hier eine andere Pointe herausarbeiten, und es ist erstaunlich, wie viel Weisheit über die Funktionsweise des Gehirns auch in diesen Traditionsformen bereits zum Ausdruck kommt.

Bei der Zeremonie verliest einer der Zen-Meister einen Text, und der andere schnellt dann die Sehne eines Bogens, ohne dass ein Pfeil aufgelegt wäre. Kurz nach dem peitschenden Geräusch äußern beide

Priester den Ton eines lang gezogenen O. Das O klingt, als ob die Mutter beschwichtigend auf das Kind einwirken möchte mit der Mitteilung: «Ach, da ist aber etwas Besonderes passiert, aber es ist ja gar nicht so schlimm!»

Mit dem Text wird die rekategorisierende Funktion sprachlicher Leistung thematisiert, während das peitschende Geräusch mit dem Unerwarteten konfrontiert, das aber zugleich mit einem beschwichtigenden Ton verbunden wird. Es ist, als ob die rechte Hirnhälfte mit ihrer Ausrichtung auf das Neue für dieses gewappnet sein soll, indem der mütterlich-beruhigende Ton des lang gezogenen O aus der peitschenden Überraschung eine beruhigende Beschwichtigung macht. Der Text liefert die Integration in die linke Hirnhälfte. Natürlich kann mit einem einzelnen Zeremoniell, auch wenn es vom Kind in seiner emotionalen Aufladung registriert wird, nicht sogleich die Funktion der Hirnhälften gesichert werden. Das Zeremoniell führt aber eine Struktur vor, in welche das Kind hineinleben und auf welche es die Gesellschaft projizieren kann, um Überraschung durch Beruhigung zu beschwichtigen und Text zur Rekategorisierung des Neuen anzubieten.

Das hat viel mit der Vertreibung des Bösen zu tun. Das Böse entwickelt sich doch oft gerade daraus, dass sich innere Strukturen eines Menschen verschließen und auf das Neue nicht einlassen wollen. Ein Mensch, ein Kaiser, wird, wenn er auf das Neue eingehen kann und man ihm mit der Beruhigung des mütterlichen O begegnet, sich diesem Neuen nicht verschließen und sich auf diese Weise vor üblen Zweiteilungen der Welt hüten. Die Ermöglichung der Öffnung eines Menschen durch die Beruhigung ist keine Regression, sondern die Ermöglichung der Progression, die Befähigung, den Peitschenkall auszuhalten. Natürlich muss man sich dann noch damit auseinander setzen, ob das Neue als gut oder schlecht, als gerecht oder ungerecht zu bewerten ist. Behilflich sind dabei die Texte, mit denen man sich genau befassen muss. Ist die Initiationszeremonie der Zen-Priester für japanische Thronfolger nicht eine perfekte Zeremonie?

Die japanische Verbeugung

Begegnung und Trennung sind wichtige Momente im menschlichen Zusammenleben. Sie bewegen sich auf tief greifenden ursprünglichen Regungen, Ängsten und Befürchtungen und Hoffnungen und können über vieles im Leben entscheiden.

Als Student hörte ich im Bus einem Gespräch von zwei Krankenschwestern zu, deren Klinikchef am Vortag auf einem holprigen Weg am Berghang gestürzt, mit dem Hals in eine Astgabel gefallen und dort zu Tode gekommen war. Eine Schwester sagte zur anderen: «Ich hatte ihn noch auf dem Parkplatz gesehen und dachte noch, na!» Was hat sie gedacht? Dass sie seinen Tod vorausgeahnt hätte, wollte sie nicht sagen, aber es war in diesem «Na!» verborgen, im Nachhinein. Oder spielt immer in gewisser Weise der Tod mit, wenn ein Mensch aus unserem Gesichtsfeld tritt?

Die Menschen haben Rituale für Begrüßung und Verabschiedung entwickelt. Sie versuchen, die Ängste des Abschieds durch ein «Auf Wiedersehen!» aufzufangen. Auch bei der Begegnung mit einem Menschen steht der Gruß an. Sowohl die Wahrnehmungsphysiologie als auch die Semiotik würdigen die Dimension der menschlichen Begegnung nur unzureichend, wenn sie den Gruß nicht in seiner besonderen Bedeutung herausstellen. Der Gruß deutet dem anderen an, dass er nicht nur einem Wahrnehmungsobjekt begegnet, sondern jemandem, der auch Zeichen setzen kann und mit Mimik, Gestik, Körperhaltung, Handbewegung und Wort die Wahrnehmungen des anderen erheblich und entscheidend beeinflussen kann.

In verschiedenen Kulturen haben sich verschiedene Grußformen entwickelt. Der Austausch zwischen den verschiedenen Kulturbereichen kann zu seltsamen Vermischungen der Begrüßungssysteme führen, z. B. Wie-geht-es-Ihnen-Ansprache mit Händedrücken und dergleichen mehr. Als ich eine neurologische Klinik in Bangkok besuchte, hatte ich mich zuvor erkundigt, wie man auf Thailändisch angemessen begrüßt. Man legt beide Handflächen aufeinander und führt die Hände mit den Fingerspitzen nach oben an die Nasenwurzel oder etwas höher. Die Höhe der Fingerspitzenstellung deutet die

Ehrerbietung an. Als ich in den neurologischen Konferenzraum trat, machte ich diese Handbewegung, die von den thailändischen Kollegen mit einem lässigen amerikanischen «Hi» beantwortet wurde. Auch die Grußformen werden globaler.

Dabei muss man sich hüten, die Erfahrung mit den eigenen Grußformen in andere Kulturbereiche zu übertragen. Die Bedeutungscodierungen und Referenzsysteme sind bisweilen völlig anders organisiert. Bei der japanischen Begrüßung werden der Europäer oder Amerikaner davon beeindruckt sein, wie weit man sich vor dem anderen verbeugt. Es geht über das Maß des im Westen Üblichen deutlich hinaus. Will da jemand vor Scham im Boden versinken, signalisiert er übertriebene Unterwürfigkeit? Wenn beide sich bis unter die Gürtellinie voreinander verbeugen, so wird das im Westen als eine übertriebene Betonung von Rangordnungen angesehen werden.

Ausgedrückt finden sich die westlichen Paradoxien der Verbeugung in dem Bild von Paul Klee: «Zwei Männer, einander in höherer Stellung vermutend». Aus dieser Pattstellung in der Pyramide des Seins führen Reziprozitätsethiken nicht heraus. Wenn Narziss nicht in die Quelle, sondern in das Gesicht eines anderen Narziss schaut, dann wird es Zeit, nach anderem als der Logik des unmittelbaren eigenen Glücks Ausschau zu halten.

Natürlich kann man versuchen, sich herauszuhalten und die beiden einander Gegenüberstehenden ihrem mörderischen und selbstmörderischen Hahnenkampf zu überlassen, den sie mit den geschärften Klingen der Ich-Philosophie durchführen werden. Schon der Beobachter eines einzelnen Narziss hat es schwer, den Subjektverschachtelungen zu entgehen: Denn im Fluss ist eine Rose und in der Rose ist ein Fluss … Federico García Lorca, der den Selbstmord eines Narziss beobachtete, konnte sich den rekursiven Schleifen der Beobachtung entziehen. Er trat aus dem Wechselspiel von Rose und Fluss heraus. Diese Abtrennung, wie sie in Beobachtertheorien durchgeführt wird, ist ein nicht selten schwieriger Kunstgriff, insbesondere wenn es sich um Beobachterstaffelungen im gleichen Kopf handelt. (Ehe man sich versieht, schlagen die rekursiven Schleifen Funken, die zur Evidenz umgedeutet werden.)

Um die schlechte Unendlichkeit zu unterbrechen, scheint es

durchaus angemessen, von der Leere zu sprechen und darauf zu achten, dass sich in ihr die Gedanken nicht überstürzen. Eine solche Art von Mäßigung zu evozieren, ist das japanische Ritual der Begrüßung sehr wohl geeignet. Es macht deutlich, dass das «Zwischen» zwischen den Menschen auch hinter deren Rücken ist und lässt die Interaktion, in die man sich begibt, zugleich noch einmal auf einem Tableau erscheinen und, auf der Leere serviert, in diese verschwinden. Danach ist alles offen für das Gespräch.

Eulenspiegel und der Zen-Meister

Das Risiko, von den Schmerzen der Realität eingeholt zu werden, lässt sich auf verschiedene Weise mindern. Buddhas Vorschlag war, sich erst gar nicht auf die Realität einzulassen, um dem Leiden in der Wirklichkeit zu entgehen. Man muss dann natürlich auch ihren Verführungen widerstehen. Den Versuchungen der Realität in Form schöner Mädchen widerstand Buddha dadurch, dass er sich diese als Greisinnen vorstellte. Die Reaktionen auf Vergänglichkeit und ihren Zauber sind so zahlreich wie die Kulturen, Religionen und individuellen Lebensentwürfe. Zur Zeit herrscht eher die zu Buddha umgekehrte Tendenz vor, durch Wellness-Medizin (für Männer und Frauen), dem Leidenspotenzial der Wirklichkeit zu entgehen. Religiöse Dimensionen, sei es als Buddhismus, sei es als Esoterik usw., werden zumeist für den von der Medizin nicht ganz auflösbaren Rest von Leiden aufbewahrt, wenn nicht gleich der Ruf nach dem Töten, der Euthanasie, laut wird, sobald das Lebensprogramm ausgereizt ist.

Wenn man die Verhaltensweisen der Menschen nach der Art der Risikobewältigung beurteilen würde, so wäre es nicht erforderlich, Religion und Schönheitsoperationen gegeneinander auszuspielen. Beide erweisen sich unter diesem Blickwinkel als Techniken, mit den weniger erfolgreichen Seiten des Lebens zurechtzukommen. Es ist nicht einzusehen, warum eine geistige Technik gegenüber einer mechanischen bevorzugt werden soll. Wenn sich ein Loch im Wassertank befindet, sagen wir schließlich auch nicht, dass es besser ist, in Ruhe verweilend den Daumen darauf zu halten, als einen Spund darauf zu drücken, der das Nervensystem von allerlei Aktivität befreien könnte.

Die Unterscheidung trägt erst, wenn mit Religion Ernst gemacht und gefragt werden würde, ob eine bestimmte Meditation oder ein Gebet nicht auch «objektiv» als ein Bezug zum Herrn, u. a. als Lobpreis, Bedeutung haben könnte, die sich in der praktischen Lebensbewältigung nicht erschöpft, wiewohl sie dieser zugute kommen könnte.

Es lassen sich drei wesentliche Techniken der Vermeidung von Realität (Angst, Leiden) unterscheiden:

1. Abwehr der äußeren Wirklichkeit und des anderen (z. B. Konstruktivismus und seine Varianten der Annahme der Projizierbarkeit von Außenwelt sowie die Medientheorie im Sinne des vollständigen Verlustes der Wirklichkeit im Meer der Zeichen, wie bei Baudrillard). Folgt man der Freud'schen Interpretation, dann wäre dies die eher psychotische Variante, bei der nicht das Ich und das Triebleben zurückgenommen werden, sondern versucht wird, beide zuungunsten der Wirklichkeit zu bewahren.

2. Der Versuch, die Sexualität zurückzunehmen (Askese sowie einige Spielarten des Christentums). In der Freud'schen Deutung würde dies zur Neurose führen.

3. Rücknahme des Ich (z. B. Buddhismus). Auch in den frühen Theorien Freuds (in seinen an der Energetik orientierten Spekulationen) liegt darin am ehesten Glücksverheißung.

Natürlich können diese Techniken neu kombiniert werden. So kann eine Rücknahme von Wirklichkeit und Ich zugleich versucht werden, wie dies in fortentwickelten Formen des Konstruktivismus geschieht.

Typisch sind unterschiedliche Bezüge zur Realität. Zur Realitätsverdrängung gehört sicher auch, dass heute unter Realitätsbezug verstanden wird, nicht auf die Realität einzugehen, sondern sie zu formen. Dies stellt dann aber die dritte Form der Risikobewältigung dar: Rückzug auf das Ich und Versuch der Gestaltung der Realität nach eigenen Maßstäben.

Unter den vielen Formen des partialisierten Realitätsbezugs sei nur Till Eulenspiegel genannt. Er war seinen Kameraden beim Wandern durch die Berge dadurch aufgefallen, dass er beim Abstieg sehr traurig und beim Aufstieg sehr fröhlich war, also umgekehrt zu den Strapazen sein Glücksempfinden verteilt hatte. Als er gebeten wurde, eine Erklärung für seine Haltung abzugeben, sagte er, beim Abstieg müsse er an das baldige Bergauf denken, beim Aufstieg an das baldige Bergab. Deshalb sei er so traurig beim Abstieg und so fröhlich beim Aufstieg. Dies ist als ein ausgesprochen antizipatorisches Denken anzusehen, in dem deutlich wird, dass nicht die aktuelle körperliche Betätigung, sondern die antizipierte Zukunft entscheidend sein kann. Hier findet sich durchaus ein Realitätsbezug, aber mit den Möglichkeiten der Umpolung – eine Möglichkeit, die durchaus von breiten Bevölkerungsschichten wahrgenommen wird und als Vorstufe der Enthebung von der Welt auch von Zen-Meistern ins Spiel gebracht wurde.

Zen-Rabbi

Auch Rudolf Bultmann, der evangelische Theologe der Entmythologisierung, der mit Heidegger in seiner Marburger Zeit zusammenarbeitete, liefert eine Interpretation der paulinischen Verachtung des «Fleisches» (griech. *sarx*), welche den Asienkenner auf den Plan ruft. Er sieht das Fleisch als das Ich an, und für ihn ist daher die Sünde nicht einfach im Fleisch, sondern in der Ich-Bezogenheit zu sehen. Man kann anfügen, dass demzufolge eine Philosophie, z. B. eines Fichte, die mit dem Ich beginnt, als ein Entwurf gelesen werden müsste, der aus der Bultmann'schen Perspektive der Versuch wäre, auf der Sünde eine Philosophie aufzubauen und aus der asiatisch-buddhistischen Perspektive als der Versuch angesehen werden müsste, auf dem Ursprung des Leidens die Weltdeutung zu errichten.

Die Kraft des Willens entwickelt sich nun nicht durch eine Repräsentation des Ich, sondern durch die Übung, Spannungen und verschiedene Kräfte auszuhalten. Ob das, was sich nach einem Willensakt konstituiert, als Ich bezeichnet werden muss, ist noch eine andere Frage. Entscheidend ist, dass die wichtige Dimension der Freiheit ge-

rade in der Auseinandersetzung mit dem Gesetz zur Entwicklung gelangen kann. Daher ist es nicht verwunderlich, dass gerade jüdische
Traditionen eine Affinität zum Buddhismus entdecken. Die Meditation, das Einüben in widersprüchliche Aufforderungen («Höre auf
das Klatschen einer Hand»), kann die Auflösung von Ich-Verkrustun-
gen beflügeln. Bücher über den Zen-Judaismus und der Bericht eines
Zen-Rabbis können als Unterstützung für diese Denkrichtung angesehen werden.[2]

Unendlichkeit im Dialog.
Ein Spiel zwischen Mathematik und Zen

Im Jahre 1794 veröffentlichte Johann Gottlieb Fichte seine Philosophie der Setzung des Ich durch eine «Tathandlung». In der dichterischen Fassung ist diese Tat berühmt geworden. Der Anfang des Jo-
hannesevangeliums: «Am Anfang war das Wort», wurde von Faust
mit «Am Anfang war die Tat» übersetzt. Die Tat war keine nach außen gehende Tat, sondern die «Setzung» des Ich. Dass bei dieser Setzung sich schnell ein Doppelgänger einstellt (Mephisto), ist bekannt.
Vielleicht hatte Fichte einen Fehler bei der Setzung des Ich vollzogen.
Es lohnt sich, genauer zu prüfen, wie er sich diese Setzung vorstellte.
Interessant ist es dabei, nicht sein logisch axiomatisches System, sondern die Bilder zu betrachten, in denen er dieses gedacht hat. Für ihn
war das Ich ein Punkt, der zugleich unendlich klein und unendlich
groß sein konnte. Kein Wunder, dass sich da die Frage von einem
Doppelgänger mit aller Schärfe einstellen kann. Der unendlich kleine Punkt war natürlich seit der Entwicklung der Infinitesimalrechnung durch Newton eine beliebte Metapher, vielleicht sogar so etwas
wie ein «Bezugspunkt» des Denkens, eine Art «archimedischer
Punkt»). Es ist gewiss noch eine Herausforderung für die Kognitionswissenschaft, herauszufinden, warum gerade über die Vorstellung
des Punktes sich so viel an kognitivem Raum erschließen kann.

Die Frage ist jedoch, ob die Fichte'sche Metapher nicht zu ihrem
Nachteil von dem noch nicht voll entwickelten Stand der Infinitesi-

malrechnung geprägt war. Würde man in der Geschichte der Mathematik nur einige Jahrzehnte weitergehen (die Fichte nicht mehr erlebt hat), so würde man bei der Behandlung des unendlich Kleinen eine wesentlich verfeinerte Darstellung treffen. In der ersten Hälfte des 19. Jahrhunderts war die Rede vom unendlich Kleinen suspekt geworden. Der französische Mathematiker Augustin Louis Cauchy[3] wandte eine äußerst elegante Methode an, um diese Rede zu präzisieren. Dabei benutzte er eine Denkfigur, die nach Meinung des japanischen Mathematikers Yoshihiro Shikata sehr stark an eine Zen-Technik erinnert: Ein Beamter zeigt einem Untergebenen ein Bild von einem Busch, in dem ein Tiger versteckt ist, und sagt: «Bitte fangen Sie den Tiger.» Der Angesprochene erwidert: «Gerne, wenn Sie mir den Tiger aus dem Busch jagen!» Shikata sieht im Umgang Cauchys mit dem unendlich Kleinen eine ähnliche Verhaltensweise wie in dieser Zen-Geschichte. Cauchy ist klug genug, nicht mit dem unendlich Kleinen zu rechnen, sondern sagt: «Nenne mir eine beliebig kleine Zahl, und ich werde dir eine kleinere nennen können!» Damit ist die fragwürdige Referenz auf ein unendlich Kleines vermieden und zugleich ein Gesprächspartner für die Konstituierung des «Referenzpunktes» eingeführt. Dort, wo Fichte einen Ich-Punkt setzt, entwickelt die Mathematik nur wenige Jahrzehnte später einen Dialog! Möglicherweise wäre uns heute der Streit um die Anmaßung erspart geblieben, wenn Fichte auf eine bessere Mathematik hätte zurückgreifen können (vielleicht lag die Anmaßung ja in der Aneignung des unendlich kleinen Punktes).

Die Idee des unendlich Kleinen ist bei Fichte eine Kippfigur, die in das unendlich Große umschlägt und auch aus diesem Grund mit der typischen Verletzbarkeit des Narzissmus behaftet ist. Man könnte sogar sagen, dass in dem unendlich Kleinen die Heimtücke des unendlich Großwerdens verborgen sein könnte. Dieses Umschlagverhalten, das höchst problematisch erscheint (nicht nur, weil es an narzisstische Wut erinnert, sondern auch eine Problematik der kognitiven Koordinaten beinhaltet), kann vermieden oder zumindest erschwert werden, wenn mit dem unendlich Kleinen anders umgegangen wird.

Der japanische Mathematiker Kinishi Oka knüpft explizit an die Zen-Tradition an, wenn er den Weg ins unendlich Große von einem

Kontraktionspunkt ausgehend denkt. Dieser Punkt ist nicht einfach ein unendlich kleiner Punkt, denn er hat eine kompakte Struktur, die durch das Insichzusammenziehen der Welt auftritt. Eine derartige Vorstellung lässt im «Kleinen» den Ausgangspunkt einer komplexen Struktur zu, wie sie im Organismus in Genen oder auch in den Konnektivitäten des Gehirns vorgegeben ist. Der Ausgangspunkt wäre demzufolge nicht die Kippfigur der «kleinen» und «großen» Unendlichkeit, sondern ein Konzentrat der Welt, in das man in ihrer sprachlichen Version wieder zurückkehren kann. Ausgehend von dem Kondensat der Worte kann der Mensch eine Tat sehen, die in die Unendlichkeit greift, und von dieser kann er zurückkehren für einen neuen Anfang aus dem Keim der Komplexität. Es ist nicht einfach, mit Einschränkungen der Welt umzugehen, wenn das Ich nach dem Leitspruch «Caesar aut nihil» («Alles oder nichts!») konzipiert ist. Das Konzentrat der Welt, das in den Beschränktheiten von Organismus, Genen, Gehirn und Sprache und «Kognitionsversatzstücken» vorliegt, kann keine Unendlichkeit erobern. Allein die Sprache reicht dafür schon nicht aus. So ist es sehr irreführend, sich mit dem unendlich Kleinen und unendlich Großen identifizieren zu wollen (die Kontrolle des Umschlags von einem ins andere, wenn der Sachverhalt stimmte, wäre vielleicht noch zu meistern, aber all die anderen Probleme …). Das begrenzte Informationssystem des Menschen kann nur mit dem Endlichen umgehen. Insofern wäre die Punktmetaphorik, die eine vorschnelle Eroberung des Unendlichen suggeriert, abzulehnen. Stellt man sich aber auf die Begrenztheit der Kompaktheit der Keimstruktur des Menschen ein (mit Keim sind Gen, Gehirn und vor allem Sprache gemeint), so kann man vielleicht eine Verhaltensweise des Risikos etablieren, mit der man sich auf die Unendlichkeit der Welt einlassen könnte. Dies bedeutet, man riskiert den kompakten Keim der eigenen Gestaltung. Geht man dieses Risiko ein, so könnte man meinen, Unendlichkeit würde wirklich. Folgt man diesem Gedankengang, so ließe sich noch hinzufügen, dass immer, wenn man sich der Unendlichkeit nicht öffnet, inmitten der Selbstbezogenheit verharrt, die Taten zu Kompaktheit und Keim zurückkehren. Erst wenn die Rückkehr unterbrochen ist, würde sich Unendlichkeit einstellen.[4]

Evolution und Meditation

Ein Schüler fragte einst den Buddha: «Wer bist du? Bist du
Gott?» Der Buddha sagte: «Nein.» – «Bist du der Sohn
Gottes?» Der Buddha sagte: «Nein.» – «Bist du ein Heiliger
oder ein heiliger Mann?» Der Buddha sagte: «Nein.» –
«Was bist du?» Und der Buddha sagte: «Ich bin wach.»

Rabbi Joseph H. Gelberman

Wenn Hölderlin in seinen späteren Jahren im Tübinger Turm am
Neckar gebeten wurde, ein Gedicht zu schreiben, so trat er gewöhnlich ans Fenster, öffnete es, schaute eine kleine Weile (es heißt, etwa
zwölf Minuten) hinaus, setzte sich dann und schrieb das Gedicht nieder. Was war geschehen? Hatte das über den Fluss reichende Laub-
werk den Rhythmus seiner Gedanken angestoßen? War es die leichte
Bewegung der Blätter, ein kleines Lüftchen, oder eine kleine Wellen-
bewegung im Wasser, die ihm die Kraft zur Sprachmelodie gab? Man
könnte geneigt sein, einen Weg des Gedichts vom Vorsprachlichen
zum Sprachlichen aufzeigen zu wollen. Die Erforschung der Gesetzmäßigkeit der Nervenimpulse bringt in die Frage, warum wir so gerne in die Natur blicken, eine neue Perspektive. Warum opfern die
Menschen ihren ganzen Urlaub, um sich den eigentümlichen Gesetzen des Meeresrauschens hinzugeben oder das leichte Rascheln der
Blätter in einem kühlen Lüftchen zu genießen? Offenbar gibt es Ver-
teilungsgesetzmäßigkeiten, die in der Natur auftreten und in unserem Nervensystem zugleich vorhanden sind.

In den vereinfachten Modellen empirischer Chaosforschung und
mathematischer Neurodynamik wird bisweilen angenommen, dass
es ein allgemeines Rauschen, also eine stochastische Verteilung von
Impulsen ist, die als Umgebung für das Nervensystem angesehen
werden kann. Auch in konstruktivistischen Modellen wird die Außenwelt gerne als ein Chaos betrachtet, das seine Struktur lediglich
durch die Aktivität des Nervensystems bekommt. Nimmt man eine
evolutionäre Perspektive ein, dann finden sich in allen Bereichen
ähnliche Regularitäten im Meeresrauschen, im Blätterrauschen und

Wu Hufan, «Erhabener Gelehrter im Herbstwald»

im Geflüster der Nervenzellen. Der bulgarische Neurodynamiker Ivan Stamenov hat dieses Phänomen genauer untersucht und ihm eine mathematische Form gegeben. In der Formel $1/f = $ Intensität fasst er die Variationsbreite des Frequenzverhaltens zusammen, das uns als angenehm erscheint. Es bedeutet, dass Ereignisse, die in größerer Intensität auftreten, eine geringere Häufigkeit besitzen. Offenbar findet das Nervensystem in dieser Rhythmik eine Entsprechung und Befriedigung, die es bei einer chaotisch-stochastischen Reizung nicht erfährt und die bei zunehmender Regularität des Signals auch auf eine harte Probe gestellt wird. Das Pingpongspiel oder ein mehr oder weniger gleichmäßig tropfender Wasserhahn fordern unser Aufmerksamkeits- und Erwartungsverhalten weitgehend unabhängig von der Lautstärke heraus. Beim Pingpongspiel werden Erwartungen über das nächste Plop aufgebaut, und es ist für das Nervensystem nicht allzu befriedigend, wenn dieses dann doch nicht oder zu einem ganz anderen als dem erwarteten Zeitpunkt eintritt. Erst in der Musik findet sich der Versuch, mit diesen Regularitäten wieder einigermaßen befriedigend (oder auch herausfordernd) umzugehen.

Diese Gesetzmäßigkeiten finden sich interessanterweise ja auch im technischen Bereich wieder, ungewollt in der Frequenz der Autos auf der Autobahn (z. T. im Pulk, z. T. verstreut, aber eben nicht stochastisch verteilt, d. h., das Auftreten größerer Pulks ist seltener, das Vorkommen einzelner Autos häufiger – wenn man vom Stau absieht). Dieses Frequenzverhalten zieht sich im Nervensystem vom Stammhirn bis zu den kognitiv differenzierten Bereichen hin durch. In irgendeiner Weise spielt unsere Kultur da mit, baut darauf auf, variiert sie und versucht, sie ins Extrem zu führen. In den Ornamenten und Arabesken finden sie sich wieder, im Rokokogarten sind sie geometrisierend aus der Mitte von Chaos und Ordnung herausgeholt. Offenbar hat unsere westliche Kultur auch eine Meditationsform, bezeichnenderweise aber nicht das Meditieren gegen die weiße Wand oder in die reine Wüste hinein, sondern das Spiel mit angedeuteten vorgegebenen Inhalten, so wie sie das Meer am Strand erzeugt. Nicht die völlige Leere und nicht die ausgearbeitete Form, sondern die Wellen, die uns ungleichmäßig-gleichmäßig vom Meer ans Land der Evolution spülten, pulsieren in uns und können im wechselnden

Flickerrhythmus der Videoclips die spezifisch westliche inhaltslos-inhaltsvolle Trance erzeugen. Das Nervensystem, das selbst in der Reflexion noch diese Wellenformation aufgreifen mag, ist darum in der Lage, auch die eigene Meditation am Bildschirm des EEG-Biofeedbackgeräts in ihrem Erfolg zu «beurteilen».

Das Unnennbare: Musik und Religion

Musik: Religion absolut?

Und es entschwanden die von der Uhr verletzten Sekunden.

Federico García Lorca

Zwischen Musik und Religion gibt es nachbarschaftliche Beziehungen. Musik weist einen ausgeprägten Bereich des Nichtsprachlichen auf, der sich auch in der Religion findet. Zum Teil haben sich beide sogar gemeinsam entwickelt, weil sie auf die nicht bezeichnenden Funktionen der Sprache setzten. Prosodie der Sprache findet in der Melodie der Musik und im Gesang ihre Fortsetzung. Viele religiöse Riten weisen Rhythmus und Melodie als einen wesentlichen Bestandteil auf. Dadurch haben beide die Chance, an Hirnbereiche heranzureichen, die in der Evolution vor der Entwicklung der Sprache aufgetreten sind. Der Versuch, das Wort in die Tiefe des Gehirns zu versenken und am Grund des Brunnens Dinge mit dem Wort heraufzuholen, kann seine Unterstützung in Musik und Religion finden.

Der entscheidende Entfaltungsraum der Musik ist nicht der Ton, sondern das Spiel mit Erwartung und Erfüllung, das mit seiner Hilfe aufgeführt werden kann.[1] Ein wesentlicher Aufstau von Erwartung kann auch mit Missklängen erreicht werden, nur macht es nicht so viel Spaß, sich mit solchen Erwartungen zu befassen. Ein gewisser Wohlklang der Töne und Klänge verführt dazu, das Spiel der Erwartung anzutreten, das sich mit Hilfe der Akkorde und Harmonien anstoßen lässt. Damit kann Musik zu einem unbewussten Rechnen werden, wie Leibniz es formulierte. Sie wird zu einem Ausdruck der mathematischen Eigenschaften des Gehirns, aber auch der individuellen Erfahrung und Bereitschaft, sich auf Neues einzulassen. Wer immer die gleiche befriedigende Kadenz erlebt hat, den animiert vielleicht eine Dissonanz mehr. Unter Umständen sucht er auch den

Abgleich, aber vieles spricht dafür, dass er ihn erst in einem kommentierenden musikkritischen Text findet, der das Dissonante als Möglichkeit der Öffnung interpretiert und damit auf andere Weise das Erwartungsgebaren auch zu einem gewissen vorläufigen Abschluss bringt (so wie Kunst häufig erst in Kommentar oder Kritik zu einer «Vollendung» gelangt, eine entsprechende Kultur ist im Bereich der Religion eher eingeschränkt vorhanden).

Wollte man eine solide Erforschung der Musik mit den Mitteln der Neurowissenschaften betreiben, wäre es unabänderlich notwendig, das Zusammenspiel von Kritik und Gesellschaft bei musikalischen Phänomenen der Erwartung und Erfüllung zu diskutieren. Bisher stehen die Forschungsergebnisse mit den bildgebenden Verfahren beim Erleben von Musik noch in einem eingeengteren Interpretationszusammenhang. Dieser ist jedoch nicht uninteressant. Zeigt er doch, dass es so etwas wie «Mozarteffekte» gibt, denen zufolge das Hören von Mozartsonaten (KV 448) zu einer Leistungssteigerung bei räumlich-geometrischen Leistungen geführt hat, die im Vergleich zu anderen Musikstücken, z. B. «Für Elisa» von Beethoven, deutlich ausgeprägt war. Nun könnte die Musikästhetik natürlich sehr schnell unter die Kuratel einer möglicherweise voreiligen kognitivistischen Musikpädagogik geraten, die das Erfahren von Musik nur unter dem Aspekt der Leistungssteigerung anderer Lernfächer betrachten möchte. Sicherlich ist der Horizont der Musikinterpretation weiter zu öffnen und auf das Wort von Adorno zu achten, der sagte: «Musik hilft gegen Psychose.» Ähnlich ist auch Nietzsches Votum zu werten: «Ohne Musik könnte ich nicht leben!»

Entscheidend ist, dass das Gehirn anders als der Computer keinen Taktgeber besitzt und dass Musik die Zeitorganisation mitliefert, unter der sie verarbeitet werden soll. Damit kann sie in das zeitlich nur mäßig strukturierte Gehirn Zeitparameter hineingeben, die ihm eine Neuorganisation der Information gestatten. Auf diese Weise kann im Gehirn auch der Bereich von Traumen erreicht werden, die der Sprache sonst unmittelbar nicht zugänglich wären. Musik kann ein Idealbild von «Heilung» oder «Heil» hervorrufen, das für das eigene Leben als «Avantgarde» geglückten Lebens angesehen werden könnte. Die Möglichkeiten für die Therapie sind jedenfalls unverkennbar, und den Mozarteffekt könnte man, wenn man ihn nicht zur Hochzüchtung kognitiver Leistung ausnützen möchte, als Effekt für die Klärung seelischer Konfliktlagen heranziehen: Man geht ins Konzert, um ungeklärte Probleme zu lösen. Der Befund der Hirnforschung, dass beim Musikhören paralimbische Regionen aktiviert werden, die für das Glücksempfinden und für bestärkende Prozesse verantwortlich sind, kann als eine Art kleines Heilsversprechen den Menschen anregen, über die Musik hinaus nach Möglichkeiten der Integration seiner Lebenskräfte Ausschau zu halten.

Nun behaupte ich in einem radikalen Sinn, dass der Mensch auf eine derartige Integration aus ist und dass er darin durchaus sein Glück suchen möchte, dass diese Integration aber keinesfalls immer alle Mannigfaltigkeit einkreisen und einheimsen kann. Insofern würde eine physiologische Beschreibung der Mechanismen des Umgangs mit Erwartung und Erfüllung, mit Glück und Heilshoffnung auch eine Adorno'sche Perspektive einschließen können, die darauf beharrt, dass eine Integration des Ganzen nicht möglich ist und das Individuum sich sogar dagegen verwahren sollte, im Ganzen «verwurstelt» zu werden. Auch in dieser Adorno'schen Abwehr wären noch einige sich glücklich wiederholende Kadenzen zu entdecken, sodass die physiologische Perspektive ihr die Bühne für die Darstellung der verschiedenen möglichen Charakterrollen frei räumt, dass sie aber noch nicht, wie manche Experimente es nahe legen könnten, Partei ergreift für Glück oder Unglück auf dieser Welt. Im Nachweis der Aktivierung von Glücksstrukturen (beim Musikhören) zeigt sie nur, dass eine «erhebliche» Integration möglich ist, in welcher natürlich auch die Abwehrhaltung als Moment auftreten kann.

So ist es auch angemessen, sich dem Phänomen der Musik auf vorsichtige Weise zu nähern und festzustellen, dass sie keine zeichenhafte Denotation vornimmt, also nicht in der Lage ist, Gegenstände zu bezeichnen und sie als mit dem Unnennbaren befasst oder sie selber als das Unnennbare anzusehen, so wie Immanuel Kant dies tut. Es entspricht durchaus ihrer Fähigkeit, die nichtsprachlichen Bereiche der Traumen erobern zu können.

Vom Unnennbaren zu reden erscheint zunächst unverdächtig, es wurde im 19. Jahrhundert jedoch zu einer sehr weit ausholenden Geste. Friedrich Schelling spricht bereits von der Gegenwart des Unendlichen im Endlichen, und bald ist die Rede von der Musik als dem Absoluten.

Diese Wortwahl ist nun nicht ohne Bedeutung, wenn man bedenkt, dass bei Nikolaus von Kues das Absolute noch die Chiffre für den jüdischen Gott war, der so gedacht wurde, dass er sich durch die Menschen auch begrifflich nicht einfangen lässt. Zwar sind sein Bund und sein Versprechen durchaus als relational anzusehen, er selbst bleibt jedoch bis in die Aussprache seines Namens hinein unerreichbar und verborgen. Diese Distanz wurde im deutschen Denken nicht mit ausreichender Vorsicht respektiert. Bei Fichte entscheidet das Ich auch über das Nicht-Ich, was in der poetischen Formulierung der Dienstbarmachung des Mephisto für die Zwecke des Dr. Faustus entspricht. Hier wird der andere in mich hineingenommen und gemeinsam die Nichtwiderständigkeit des Absoluten gefeiert.[2] Wofür zunächst der Beelzebub Pudel herhalten musste, gaben sich im 19. Jahrhundert auch die Wagner'schen Frauengestalten hin: Senta überantwortete sich dem Vereinigungsbegehren des Fliegenden Holländers bis in den Tod, der zum Garanten für die Überwindbarkeit von Differenz wurde, wie sie im inzestuösen Liebestod (von Tristan und Isolde) realisiert wurde. Von Differenz, Distanz und Entzug oder gar negativer Theologie war keine Rede mehr.

Für eine Gemeinschaft, die sich primär am Gesetz orientiert, konnte hier keine Leerstelle mehr vorgesehen werden. In diesem Horizont konnte diese nur noch nach den Gesetzen des Blutes («Rassismus») interpretiert werden. Arnold Schönbergs Versuch, die Musik unter Gesetze zu stellen, die nicht der narzisstischen oder inzestuösen Rückkehr in ein tonales Zentrum genügen kann, traf auf zahlreiche Missverständnisse. Meiner Ansicht nach waren der Teufelspakt und die inzestuöse Feier des Absoluten ein wesentliches Moment auf dem Weg zum Holocaust.

In seinem Roman *Dr. Faustus* hat Thomas Mann die Münchner Bombennächte des Zweiten Weltkriegs von 1945 mit dem Teufelspakt seiner Komponistengestalt Andreas Leverkühn in Beziehung gesetzt. Ein Zusammenhang zwischen dem Teufelspakt (und damit der frühen Fichte'schen Philosophie) und der deutschen Katastrophe zu sehen, erscheint mir nahe liegend.[3] Die Pointe des Teufelspakts, die Differenz zum anderen nicht zu respektieren und vorschnell das Absolute zu feiern, kommt in Thomas Manns Interpretation, in der Andreas Leverkühn zum Entdecker der Zwölftonmusik wird, gerade nicht zum angemessenen Ausdruck. In der Tat hatte der Roman auch zum Eklat geführt. Arnold Schönberg fühlte sich zutiefst beleidigt, sich in die Rolle eines Teufelspakts gedrängt zu sehen. Hat Thomas Mann ohne ausreichende Analyse ein altes deutsches Vorurteil über die Kälte der Rationalität und die damit zusammenhängende Diabolik vertreten? In der Zwölftonmusik darf ein Ton erst wiederholt werden, wenn alle anderen Töne der Tonleiter einmal durchgespielt sind. Dem Zuhörer und Spieler wird dadurch die Befriedigung der Ausbildung eines tonalen Zentrums versagt. In unserer Sprache könnte man es so formulieren, dass keine sinnvollen Erwartungswahrscheinlichkeiten aufgebaut werden können, der Mensch erfährt sich als dem Risiko ausgesetzt, die Lust der Rückkehr in tonale Zentren oder Attraktoren bleibt versagt. Darin kann ein hoher intellektueller Reiz liegen, man kann sich aufgefordert fühlen zu differenzieren, wo sonst Verschmelzung kultiviert wurde. Aber gerade die emotionsintensive «heißblütige» (in Thomas Manns *Wälsungenblut* tränenreiche) Verschmelzung kann zur Kälte führen. Die Selbstbedienung des tonalen Zentrums, die Selbstvermählung der Psyche mit sich selbst lässt die Seelenhaut verschließen und Wärme nur noch in der inneren Kernfusion verarbeiten. Demnach wäre Kälte ein Ausdruck gerade des wollüstigen Verschmelzungsbegehrens (abgesehen hinsichtlich des Verschmelzungsobjekts). Die Zwölftonmusik hingegen wäre ein Versuch, die Wärme gleichmäßig zu verteilen und allen Kräften der Seele und allen Menschen zukommen zu lassen. Was also zunächst als kalte Rationalität erscheinen mag – der Versuch, Differenzierungen einzuführen –, kann als Eröffnung eines Raums angesehen werden, in welchem vielgestaltige Vermählungen ermöglicht werden sollen. Der Teufelspakt war eine katastrophale Entscheidung. Aber, wie Derrida sagte, das radikale Böse kann auf verschiedene Weise auftreten. Bei Thomas Mann geschieht die narzisstische Vermählung in Anlehnung an Nietzsches Biographie in Form eines Prostituiertenbesuchs, der Alterität nicht anerkennt. Der Kurzschluss des Energiekreislaufs kommt in diesem Fall gar nicht erst zur Darstellung, er liefert nur die Tangentialbeschleunigung für die Partikel einer anderweitig verwerteten Musik. Alle drei Beziehungsmuster – die inzestuöse Vermählung bei Isolde, der Liebestod Sentas und ihre Unterwerfung unter das Todesbegehren des Mannes sowie die Verfügbarkeit der Hetäre für Andreas Leverkühn – sind aber völlig untauglich für den Umgang mit Alterität, mit der Andersheit von Menschen in der Gesellschaft (es geht nicht um das Verhalten, sondern um die Verwertung seiner Darstellung als Interaktionsmodell, ethisch, politisch). Für das Beispiel des Liebestodes ist dies sehr schnell belegbar, da in dem Film *Ich klage an* Anfang der vierziger Jahre gerade mit dem Liebestod für Euthanasie geworben wurde.

Die biographische Unterstellung Thomas Manns gegenüber Schönberg ist natürlich peinlich. Betrachtet man die Situation als eine fiktive Romanaffäre, dann müsste man allerdings sagen, dass die Gestaltung der Rationalität (Nichtbedienung der inzestuösen Erwartungen), auf welcher emotionalen Basis auch immer sie erreicht wurde, zumindest Möglichkeiten der Differenzierung und Akzeptanz von Alterität auf der Ebene des Symbolischen und des Ausgesprochenen in die Welt setzt. Eine Entscheidung kann nicht getroffen werden, vielmehr kann man nur sehen, wie stark der Mensch aufgerufen ist, die Kräfte der Verantwortung in sich zu stärken, um zu den erforderlichen Differenzierungen im Leben fähig zu sein.

Sieht man Musik als ein Spiel von Erwartung und Erfüllung an, so ist die Entsprechung zu den grundlegenden Mechanismen des Gehirns offenkundig, und nicht nur dies – die Parallele zur Religion drängt sich auf. Auch hier sind Erwartung und Erfüllung, Hoffnung und Gnade, Versprechen und Heil die grundlegenden Dimensionen des Geschehens.[4] Alle drei: Musik, Hirn und Religion, weisen Mechanismen zur Eroberung des Traumas auf und verweisen auf unerwartete Formen des Glücks, das in einer der Minimalversionen auch darin bestehen kann, wiederholt von seinem Unglück zu schreiben.

Viele Künste kann der Teufel ...

Den Streit um den Teufelspakt bereichert auch der Komponist Paul Hindemith um einen neuen Aspekt. Mit dem Lied «Viele Künste kann der Teufel, aber singen, aber singen kann er nicht» wird zum Ausdruck gebracht, dass viele Künste, durchaus auch die Musik, zu den Möglichkeiten des Diabolischen gehören können – dass aber die integrative Funktion des Gesangs, die Wort, Melodie und Prosodie integriert, ihm nicht zur Verfügung steht. Das Diabolische wird der Integration nicht für fähig angesehen, sein Kennzeichen wird geradezu in der Abspaltung angesiedelt. In der Tat kann dem hohen musikalischen Talent oder gar Genie der Bezug zum Gesang verloren gehen. Beethoven war der Ansicht, dass er beim Komponieren immer bemerken würde, ob etwas instrumentalisiert werden könne. Er wisse aber nicht immer, ob es gesungen werden könne. Auf unsere evolutionären Überlegungen bezogen bedeutet dies, dass sich durchaus kognitive Systeme vom Sprachsystem abkoppeln können. Es passt durchaus in viele Traditionen, derartige Abkoppelungen als diabolisch anzusehen. Bereits der Sündenfall wurde als ein Herausfallen aus der integrierten Lebensweise gedeutet. Nicht selten schob man daher der Reflexion den Grund für vieles Misslingen in der Welt zu, so z. B. als Ludwig Klages den Geist als Widersacher des Leibes deutete. Auf dieser Spaltungstheorie würde auch die Einsetzung des Zwölftonkomponisten in die Gestalt des Teufelspaktsinhabers Andreas Leverkühn zutreffen. Hier sind die Pauschaldeformierungen am Werk, die zur Verachtung der Vernunft im Rahmen des Nationalsozialismus beigetragen haben. Totalität und Integration sind nicht immer der Maßstab des Guten, im Gegenteil, die Differenzierung tut in vielen Situationen Not. Es wäre aber verkehrt, Differenz und Ganzheit gegeneinander auszuspielen; Ganzheit sollte auch nicht gegen die Vernunft gesetzt werden. Vielleicht kann der Mensch erst dann von Ganzheit reden, wenn er sich auf viele Teilheiten einlässt. Ob etwas böse und diabolisch wird, kann nicht innerhalb des Seelenverhältnisses, z. B. hinsichtlich des Zusammenspiels von Geist, Vernunft und Körper, schlechthin entschieden werden, es gewinnt seine

Bedeutung erst immer in einem größeren gesellschaftlichen Gesamt-
zusammenhang.

Singularitäten für das Böse

> Eine Menge stelle ich mir vor wie einen Abgrund.
>
> *Georg Cantor*

Etwas kann als singulär angesehen werden, wenn es einem Allgemeinbegriff nicht untergeordnet werden kann. Das ist mehr als nur
«einzigartig». Wenn etwas das Einzige in seiner Art ist, kann immer
noch ein Gattungsbegriff darüber gesetzt werden. Etwas, was singulär ist, lässt sich jedoch weder in eine Art einreihen noch einer
Gattung unterordnen. Das Einzigartige konnte, wenn es wörtlich genommen wurde, wenigstens noch in ein Klassifikationsschema ein-
gereiht werden. Beim Singulären versagen die Begriffe und Kategorien.

Wenn das Singuläre der Sprache und den Begriffen nicht einverleibt werden kann und ein Fremdkörper bleibt, dann genügt es der
Definition des Traumas. Mehr noch, das Singuläre wird zu einer Art
Trauma, das nicht aufgearbeitet werden kann. Gewöhnlich versucht
man, ein Trauma über Interaktion, Projektion und anschließendes
Besprechen der Interaktion zu bearbeiten, kurz, es in den allgemeinen Haushalt der Psyche und Kognition wieder zurückzuführen.
Dies wird auch mit dem singulären Terminus Gott versucht. Mit
zahlreichen Vermittlern, u. a. Engel, prophetischen Erfahrungen
oder gar Verwandtschaftsbeziehungen ins Irdische hinein versucht
man, dem Unfassbaren nahe zu kommen und es der Sprache, den
Worten unserer Welt anzunähern. Wenn dies nicht gelingt, will man
zumindest den Ursprung des Wortes selber bei Gott suchen. Es ist ein
ständiger Streit in der Geschichte, wie man mit diesem singulären
Terminus und damit grundlegenden Trauma umgehen soll. Sollte
man es verarbeiten und in diese Welt im Sinne einer freundlichen Gegenwart eingliedern oder sollte man die Erscheinung des Göttlichen

nach dem Motto: «Triffst du den Buddha, so schlage ihn tot», mit energischer Gewalt zurückweisen und als eine falsche Verwertung und Ökonomisierung des ursprünglichen Traumas ansehen?

Wenn es im Nervensystem des Menschen einen nicht zugänglichen Bereich gibt, dann wäre die Rede vom singulären Terminus eine der angemessenen oder sogar die einzige angemessene «Methode», um für den sich notwendig entziehenden Bereich ein Wort parat zu haben – dies nur als kleine Nebenbemerkung zu einer Neurosymbiotik.

Vielleicht gelingt dem Menschen anstelle einer Theodizee nur die «Traumatizee». Anstelle des Gottesbeweises wird nur das Trauma bewiesen, von dem auf unterschiedliche Weise im Terminus einer Singularität dann zu reden wäre.

Nun ist diese Singularität aber mit einer Gottesvorstellung belegt worden, die im Allgemeinen auch Erbarmen, Barmherzigkeit, Güte und Liebe beinhaltete. Auf diese Weise wurde die Heilung im Trauma selbst gedacht und nicht erst ein psychotherapeutischer Prozess induziert, der das Trauma in die Sprache und in die Empfindungen des Alltags zurückholen sollte. Vielmehr wurde der umgekehrte Weg gedacht, in welchem der Alltag von der Güte des Traumas heimgeholt, erhöht und umglänzt werden sollte. Höchstens blieb die Frage offen, inwiefern dieser Fremdkörper von irdischem Perlmutt umgeben werden sollte, oder ob man gerade darauf verzichten müsste, um seinen eigenen Glanz, wenn das Fremde denn ein Kristall wäre, zur Entfaltung zu bringen.

Nun ist in der Geschichte ein Ereignis eingetreten, das man als singulär ansehen kann, muss oder sollte. In einem Roman von Philip Roth kommt eine Patientin zu einem Neurologen in die Sprechstunde. Sie wird gefragt, wie ihr Name sei. Sie antwortet: «Holocaust.» Hier zeigt sich der Schrecken schlechthin. Die Frau hat keinen eigenen Namen, sondern den einer abgrundtiefen Katastrophe, in der so viele Menschen ihre Individualität verloren haben. Die Vernichtung der über sechs Millionen Juden und die Zerstörung der Lebenskraft der Überlebenden wurde selber zu einem singulären Ereignis, in dem die Namen der Entkommenen zu verschwinden drohten.

Hier spricht vieles dafür, den Holocaust, die Schoah, als eine Singularität des Bösen anzusehen. Dies bedeutet aber auch, dass sich hier ein Böses auftut, das in unserem geistigen Haushalt nicht einfach «weiterverarbeitet» werden kann, wie Goethe und Hegel noch vom Bösen dachten («die Kraft, die Böses will und Gutes schafft»). Wir werden noch unsere Erfahrungen mit dieser Singularität machen. Die Betonung, dass es sich um eine Singularität handelt, ist nicht unbedeutend. Beharrt man auf dem Singularitätscharakter des Holocaust, dann schreibt man ihn als Trauma fest. Versuche, ihn allgemein einzuordnen, werden damit abgewehrt. Man könnte meinen, dass damit Gesten und Gedanken der Versöhnung abgebrochen werden. Auch der Begriff der Versöhnung weist eine Kulturspezifität auf und gibt nicht ohne weiteres ein universales Modell des Verhaltens zwischen den Völkern ab. Im Kampf mit dem Engel sagte Jakob: «Ich lasse dich erst, wenn du mich segnest», d. h., man setzte nicht auf versöhntes Zusammenleben, sondern auf die Trennung der Wege. Dieses Modell kann man unabhängig von der geographisch-territorialen Nähe der Beteiligten favorisieren: Zusammenleben in der Differenz, ohne dass dies bedeuten würde, dass man schlecht miteinander auskommt. Im Gegenteil, die Bewahrung der Erinnerung, das Mitsichtragen des Traumas könnte sogar eine wichtige Referenz für die Gestaltung des Zusammenlebens liefern. Die schnelle Beseitigung des Traumas des Bösen, die also noch Goethe und Hegel sich gewünscht hatten, könnte man nach den Erfahrungen des Holocaust vielleicht als ein nicht gelungenes Modell ad acta legen.

Anstelle einer Singularität, die für die Schöpfung der Welt und für die Aufforderung zur Gerechtigkeit steht, drängt sich nun der Gedanke einer schrecklichen Singularität in den Vordergrund, nämlich der des Bösen, der die Welt 1945 zutiefst geprägt hat. Fast könnte man meinen, dass sich hier ein Manichäismus, ein dualistisches Weltbild, etabliert, in dem ein einzigartiges Gutes und ein einzigartiges Böses einander gegenüberstehen, wenn nicht das Böse sogar zum mittlerweile größeren Attraktor geworden sein könnte. Doch es kommt noch schlimmer: Nicht nur eine Art «Monotheismus» des Bösen scheint uns heimzusuchen, sondern eine Vervielfältigung der Singularitäten des Bösen steht uns bevor: Jean Baudrillard hat von der Singularität des 11. September gesprochen und eröffnet damit den Horizont zu einem «Polytheismus» des Bösen. Er wertet den 11. September als ein einzigartiges Ereignis. Wie viele Singularitäten, wie viele Traumen, werden wir ohne Versöhnung ertragen können?

In der Einschätzung des Holocaust als Singularität liegt eine Hoffnung für das Zusammenleben der Menschen. Man sollte sie nicht leichtfertig aufs Spiel setzen.

Kommunikationsstörung
bei den Engeln

Engel: Wie wird man ganz Bote?

> New York aus Draht und Tod:
> Welch einen Engel birgst du in der Wange?
>
> *Federico García Lorca*

Die Frage nach den Engeln trifft in die Mitte der Struktur einer globalen Informationsgesellschaft. Den Menschen als informationsverarbeitendes System anzusehen, dessen Körperlichkeit nicht zu berücksichtigen ist, führt direkt auch in die Mitte theoretischer Spekulationen über die Engel, denn der Mensch wird offenbar wie ein Engel verstanden, wenn er unter dem Aspekt der Informationsweitergabe gedeutet wird. Wie körperlos ist der Mensch? Zeichnet ihn nur die Software aus oder spielt sein Körper bei der Kommunikation eine Rolle? Das sind Grundfragen, die für unser Zusammenleben eine große Rolle spielen, und es scheint angemessen, die begrifflichen Grundlagen, die wir für die Deutung unseres technischen Zeitalters heranziehen, noch einmal zu prüfen. Es zeigt sich dann, dass sie zum Teil an den Cyberwesen, den Boten der vortechnischen Zeit, entwickelt wurden. Die Frage nach dem Verhältnis von Botschaft und Boten ist grundlegend für das Selbstverständnis des Menschen unter verschiedenen Technologien, aber sie ist auch entscheidend bei der strukturellen Analyse verschiedener Religionen und Religionselemente.

Ich kann mich noch daran erinnern, wie in den kommunikationstheoretischen Seminaren des Mathematikers und Ingenieurs Gerold Ungeheuer Mitte der sechziger und Anfang der siebziger Jahre mitten in die kybernetisch-informationstechnischen Analysen des Kommunikationsvorganges hinein die Frage gestellt wurde: «Und wie kommunizieren Engel?» Gerold Ungeheuer hatte die mathematische Theorie für die Analyse des Sprechverhaltens entwickelt und versucht, auf der Phonetik aufbauend, eine allgemeine Theorie der

Kommunikation des Menschen zu entwickeln. Die unvermittelte Frage nach der Kommunikation der Engel warf dann aber jedes Mal alles wieder über den Haufen. Der Versuch, Phoneme in Sprecher und Hörer abzubilden, wird durch die Theorie der Engel durchbrochen: Engel sind Allgemeinbegriffe und kommunizieren unmittelbar über Begriffe.[1]

Blickt man auf diesen Theoriekomplex zurück, der sich im Laufe der Jahrtausende entwickelt hat, so stellt man fest, dass hier ein sehr rationales Konzept von Kommunikation im Vordergrund steht. Sogar der Körper wurde bei den Theoretikern der Engel, den Angelologen, weggedacht, weil er ja ein Eigeninteresse in die Kommunikation hätte bringen und die Sicherung der Information hätte gefährden können. Die Zahl der Engel, die nach einigen Berechnungen bzw. Spekulationen in die Abermillionen geht, wurde in Hierarchien zusammengefasst. Auch dies dient der Sicherung des Codes. Bei all diesen zahlreichen Maßnahmen, die in der theoretischen Befassung mit den Engeln getroffen wurden, sollte man meinen, dass Kommunikationsstörungen bei den Engeln weitgehend vermieden werden können. Das hat wohl nicht geklappt, denn gerade die Maßnahmen zur Sicherung des Codes der Botschaft haben zu einigen besonderen Problemen bei der Kommunikation geführt. Fassen wir die Parameter, die der Sicherung der Kommunikation dienen sollten, zusammen: 1. Körperlosigkeit (der Körper trägt zum Wesen der Engel nichts bei). 2. Engel sind Allgemeinbegriffe. 3. Hierarchisierung der Chöre der Engel. 4. Ein Engel hat nur eine oder wenige Botschaften.

Zu 1. Die Körperlosigkeit der Engel: Das Verhältnis zwischen Botschaft und Bote kann sich sehr unterschiedlich gestalten. Im antiken Griechenland und zum Teil auch im alten Orient war es nicht ungewöhnlich, wenn ein Bote wegen der schlechten Botschaft, die er überbrachte, getötet wurde. Warum hat man das getan? Zur Interpretation lassen sich kommunikationstheoretische und neurophilosophische Perspektiven herbeiziehen. Bei der Kommunikation ist es nicht nur entscheidend, was gesagt wird, sondern auch, wer es sagt und wie er es sagt. Der Was-Gehalt einer Information kann neuropsychologisch natürlich besser abgespeichert werden, wenn der Attraktor der Personalität damit in Beziehung steht. In vielen Kommunikationssituationen genügt es, dass eine Person, insbesondere eine Vertrauensperson, etwas sagt, sodass es dazu führt, dass auch die Botschaft nicht sonderlich geprüft wird, sondern der Person vertraut wird und sich dieses Vertrauen auf die Botschaft ausdehnt. Informationen, die nicht mit Personen in Bezug stehen, können bei Nichttrainierten nicht so leicht vor dem geistigen Auge bewahrt werden. Wenn man Informationen also möglichst vergessen oder nicht durch sie bedrängt werden will, so ist es günstiger, sie zu entpersonalisieren, z. B. indem man ihren Träger beseitigt. Wo kein Bote ist, wird die Botschaft mitunter auch schneller wieder vergessen. Umgekehrt ist der Kult um Personen in der Geisteskultur und auch Religionsgeschichte sicherlich zum Teil darauf zurückzuführen, dass hierdurch bestimmte Informationen besser verstärkt werden können.

Dass religiöse Botschaften durch Engel übertragen werden, stellt eine Hilfestellung für den Menschen dar insofern, als die Botschaft nicht als abstrakte irritierende Stimme – wie bei den Propheten unter Umständen sogar mit der erschreckenden mittelbaren Zuschreibung als Stimme des Herrn – erfolgt und dass durch die Einschaltung eines Boten die Botschaft von Menschen besser empfangen werden kann. Gewöhnlich weist der Engel das Bild eines Körpers auf, insofern zollt er dem menschlichen Wahrnehmungsvermögen, das auf Körperlichkeit ausgeht, Tribut. Der Körper der Engel wird aber als für die Engel nicht wesentlich angesehen. In den Theorien, die sich durchgesetzt haben, werden die Engel als rein geistige Substanzen gedeutet. Dies heißt, dass ihr Körper ganz im Dienste der Botschaft steht und nur virtuell für die anschauliche Wahrnehmung des Menschen präsentiert wird, ansonsten aber beiseite gelassen wird, damit die körpereigenen Interessen nicht zu einer Deformierung der Botschaft werden. Wir wissen ja, wie schnell Emotionalität und Missgunst eine Nachricht in Klatsch und Tratsch deformieren lassen. In der Geschichte des Verhältnisses von Bote und Botschaft haben wir also den für seine schlechte Botschaft erschlagenen Boten der Antike und sehen dann den Engel, der bereits von vornherein in die Virtualität übergegangen ist.

Betrachtet man das Verhältnis von Bote und Botschaft, so darf natürlich nicht der Sonderfall ausgelassen werden, bei welchem der

Bote selber die Botschaft ist, ja, wo sogar die Tatsache, dass er erschlagen (getötet) wird, den entscheidenden Teil der Botschaft ausmacht: die Fleischwerdung der Botschaft (im Gekreuzigten).

Zu 2. Engel als Allgemeinbegriffe: In den drei monotheistischen Religionen treten drei Engel, Rafael, Gabriel und Michael, namentlich auf. Man sollte meinen, dass es sich auch um Individuen handeln würde. Die im Mittelalter mit Hilfe von aristotelischen Konzeptionen entwickelte Vorstellung, dass es sich bei den Engeln um Allgemeinbegriffe und nicht um Individuen handelt, wird verstehbar, wenn man die Gleichgültigkeit heutiger Informationssysteme gegenüber der körperlichen Individuation in den Blick nimmt. Die verschiedensten Nachrichtenträger können heute Informationen transportieren. Sie weisen keine durch den Körper fassbare Individualität auf. (Gemäß diesem Konzept sind wir Menschen keine Engel, weil wir durch unsere Körper individuiert sind. Sollte die Neurotechnologie in der Lage sein, unsere Körper und Gehirne völlig auszutauschen, so würden wir in diesem Punkt auch wie Engel behandelbar sein. Wir wären dann Nachrichtensysteme, aber keine Individuen mehr.) Für die Kommunikation der Engel ist dies natürlich von außerordentlicher Bedeutung, weil zwischen diesen die Kommunikation gleichsam von Begriff zu Begriff erfolgt. Man könnte sich dies so veranschaulichen, als ob von einem Gehirn zum anderen mit Elektrodrähten die Gedanken unmittelbar übergeleitet würden. Es scheint aber, dass dies kaum möglich sein wird und die Engel eben doch zu einer anderen Ordnung gehören.

Zu 3. Die Hierarchie der Engel: Von dem griechischen Theologen Pseudodionysos, der auch Dionysos Areopagita genannt wurde, weil man glaubte, es sei jener Dionysos gewesen, den Paulus am Areopag getroffen hatte, wurde die Welt der Engel hierarchisch in dreimal drei Chöre geordnet. Für den Übergang vom griechischen Polytheismus zur monotheistischen Religion war diese ordnende Klassifizierung der Engel gewiss nicht unbedeutend. Aus kommunikationstheoretischer Sicht ist die Hierarchie der Engel ihrer Botschaftsaufgabe durchaus angemessen. Die Engel geben eine Botschaft weiter und rühmen den Ursprung dieser Botschaft. Meistens vermittelt ein Engel nur eine Botschaft.

Unter dem kommunikationstheoretischen Aspekt ist die Schar der Engel also gut organisiert worden, und durch Körperlosigkeit, durch Orientierung an Allgemeinbegriffen und durch Hierarchisierung sind sie zu einem optimalen Kommunikationssystem für das Überbringen monotheistischer Botschaften ausgestaltet worden. Man sollte meinen, dass bei diesen Vorkehrungen die Übermittlung der Botschaft gesichert werden könnte. Ausgerechnet die Hierarchie der Engel wird aber mit dem Ursprung des Bösen in Beziehung gedacht. Der Sturz Luzifers, des obersten Engels, hängt sogar mit der Frage nach der Hierarchie eng zusammen. Die ist in allen drei großen monotheistischen Religionen angedeutet, findet sich aber besonders ausgestaltet in einer Stelle des Korans. Der Fall des obersten Engels, des Satans, der im Koran den Namen Iblis trägt, wird in vier verschiedenen Suren thematisiert (in den Suren 7, 15, 20 und 38). In Sure 38, 71–85 heißt es:

(Damals) als dein Herr zu den Engeln sagte: «Ich werde einen Menschen aus Lehm schaffen. Wenn ich ihn dann geformt und ihm Geist von mir eingeblasen habe, dann fallt (voller Ehrfurcht) vor ihm nieder!» Da warfen sich die Engel alle zusammen nieder, außer Iblis. Der war hochmütig und gehörte zu den Ungläubigen (oder: Undankbaren). Gott (w. Er) sagte: «Iblis! Was hindert dich daran, dich vor etwas niederzuwerfen, was ich mit meinen Händen geschaffen habe? Du bist wohl (zu) hochmütig (dazu), oder gehörst du (überhaupt) zu denen, die überheblich sind?» Iblis (w. Er) sagte: «Ich bin besser als er. Mich hast du aus Feuer erschaffen, ihn (nur) aus Lehm.» Gott (w. Er) sagte: «Dann geh aus ihm (d. h. aus dem Paradies) hinaus! Du bist (von jetzt ab) verflucht (oder: Man wird [künftig] mit Steinen nach dir werfen). Mein Fluch wird auf dir liegen bis zum Tag des Gerichts.» Iblis (w. Er) sagte: «Herr! Dann gewähre mir Aufschub bis zu dem Tag, da sie (d. h. die Menschen) (vom Tod) erweckt (und zum Gericht versammelt) werden!» Gott (w. Er) sagte: «(Gut!) Dann sollst du zu denen gehören, denen Aufschub gewährt wird bis zum Tag der bestimmten Zeit (d. h. bis zum Jüngsten Tag).» Iblis (w. Er) sagte: «Bei deiner (All)macht! Ich werde sie allesamt abirren lassen mit Ausnahme deiner auserlesenen (?) (oder: begnadeten?) Diener (die es) unter ihnen (gibt).» Gott (w. Er) sagte: «Es wird wirklich und wahrhaftig so sein (w. Nun die Wahrheit) – was ich sage, ist wahr. Die Hölle werde ich mit dir und allen denen von ihnen, die dir folgen, anfüllen.»

Engel sind Vermittler des Neuen. Wo ein Engel auftritt, wird nicht über alte Sachen geredet, sondern der Horizont wird für die Wahrnehmung von etwas Neuem aufgerissen. Ein Engel leitet die Wahrnehmung von etwas Neuem ein. Er führt das Neue aber auch zurück in die Beruhigung einer fast menschlichen Gestalt, die auch oft sogar noch das «Fürchtet euch nicht!» hinzufügt. Engel sind Risikoverminderer, da sie das Risiko, sich nicht mit dem Neuen zu befassen, beseitigen helfen. Sie helfen uns aber, die Nerven zu behalten, wenn wir uns mit dem Neuen befassen, und mindern dadurch das Risiko, in den Turbulenzen des Neuen umzukommen. Versuche, die Engel in eine Hierarchie systematisch einzuordnen, übertreiben vielleicht etwas den Absicherungsgedanken. Ist die fast menschliche Gestalt oder, anders gesagt, die Schönheit des Engels nicht schon Beruhigung genug? Gerade in dieser Gestalt aber liegt ein erhebliches Risiko. Der Mensch kann verführt werden, sich nur mit der Schönheit des Engels zu befassen, statt auf seine Botschaft zu achten. (Bekanntlich wurde die Sintflut geschickt, weil die Menschen verführt wurden, Engel zu heiraten, das so genannte Geschlecht der Riesen; vgl. Genesis.)

Mit der Hierarchisierung der Engel wird für die Kommunikationsoptimierung unter Umständen zu viel getan. Anders als bei dem Boten, der für seine Botschaft leidet oder dessen Leiden ein Teil der Botschaft ist (Überwindbarkeit des Leidens durch Liebe), oder im Fall des Engels, der seine Körperlichkeit für die Botschaft so weit zurückgestellt hat, dass sie gar nicht vorhanden ist, ergibt die Hierarchie eine Verkomplizierung der Beziehung von Nachricht und Nachrichtenträger. Auch wenn der einzelne Engel sich selber abstrahieren lässt, so gibt der Gedanke der hierarchischen Organisation der Botschaftsübermittlung einen Ballast zur Nachricht hinzu. Gehen wir davon aus, dass das Medium die Botschaft ist (vgl. Marshall McLuhan), dann kann die hierarchische Übermittlung von Informationen zu der bloßen Wahrnehmung geraten, dass hier eine Hierarchie zu mir spricht.

Mit der nachrichtentechnischen Verbesserung der «himmlischen» Botschaft durch hierarchische Organisation wird die Beziehung zum Herrn auf die Assoziation mit politischen monarchischen

Modellen belastet. Diese Hierarchie bekommt eine Eigendynamik, wenn sie nicht mehr auf die Unendlichkeit des Herrn außerhalb der Hierarchie verweist, sondern den obersten Hierarchieverwalter zum höchsten Punkt der Hierarchie und des Seins erklärt. Dieser Ordo-Gedanke, der das Mittelalter auszeichnete und der dem Herrn selber nur den Ort eines *summum ens* an der geschichteten Pyramide des Seins zukommen ließ, fängt sich in die pathologische Strukturiertheit des Nachrichtensystems, dessen Botschaft eigentlich fröhlich stimmen soll, dessen Übertragungsapparat aber von der Botschaft ablenkt. Die geschlossene Pyramide des westlichen mittelalterlichen Denkens lief Gefahr, von der Botschaft abzulenken. Hierarchie fordert bei den dynamischen Systemen, die wir sind, zum informationstheoretischen Aufbrechen der Nachrichten und ihrer Organisationsstruktur heraus. Sind Botschaften informationstheoretisch in Bezug auf Neuheit zu charakterisieren, so kann ein hierarchisches System, wenn es falsch verstanden wird und das ganze Bewusstsein einnimmt, zur Vermeidung der Wahrnehmung von Neuheiten beitragen. Die vertikale Orientierung stellt ein starkes Bezugssystem für die menschliche Kognition dar. In Jakobs Traum von den Engeln, die auf der Leiter vom Himmel herabsteigen und von der Erde wieder ihre Nachricht an den Himmel bringen, kommt nicht das Nachrichtensystem eines monarchisch-patriarchalischen Organisationsapparats zum Ausdruck, sondern wird die unmittelbare Ich-Du-Beziehung zum Herrn, die das Judentum auszeichnet, in eine fröhlich-lebendige Beidseitigkeit gekleidet.

Die Vertikale, die psychologisch eine grundlegende Orientierung im Raum zwischen den Menschen darstellt, kann Anlass zu Querelen werden. Abels Opferrauch zwischen Himmel und Erde stieg dem Himmel geradewegs entgegen. Kains Rauch schob sich horizontal auf der Erde entlang. Kain erschlug seinen Bruder Abel wegen dieses ungleichen Verhältnisses. Die Vertikale kann bei der Übertragung von Botschaften Nachteile mit sich bringen. Auch wenn sie eine grundsätzliche Orientierung darstellt, so kann sie doch von der Botschaft ablenken.

Die im Koran dargestellte Geschichte vom Fall des obersten Engels gibt dem Gedanken vom Ursprung des Bösen eine ganz andere

Wendung in Bezug auf den Ordnungsgedanken. Folgt man der Stelle im Koran, die durchaus gewisse Entsprechungen – in unterschiedlichem Ausmaß – in den anderen beiden monotheistischen Religionen findet, dann ist der Diabolus nicht einfach der, der sich quer zur Ordnung stellt. Zumindest ist der Begriff der Ordnung und Hierarchie noch einmal gründlichst zu überprüfen. Der Koranstelle und einigen Talmudstellen zufolge wurden die Engel vom Herrn aufgefordert, sich vor den Menschen zu verbeugen. Gemäß dem hierarchischen Modell standen Engel höher als die Menschen, und mit diesem Akt wäre zum Ausdruck gekommen, dass die «höheren Ränge» der Hierarchie sich vor den unteren respektvoll verneigen. Dies wurde vom obersten Engel abgelehnt, weil es für ihn eine Störung der Hierarchie war. Der Wille des Herrn war jedoch darauf gerichtet, dass alles dem Untersten zu dienen hätte. Die Hierarchie war also nicht als statisches Gestell einer Werteskala anzusehen, sondern eine Ermöglichung der entscheidenden Botschaft, dass alles auf den Menschen ausgerichtet ist. Dies wollte der oberste Engel nicht hinnehmen, der seine Verwaltungshierarchie nicht dem Dienst der Niedrigsten unterstellen, sondern die Hierarchie seines Apparats selber zur Botschaft machen wollte. (Vielleicht ist der Gedanke, dass Christus die Botschaft des Sterbens der Logos-Ordnung im Fleisch überbrachte, eine Reaktion auf die Verkehrung der bereits vorliegenden Botschaft des hierarchischen Verwaltungsapparats. Damit ist gemeint, dass eine griechisch logifizierende Umgangsweise mit der jüdischen Botschaft des Korrektivs eines fleischlichen Absterbens bedurfte.) Der oberste Engel, der sein Mediensystem selbst zur Botschaft machen wollte (so wie das Gesicht des Nachrichtensprechers zur Hauptinformation werden kann und wie sich Talkmaster gegenseitig einladen und nur noch über Talkshows reden), wurde jedoch gestürzt. (Die Angeletik, die Lehre von den Engeln, als zentraler Kern der Medienwissenschaft, lässt natürlich noch viele weitere Analogien zu. So z. B. die, dass in den Mediensystemen extreme Angst davor herrscht, dass die mitgeteilte Botschaft über das ausgeklügelte Nachrichten- und Mediensystem Herrschaft gewinnen könnte.)

Die Ordnung der Engel und die Herrschaft des obersten Engels hätten gut zusammengepasst, wenn der oberste Engel verstanden hätte, dass die Funktion des medialen Systems hätte sein sollen, als verschwindender Vermittler dem Menschen zu dienen. Aber es gibt viele Verführungen, die Hintanstellung der eigenen Vermittlungsfunktion aufzugeben. Der oberste Engel wollte das hierarchische System und seine Organisation, die über sich selbst nur so hinausweisen sollte, dass wohl etwas Höheres, Übergeordnetes gedacht, dieses aber sich eher in dieser Überordnung erschöpfen würde. Das heißt, das, was dem obersten Engel übergeordnet war, wurde wohl in dieser Überordnung, nicht aber von dessen Willen akzeptiert, als es die Ausrichtung der Hierarchie selber betraf. Es kam zum Sturz des obersten Engels, der noch einige Engel mitriss. Man stellt sich vor, dass diese noch unter das Niveau der Menschen in einen Abgrund gefallen sind, von dem aus sie den Menschen in diese Tiefe hinein verführen wollen, aus der heraus eine lebende Beziehung zum Herrn nicht mehr gedacht wird, sondern nur noch das «Ganze» überblickt wird, gleichsam wie eine «Kosmologie».

Mit dieser Koranstelle wird gezeigt, dass die Hierarchie für die Menschen da ist, der Herr auf den Menschen ausgerichtet ist und der Islam auf diese Weise die Menschheit zum Menschenrechtsgedanken führen kann, der sein innigstes Anliegen ist. Nur der Teufel will es anders. Der will, dass die Menschen der Ordnung dienen und nicht umgekehrt. Der Ordo-Gedanke des Mittelalters lässt dieses bisweilen vergessen und die Pyramide des Seins mit ihrer Bildlichkeit auch den Herrn vereinnahmen. Dieser Gedanke wurde häufig kritisiert, so auch von Heidegger, wenn er betont, dass es nicht ausreicht, Gott als *summum ens*, als höchstes Sein des Seienden, zu denken. Der Islam hat die Vereinnahmung des Herrn in der Seinspyramide auf seine Weise überstiegen. Im «Allahu akbar», im «Gott ist größer», wird gerade verdeutlicht, dass unsere Vorstellung von seiner Kraft stets übertroffen wird. Auch im kabbalistischen Sefir-Baum ist der höchste Punkt des zehngliedrigen Gebildes nicht der Herr selbst, sondern das En-Sof, das Nicht-Endliche, das nur auf ihn verweist.

Der Teufel wollte keine Ordnung, die dem Menschen dient. Dies hätte sein Ordnungssystem durcheinander gebracht. Nicht nur Thomas von Aquin hielt die Engel für vollkommener als die Menschen, da sie reine Intelligenzen und unabhängig von den vergänglichen

Körpern waren. Gemäß der Koranstelle muss das Vollkommene aber durchaus dem Unvollkommenen dienen.

Satan glaubte, dass die reine Ordnung schon genügend Inhalt liefern würde. (In der Medientheorie heißt es, die «User» würden schon von alleine die Message erzeugen. Dies ist gut so, wird aber schlecht, wenn nur noch über das Nachrichtensystem und seine Ordnung geredet wird.) In der Geschichte hat der Gedanke der Ordnung zu einer fehlerhaften Identifikation der Ordnung mit dem Guten geführt. In einem gewissen Maße muss ja auch Ordnung in unserem Kopf herrschen und die Anordnung imaginärer Welten im Kopf muss noch nicht unmittelbar zu einer zwanghaften Umsetzung in der Welt führen. Im Gegenteil, der geordnete Kopf kann vielleicht auf die ungeordnete Welt adäquat reagieren.

Der Gedanke der vorbehaltlosen Ordnung kam in seiner Teufelhaftigkeit am deutlichsten in den Taten Adolf Eichmanns zum Ausdruck, der in bürokratischer Ordnung Millionen Menschen in den Tod schickte. Hier hatte sich die Ordnung teuflisch gegen den Menschen gekehrt. Spätestens an dieser Stelle gilt es, das Konzept von Diabolik zu überdenken.

Die Koranstelle hat bereits gezeigt, dass das Festhalten an der Ordnung zum Bösen werden kann. Man kann den Gedanken noch weiter fassen. Die Rücknahme des Gedankens des Herrn als eine ordnende Macht für das Leben ist an der Leerstelle vom Führergedanken besetzt und beherrscht worden. Die Usurpation war mehrfach. Den Teufel als den Diabolus verstehen zu wollen, der nur «durch», *dia*, hindurchschießt (*diabolein* = quer hindurchschießen), erweist sich jedoch als völlig unzureichend, wenn politische Strukturen, die auf Ordnung besonderen Wert legen, den Menschen vernichten lassen. Die Taten der Apparatschiks im Archipel Gulag und der Eichmanns im Nazilager haben gezeigt, wie wohl geordnet sich das Böse entfalten kann. Dies hat zu Recht die Aufmerksamkeit darauf gerichtet, in der Orientierung an Ordnung Ansätze zum Bösen aufzuspüren.

Das Böse lässt sich aber nicht ausreichend durch die Dichotomie Ordnung/Unordnung erfassen. Diese Zweiteilung ist formal und reicht nicht an die Inhaltsdimension heran, aus der heraus viele Formen des zerstörerischen, menschenverachtenden Tuns entspringen können. Es genügt darum nicht, das Teuflische auf die Seite der Unordnung, des *diabolein*, zu werfen. Diese Zweiteilung hat auf der Seite derjenigen, die sich für «das Gute» und die Menschen einsetzen wollen, bisweilen zur Identifikation mit der Figur des Diabolus geführt in dem Sinne, dass sie sagten, es sei der Rebell, der durch Aufruhr gegen die Ordnung zum Guten verhelfen könnte.

Diese Position hat jedoch zwei Nachteile. (Es sei hier noch darauf hingewiesen, dass die Übersetzung von imaginären Ordnungssystemen in die Politik ohnehin höchst problematisch ist, da Ordnung im Kopf sowohl zwanghaft umgesetzt werden als auch Freiheit gegenüber dem Unerwarteten ermöglichen kann.) 1. Die Mitarbeit in möglichst vielen demokratischen Organisationen wie der UNO und den Nichtregierungsorganisationen, die sich für den Menschen einsetzen, muss sich bisweilen sehr mit Ordnung befassen, kann aber deswegen noch keinesfalls als problematisch charakterisiert werden. Über die Ordnung dieser Ordnungssysteme muss allerdings nachgedacht werden, beispielsweise wenn man sich dafür einsetzt, das ethische Anliegen der Gentechnik nicht bei der schwachen UNESCO, sondern bei der starken Weltgesundheitsorganisation anzusiedeln und diese für die ethischen Prinzipien zu gewinnen versucht. Es geht darum, Inhalte, die möglicherweise auch zu neuen Organisationsstrukturen führen, in das System einspeisen zu wollen. Gäbe man aber grundsätzlich die Ordnung ethischer Orientierung im Kopf dafür auf oder nähme man an, die Vorstellung einer Hierarchie von Werten sei bereits eine Art «Nihilismus», weil es sich um ein imaginäres System und nicht um gelebte Werte handelt, würde man der Struktur menschlicher Kognition kaum gerecht werden.

2. Eine Zuordnung des Rebells, der für die Freiheit des Menschen steht, zum Diabolischen wird unnötig. Es würde dabei ein Dualismus unterschrieben und vor allem eine Seite dieses Dualismus gewählt, die in ihren Verbalisierungen Anschluss an Satanskulte und an Praktiken findet, die sich gegen den Menschen richten. Man stelle sich vor, dass der Mensch, nur um seine Freiheit zu bekunden, sich mit dem Vokabular der Satanskulte ausstatten müsste! Die Anbindung an Morde aus dem Satanskult heraus wäre dann begrifflich und emotional nicht mehr so leicht abzuwehren.

Zur Übersteigung der Dichotomie von gut und böse bietet es sich an, beim Diskurs der Gerechtigkeit anzusetzen: um eine gerechte Welt kämpfen, ohne sie gleich in zwei Teile zu teilen. Unordnung und Ordnung können nämlich gleichermaßen der Verachtung des Menschen dienstbar gemacht werden. Es wäre schlecht, wenn der Freidenker, der sich für den Menschen einsetzt, nur die Sprache des Bösen zur Verfügung hätte, um sein Anliegen zum Ausdruck zu bringen. Das Manöver, Satan als guten Rebell zu verstehen, beruht auf einer Fehldeutung des Ordnungsgedankens. Es geht um eine Unterordnung des Nachrichtensystems unter die relevanten Botschaften. Die Ordnung des Systems als Selbstzweck anzusehen oder zu bekämpfen hängt von der eigentlichen Nachricht ab. Zwei kleine imaginäre Geschichten sollen die Situation plakativ veranschaulichen:

Erste Geschichte: Im Getümmel auf der Prager Karlsbrücke stößt ein Passant ein Kind in die Moldau. Während das Kind gerettet wird, versucht man den Täter aufzuspüren. Wäre es angemessen für die Rasterfahndung, nach jemandem zu suchen, der aus der hierarchischen Ordnung herausfällt und ein grün-blau kariertes Clownskostüm trägt? Doch zur «göttlichen Ordnung» wird weithin nicht nur die ernsthafte Nachrichtenübermittlung, sondern auch der frohe Tanz (der Tanz der Thoraschüler mit der Thorarolle und das «unordentliche» Zungenreden) gerechnet. Vielleicht ist im Lied der Lieder die Weisheit verborgen, wie schwer es ist, dass Bote und Empfänger zusammenkommen. Zum Weg der Wahrheit gehört nicht nur ein Stolpern beim Tragen des eigenen Kreuzes und Leidens, sondern auch die humorvoll auflösbare Geschichte vom Verpassen zweier Liebender, die einander treffen wollen. Natürlich ist der Humor des Clowns häufig von Melancholie und nicht immer von der Fröhlichkeit der Hoffnung getragen. Kleine Querdenkereien aber in den Topf des Diabolus zu tun unterstützt die Kochkünste der Hexenküche, in der mitunter nach sehr geordneten Regeln Gifte und Kaliumzyanid (Holocaust) bis zum Barbiturat und Curare (heutige Euthanasiepraxis) gemischt werden. Der Clown gehört auf das Freifeld des Menschen und hat mit der Frage des Bösen, der Zweiteilung in Gut und Böse, zunächst gar nichts zu tun (dies soll nicht davon ablenken, dass bei bestimmten Tumoren des Frontalhirns, z. B. Olfaktoriusmeningeom, Witzelsucht und moralische Enthemmung miteinander kombiniert sein können). Wenn in der Sprache alles egal ist, kann es auch im Handeln so sein. Aber wer Denken und Sprechen, alles, auf das Gute hinordnen will, unterschätzt vielleicht die Komplexität, die mit einem solchen Unterfangen verbunden wäre, und schafft nichts weiter als ein Zwangskorsett, dem eine der Gestalten des Bösen entspringen kann.

Zweite Geschichte: Ein Mann sieht in den Fluten eines Flusses die Hand eines ertrinkenden Kindes. Seine Freunde, die am Ufer sitzen und Rettungsschwimmer sind, informiert er darüber. Da sie gerade in einer lustigen Stimmung sind, sagt er: «Ich habe gerade eine Hand ertrinken sehen.» Sie nehmen daraufhin seine Mitteilung nicht ernst und schreiten nicht zur Tat. Dieses Beispiel soll verdeutlichen, dass der Versuch, sich für den Menschen einzusetzen, nicht aus dem Kontext einer jeweiligen sozialen Stimmung heraus allein gestaltet werden kann, sondern mitunter sehr rigorose ethische Prinzipien im Kopf des Handelnden voraussetzt, die er so internalisiert hat, dass sie in keiner Situation und keinem Kontext verschwinden. Das ethische Gesetz aber unter dem Gedanken der Ordnung verschwinden zu lassen erscheint mir unangemessen. Es ist daher wichtiger, sich mit den tief reichenden Überlegungen zur Einschreibung des Gesetzes in das Fleisch des Menschen auseinander zu setzen (siehe das Kapitel «Neurowissenschaft und Recht»).

Das radikale Böse, wie Kant es nennt, kann verschiedene Formen annehmen. Für ihn besteht es darin, dass nach außen hin die ethischen Prinzipien bejaht werden, im Handeln aber das Gegenteil stattfindet. Sich auf diesen Widerspruch zu beschränken reicht bei der Auseinandersetzung mit der Menschenverachtung jedoch nicht aus. Bisweilen kann es auch als wichtiger Beitrag eines Menschen zur Gesellschaft angesehen werden, wenn er politische Orientierungsprinzipien für sie formuliert, auch wenn er wegen der «allgemeinen Schlechtigkeit» an die Verwirklichung dieser vorgreifenden Prinzipien nicht heranreicht. Die Kritik am radikalen Bösen erschöpft sich teilweise darin, bloße Widersprüche im Handeln des Menschen aufzuzeigen. Dies reicht aber keinesfalls aus. Wer für friedliche Abrüstung in der Welt eintritt und seinen kleinen Sohn aus einer unkontrollierten Emotionalität heraus verprügelt, hat damit noch nicht bewiesen, dass sein politisches Begehren unzutreffend ist. Wie sollen wir zu einer Welt gelangen, die bei ihren internen Auseinandersetzungen nicht ihre gesamte Existenz aufs Spiel setzt, wenn das Bemühen darum schon für gescheitert erklärt wird, wenn jemand in seinem Privatleben hinter seine Ziele zurückfällt? Diese Argumentation berücksichtigt zu wenig, dass die Geltungs- oder Software-Dimension des menschlichen Denkens Formulierungen in Umlauf bringen kann, die imstande sein müssen, ihre Wirksamkeit zu entfalten, auch wenn ihr Urheber darüber noch in geistige Umnachtung gefallen ist.

Das radikale Böse ist nicht nur am Auseinanderklaffen von theoretisch beanspruchter Ordnung und praktisch gelebter Unordnung, nicht nur in überzogener Ordnung oder überzogener Unordnung sichtbar. Man muss es mitunter in völlig unterschiedlichen Mischungsverhältnissen von alledem suchen. Das ist ein Plädoyer für die Freiheit, denn nur in der Freiheit kann der Mensch auf diese unterschiedlichen Mischungsverhältnisse angemessen reagieren. Freiheiten nur als Unordnung charakterisieren zu wollen wäre ein Sturz unter das Niveau der Möglichkeiten des Menschen.

Der Mensch ist in seiner Freiheit aufgefordert, jeden Tag neu nach den Möglichkeiten des Bösen Ausschau zu halten. Die Kant'sche Konzeption des radikalen Bösen hat zu einer Netzhautablösung gegenüber wichtigen Formen der Menschenverachtung geführt. Es wäre falsch, das radikale Böse nur im Widerspruch zwischen Anspruch und Performanz, zwischen ethisch reklamierter Ordnung und praktischer Lebensführung zu suchen. Damit möchte ich nicht die Position von Schopenhauer einnehmen, der darauf hinwies, dass der Wegweiser nicht den Weg gehe, den er anzeige. Dies wäre wiederum zu einseitig, könnte zur Auflösung aller ethischen Absichten führen. Meint man, mit dem Nachweis eines Doppellebens bei einem Ethiker wären ethische Aufforderungen ad absurdum geführt, so erkennt man nicht, dass viele ethische Orientierungen nicht vom konkreten Leben des Menschen, sondern von Institutionen getragen werden. Außerdem ist zu bedenken, dass die Auflösung des Doppellebens auf die Seite des «Unethischen» bereits einmal ihre furchtbaren Folgen in der Geschichte gezeigt hat, als Nietzsches Kritik am Christentum (die in der Diagnostik vieles richtig trifft) dazu führte, nun erst recht Herrschaft und Macht über andere Menschen zu verwirklichen.

Ich glaube aber nicht, dass es ausreicht, den Versuch, eine ethische Dimension zu formulieren, bereits als Lüge zu diffamieren, wenn das praktische Leben nicht reicht, um den Gestalten des Bösen zu entgehen (in diesem Zusammenhang beziehe ich mich bei der Rede vom Bösen nicht auf die Sexualmoral, sondern auf Handlungen, die auf die Unterdrückung von Menschen gerichtet sind, also blinde Herrschaft und Machtausübung, die natürlich auch Sexualität einschließen können). Es wäre ein fataler Irrtum, wenn man das radikale Böse noch dort suchen würde, wo ein Widerspruch zwischen Anspruch und Wirklichkeit nicht existieren kann, weil gar nicht erst ein ethischer Anspruch erhoben wird. Banken zum Beispiel erheben gar keinen Anspruch, sich für die Ethik einzusetzen, doch haben ihre Handlungen erhebliche Folgen im Hinblick auf militärische Auseinandersetzung, wirtschaftliche Benachteiligung, also Hungersnot und Krieg.

Es wäre unangebracht, Stimmung gegen die wichtige Aufgabe des Wirtschaftsmanagements zu machen. Wenn man das berücksichtigt, könnte es gelingen, Handlungen einzuschränken, in deren Verlauf Menschen unterdrückt werden können. Für diese Aufgabe, die in Zusammenarbeit mit der Wirtschaft bewältigt werden sollte, könnte man die ethische Orientierung verlieren, wenn man sich damit begnügte oder vergnügte, Widersprüche zwischen Anspruch und Lebenswelt bei Politikern, Ethikern und anderen Verbalisierungsberufen aufzuweisen und danach die Ethik mit dem Kommentar «Es hilft sowieso alles nichts» über den Haufen wirft. Wir brauchen die Ethik, um jene Bereiche des menschlichen Lebens auch für die Menschen auf gewünschte Auswirkungen zu prüfen, die sich kaum oder gar nicht im Hinblick auf eine Ethik des Ganzen artikulieren.

Wirtschaftsethik ist in vielen Fällen nichts anderes als eine Optimierung des eigentlichen wirtschaftlichen Verhaltens eines Betriebes im Hinblick auf seine Ziele, die primär als Selbstinteressen konzipiert sind. Dies trägt häufig zum Allgemeinwohl bei, müsste aber im Hinblick darauf gesondert geprüft werden, und hierfür müsste die Gesellschaft einen weiteren Horizont bereitstellen als den, der auf den für die eigene Karriere kaum gefährlichen Nachweis von Widersprüchen gerichtet ist.

Liebe und Metapher

Gerne wende ich mich wieder einmal gegen Hegel, der den Begriff höher schätzte als die Liebe. Nun möchte ich kein diffuses oder gar ozeanisches Gefühl gegen die Präzision von Begriffen anführen. Begriffe erhalten ihre Präzision dadurch, dass ein Oberbegriff angegeben und sodann eine unterscheidende Differenz genannt wird, die den Begriff, der unter den Oberbegriff fällt, von allen anderen Begriffen unterscheidet, die auch unter den Oberbegriff fallen. So könnte man den Oberbegriff Religion bilden und nach der unterscheidenden Differenz des Christentums beispielsweise gegenüber dem Islam und anderen Religionen Ausschau halten. Es liegt nahe, eine Hierarchie von Allgemeinbegriffen einzuführen, der zufolge unter dem Oberbegriff Religion z. B. die Unterscheidung zwischen monotheistischen und nichtmonotheistischen Religionen angebracht ist. Dann könnte innerhalb der monotheistischen Religionen das Christentum dadurch von den anderen Religionen unterschieden werden, dass in ihm eine Erscheinung des Herrn auf der Erde stattgefunden hat. Solche begrifflichen Operationen liefern Präzision für die Diskussion, zerstören aber unter Umständen alle Gemeinsamkeiten, welche die semantischen Felder verbinden. Gerade auf der vorbegrifflichen und vorverbalen Ebene lassen sich ja Ähnlichkeiten ausmachen, die von der Hirnforschung aus auch deutlich werden können.

Im begrifflichen Verfahren wäre hinsichtlich der Religion ohnehin noch vieles zu bedenken. Eine grundlegende Frage ergibt sich in Bezug auf den Oberbegriff Religion. Er ist römischen Ursprungs und mit einer Deutung behaftet, die unter Umständen die verschiedenen Religionen unter ein Dach zwingt, das ihnen gar nicht gemäß ist. Sollen z. B. die Juden, die von den imperialen Römern zu Sklaven gemacht wurden, einen römischen Begriff anerkennen und damit ihr einzigartiges Heilsversprechen einordnen lassen? Und was passiert, wenn man Religion als Rückbindung deutet? Welche Phänomene müsste der Hirnphysiologe mit in den Blick nehmen, wenn er auch außerhalb der Kirche und der Religion Untersuchungen anzustellen hätte, weil auch in diesen Bereichen Rückbindungen stattfinden? Auch an anderen Stellen ist die Operation mit Begriffen problematisch. Um einen klaren und deutlichen Begriff herauszuarbeiten, muss eine Differenz zu den anderen Begriffen, die unter den Oberbegriff fallen, genannt werden. Die Verschärfung der Abgrenzung kann im Sinne der eigenen Identität sein, aber auch zur unnötigen Heraufbeschwörung von Gegensätzen führen. (Auf die Betonung von Differenz als kommunikationskonstituierendes Prinzip soll hier nicht eingegangen werden, deshalb sei nur erwähnt, dass die Betonung von Differenz zwischen Personen im Grunde genommen eine fragwürdige Kategorieverschiebung ist, da Differenz nur zwischen Begriffen bestimmt werden kann, Personen aber keine Begriffe sind. Von den katastrophalen Folgen, die eintreten können, wenn man mit Personen umgeht, als ob es Begriffe wären, berichten deutlich die Erfahrungen damit, Differenz zum Konstituens von Kommunikation zu machen. Die Aktivierung von Negationen, die dabei stattfindet, kann zu erheblichen Verwicklungen führen. Insofern steht Spinozas «omnis determinatio est negatio» im deutlichen Gegensatz zu den asiatischen Erfahrungen, in denen gesagt wird, dass man tausendmal überlegen soll, was ein Nein bedeutet.)

Es ist nicht meine Absicht, die Lebendigkeit religiöser Kulte, menschlicher Beziehungen, Bewegungen oder gar Verwerfungen des Lebens gegen die Ebene der Begrifflichkeit auszuspielen. Im Gegenteil, irgendwo müssen im Gehirn Begriff und Leben ja auch zusammenfinden. Hierfür sei ein kleines Modell angeboten, das den alleinigen Zweck verfolgt, den Widerspruch zwischen dem Menschen als begriffsfähigem und als liebesfähigem Wesen nicht stehen zu lassen, sondern beide als Einheit zu denken und leben zu lassen. Wenn man so will, handelt es sich um die Eröffnung eines Zugangs für Begriffsdenker zur Liebe (vielleicht aber auch, wenn viel Ironie erlaubt ist, um eine Bauanleitung zur Verlebendigung von Computern – oder gar eine Gleichung für das Leben?).

Aristoteles unterscheidet drei Formen des Umgangs mit Begriffen, bei denen die Differenz als scharfe Markierung des Begriffs nicht eingehalten wird. Es sind die Identifikationen des Besonderen mit dem Allgemeinen, des Allgemeinen mit dem Besonderen und des Besonderen mit einem anderen Besonderen. Diese Denkformen sind die Formen der Metapher, zu der er als viertes noch die Analogie hinzurechnet, die hier nicht berücksichtigt werden soll. Unser besonderes Interesse gilt der Identifizierung des Allgemeinen mit dem Besonderen (bzw. Individuellen) und des Besonderen (bzw. Individuellen) mit dem Allgemeinen. Natürlich kann man sich auch die Engel in diesem begriffstheoretischen System deutlich machen, wurden sie doch als individuelle Allgemeinbegriffe angesehen. Die Umkehrung ist aber interessanter. Es ist der Umgang mit einer einzelnen Person, als ob sie ein Allgemeinbegriff wäre. Kant sagt, man soll den einzelnen Menschen ansehen, als ob er das Menschengeschlecht wäre. Dieser Gedanke konstituiert die Menschenrechte oder kann zu ihrer Konstituierung herangezogen werden. Die Behandlung eines einzelnen Menschen, bei der es nicht nur um den allgemeinen Begriff des Menschengeschlechts, sondern auch um andere Allgemeinbegriffe gehen kann, mag als begriffstheoretische Urkonstruktion der Liebe gelten. Das Leben eines Menschen kann sich in einem Begriff sammeln, der nicht als ausgesprochener, sondern als auf einen anderen projizierter erst zur Gestaltung gelangt und zur Explikation findet, der erst in der Interaktion mit dem anderen ausagiert und damit deutlich wird.

Je nachdem, was ein Mensch implizit in seinem Leben angesammelt hat und nicht selbst auf den Begriff zu bringen imstande ist, kann in einer anderen Person, die er in einer Art Allgemeinbegriff ehrt, dieses sein Leben zur Zusammenfassung finden. Demnach wäre es Schicksal, wie man sich verliebt. Es würde vom eigenen vorherigen Leben abhängen, ob man sich in einen Menschen verliebt, der als «Inbegriff» von Fürsorge, Treue, Aufrichtigkeit, Freude, Liebe oder Promiskuität gilt.

Die energetische Dimension, die bei der Liebe so ausgeprägt ist, würde ihre Erklärung darin finden, dass ein Allgemeinbegriff viel mehr Hirnressourcen aktiviert als das ihm Untergeordnete. Die Kate-

Simone Martini (1284–1344), «Die Verkündigung» (Detail)

gorienfeder der Liebe, bei dem Allgemeinbegriff und Individualität identifiziert werden, bringt nun das ganze kognitive System durcheinander: *amantes amentes* – Verliebte, Verrückte.

«Lieben heißt kämpfen», sagt Octavio Paz. Das ist eine Gleichsetzung, mit der man nicht so schnell fertig wird. Aber vielleicht findet sie darin ihre Rechtfertigung, dass es in der Liebe notwendig ist, den Wahnsinn zu verteidigen, um die Liebe zu bewahren. Jedenfalls wäre es in der eben durchgeführten «begriffstheoretischen Rekonstruktion» erforderlich, den Kategorienfehler aufrechtzuerhalten, der als energetische Kurzschließung Ausgangspunkt für ein gemeinsames Leben sein kann (wenn man denn eine lange Partnerschaft als den nicht enden wollenden Diskurs um einen «irrationalen» Anfang ansehen möchte).

Interessant ist, wie Octavio Paz mit seiner Gleichsetzung fortfährt. Er sagt nämlich, dass in dieser Situation Wein wieder Wein ist und das Brot wieder schmeckt. Die Dinge werden also wieder Dinge und nicht metaphorisch verschoben. Gerade also die Liebe (besser gesagt: der Kampf um sie), dieser Wahnsinn, ermöglicht es, dass die Dinge wieder Dinge sind und nicht metaphorisch verschoben werden. Bekanntermaßen ist unser Leben nicht immer von der Liebe bestimmt, und es ist darum nicht verwunderlich, dass die Dinge verrückt sind. Vielleicht sind wir auch alle so krank, so liebeskrank, dass es nicht verkehrt wäre, hin und wieder auf die Metaphorik von Brot und Wein hinzuweisen, damit nicht *alle* Dinge verrückt werden.

Das Bersten des Liebesapfels und der Diebstahl der Früchte

Das Lied der Lieder

> Wünscht, ich hätt mehr Leute gekannt. Hätt sie alle geliebt.
> Hätt ich mehr gekannt, hätt ich mehr geliebt.
>
> *Toni Morrison, «Solomons Lied»*

Die Schriftstellerin Toni Morrison hat das Lied der Lieder, den Gesang von der freudigen Erwartung zweier Liebender, unter den Bedingungen der heutigen Zeit dargestellt. In einer gewissen Weise ist all unser Leben von Erwartung bestimmt. Wird er kommen? Wird sie kommen? Wird er bleiben? Wird sie bleiben? Was wird geschehen? Was wird die Zukunft bringen? Schon im 8. Jahrhundert vor unserer Zeitrechnung war dies das Thema, das Lied der Lieder, des Hohelieds der Liebe, das ursprünglich König Salomo zugeschrieben wurde. Es ist ein sinnlich-spirituelles Gedicht. Alle Aromen der Früchte und alle angenehmen Düfte werden mit dem Haar der Liebsten und des Liebsten verbunden. Es ist eine Ekstase der Erwartung, auch verbunden mit den Unglücken und Missverständnissen des Einander-Treffens, die alle Kräfte des Menschen gefangen nimmt. Es sind die Sätze des Versprechens, die aufzeigen und aufscheinen lassen, wie der Mensch in einer nicht nur unübersichtlichen, sondern oft grausamen Welt sich auf etwas verlassen möchte, was er nicht selber ist. Die Erwartung der Erfüllung eines Versprechens gehört zum größten Glück des Menschen. Das Versprechen der Liebenden, wenn sie in einer in rauchende Ruinen aufgehenden Welt zueinander halten, rührt den Menschen zutiefst. Es ist daher nicht verwunderlich, wenn Religionen dieses Gefühl auch über Zeiten eingebildeter Sicherheit hinaus bewahren wollen. Immer wieder wurde das Lied der Lieder oder zumindest das damit verbundene «berühmte Gefühl» für die Ausdeutung der Welt verwendet und eine Ich-Du-Beziehung in die Gedanken des Menschen hineingeholt, dort wo die Welt sich nicht zu Ende

ausdeuten lässt und wo ihre weiteren Verläufe und Ereignisse un-
sichtbar erscheinen. In dieser Ich-Du-Beziehung ist ein Gesetz der gegenseitigen Achtung, ja auch der Zukunftsabsicherung verborgen,
der wir uns nicht entziehen können und wollen, wenn wir denn die
Zukunft mit Hoffnung bestehen möchten. Liebe darf sich vor dem
Schrecken der Welt nicht verschließen.[1]

Die Philosophie des Liebesapfels

> Kannst du den Duft der Granatapfel spüren? Vor unserer
> Tür ist köstlich süßes Obst, die allerbesten Früchte, alt und
> neu, für dich, mein Liebster, sind sie aufbewahrt!
>
> *«Lied der Lieder»* 7, 14

Im Mittelmeerraum galt der Granatapfel mit seinem blutroten Frucht-
wasser und zahlreichen Kernen als Liebesapfel. Er war Symbol der
Göttin Astarte. Demeter schluckte einen Kern im Hades und musste
daher immer wieder in die Unterwelt zurückkehren. Paris übergab
ihn bei dem berühmten Urteil der Entscheidung über drei Göttinnen
der Liebesgöttin Aphrodite und löste damit den Hass und Neid der
anderen aus, der zum großen Krieg von Troja führte. Die Stadt Grana-
da wurde nach ihm benannt – aber ebenso die Granaten, die in blutro-
ter Explosion Feuer und Verderben über die Menschen bringen.

Der Granatapfel steht als ein Drittes zwischen den Liebenden und
kann von diesen verzehrt werden. Seine Kugelform ist nicht Ausdruck eines sich verschließenden Selbst, vielmehr kann er aufbersten
und seine Kerne verstreuen. Dadurch wurde er zum Zeichen von Liebe und Fruchtbarkeit. Der Orden der Barmherzigen Brüder in Spanien wählte ihn zu seinem Symbol, um in diesem Aufbrechen die
Barmherzigkeit zu verdeutlichen. Auch Freimaurerinnen haben dieses Symbol gewählt, um die Fruchtbarkeit zum Ausdruck zu bringen.
Sie betonen, dass sie in ihrer Bautätigkeit für eine humane Welt auf
den Tempel Salomos verweisen können, dessen Säulen mit Granatap-
felranken überzogen waren.

Jacques Derrida hebt in seiner Analyse des Glaubens hervor, dass es das Problem gibt, ihn als *einen* zu bewahren. In der Tat scheint mir auch, dass bislang der Frage viel zu wenig Beachtung geschenkt wurde, was es denn bedeutet, dass der Mensch mehrere philosophische Positionen, Weltanschauungen und Religionen kennt, jedoch nur seine eigene nennt. Kann man eine Position eigentlich richtig kennen, die nicht die eigene ist? Macht das Eigensein nicht einen Großteil der Leuchtkraft einer Position aus? Was geschieht, wenn man sich auch noch andere Positionen anzueignen versucht? Dies sind Fragen, die intensiv untersucht werden müssen. Sie hängen auch mit den Problemen zusammen, die sich bei der Frage nach der Repräsentation von Wissen (und dann auch von Glauben) im Gehirn ergeben.

Es ist wichtig einzusehen, dass man sich bereits selbst Gewalt antut, wenn man sich von dem anderen abgrenzt. Dass wir in die Vielfalt der Welt zerspringen, bedeutet demnach nicht, wir hätten es auf Vielfalt abgesehen, sondern dass wir die Einheit zu bewahren versuchen. Diese aber ist wie ein Granatapfel, der sich öffnet und seine Frucht preisgibt. Es ist fast wie ein Prinzip der Liebe, das sich hierbei in die Welt verstreut, und es kommt darauf an, wie man dieses Prinzip des 1 + n, wie es Derrida auch nennt, nun deutet.

Der Diebstahl der Früchte

Man kann nicht behaupten, das Gehirn sei so angelegt, dass in ihm Religion zur Entfaltung kommen muss. Auch kann man nicht ohne weiteres eine Korrelation zwischen Gehirn und Religion herstellen. Religion entwickelt sich auf einer Matrix, an der sowohl Gehirn als auch Kultur beteiligt sind. Der Mensch kann versuchen, diese Matrix unterschiedlich auszufüllen oder auch zu verändern und neu zu gestalten. Dies kann nicht ohne Auswirkungen auf sein individuelles Schicksal sein. Zahlreiche historische Erzählungen und Mythen handeln davon, wie das Freiheitsbegehren des Menschen in der Auseinandersetzung mit der vorgegebenen Matrix eigentümliche Lebensschicksale hervorruft. Vor allem die Erzählungen der Mythen sind oft so angelegt, dass sie eine Rückkehr in die alte Matrix nahe legen, doch jeder Stoß gegen ihre Strukturen verschiebt ein wenig die Koordinaten. Im Extremfall setzt sich die Kreativität eines einzelnen Schicksals durch und misst das Althergebrachte an den neuen Koordinaten.

Eine der berühmtesten Wenden in der Geistesgeschichte stellt auch im Hinblick auf die Religion die Leistung Immanuel Kants dar.[2] Umso interessanter ist es zu bemerken, wie knapp er an dem Schicksal griechischer Mythengestalten vorbeikam, bevor er eine neue Geschichte ins Werk setzen konnte. Noch kurz vor seinem Lebensende, 1798, bemerkte er in einem Brief, dass er die Leiden des Tantalus durchmache, da es ihm offenbar nicht ganz gelinge, den Übergang von den reinen Gedanken hin zur Physik der Außenwelt zu demonstrieren.[3] In den Arbeiten von Eckart Förster ist der Kampf Kants um den Gewinn der Außenwelt nachgezeichnet.[4] Es erscheint lohnend, diesen Spuren zufolge sich auch noch einmal klar zu machen, welches Schicksal Tantalus erlitt, das Kant so sehr fürchtete.

Tantalus ist eine Gestalt aus der griechischen Mythologie[5], die von den Göttern mit Gütern überschüttet wird.[6] Trotzdem wünscht sich Tantalus ein göttergleiches Leben. Zeus erfüllt ihm diesen Wunsch, hängt aber zugleich einen Stein über sein Haupt, sodass ihm jeder Genuss unmöglich wird. Dem griechischen Dichter Pindar zufolge entwendet Tantalus den Göttern Nektar und Ambrosia, deren Trank und Speise. Zur Strafe wird er zum ewigen Büßer im Hades. Er steht im Wasser, über seinem Haupt hängen Früchte in den Zweigen, aber beides ist für ihn unerreichbar. Die Früchte und das Wasser weichen zurück, wenn er greifen oder schöpfen will. So muss er ewigen Durst und Hunger leiden.

Nach anderen Berichten steht Tantalus auch in enger Beziehung zu Pandareos, einem Schelm, der selbst Zeus zu betrügen weiß. Pandareos stahl den goldenen Hund, der das Zeus-Heiligtum bewachte, und brachte ihn Tantalus zur Aufbewahrung. Da dieser die Aufbewahrung leugnete, stürzte Zeus den Berg Sipylos auf ihn. Pindar weiß zu berichten, dass Tantalus seinen Freunden bei einem Gastmahl Fleischstücke seines Sohnes Pelops vorsetzte. Dies wurde einerseits als höchste Steigerung der Gastfreundschaft, andererseits aber als abscheuliches Verbrechen angesehen. Die Töchter des Tantalus wurden von den Harpyien (Sturmwinden) in Rachegöttinnen verwandelt.

Es fällt auf, dass über Tantalus mehrere Geschichten berichtet werden. Vorwiegend haben sie mit der Verletzung des Grenzbereichs zu den Göttern zu tun:

1. Wunsch nach göttergleichem Leben. Der Wunsch wird gewährt, aber es wird ein Stein über sein Haupt gehängt, sodass er dieses Leben nicht genießen kann.

2. Diebstahl von Trank und Speise der Götter. Dafür weichen auf ewig Wasser und Früchte vor ihm zurück.

3. Aufbewahrung von Diebesgut aus dem göttlichen Bereich. Zur Strafe Zerschmetterung durch den Berg Sipylos.

4. Aus Gastfreundschaft setzt er Fleischstücke seines Sohnes Pelops seinen Freunden vor.

5. Seine Töchter werden in Rachegöttinnen verwandelt.

Wenn Kant, der Philosoph der Vernunft und der Aufklärung, seine Situation mit der des Tantalus vergleicht, muss man sich fragen, mit welcher der Geschichten Kant sich wohl am ehesten identifiziert haben wird. Ist der Versuch, ohne den Bereich des religiösen Begriffs auszukommen, so zu lesen, als ob man göttergleich leben wolle, d. h., dass man sich selber an die Leerstelle des Herrn (im Griechischen: der Götter) setzen will, oder ist es so, dass dieser Versuch einem Diebstahl gleichkommt, bei dem man die köstlichen Vorteile des Göttersitzes entwendet? Derselbe Vorgang der Selbstbereicherung kann also als Eindringen in den Bereich des Göttlichen (Usurpation) oder als Entwenden von Gütern (Diebstahl) aus diesem Bereich beschrieben werden.

Hat Kant ferner nicht mit seiner erkenntniskritischen Position, der zufolge eine außerhalb uns selbst liegende Existenz Gottes nicht bewiesen werden kann, den Graben zum Bereich der ehemaligen Götter eingerissen und auf diese Weise das Heiligtum des Schutzes beraubt (das Verbergen des goldenen Hundes)? Die Vielfalt der Geschichten zeigt, dass die Bewegung aus der Matrix der Religion heraus auf verschiedene Weisen gelesen werden kann:

a) Usurpation des Besitzes der Götter,
b) Diebstahl aus dem Besitzbereich der Götter,
c) Leugnung des Einreißens des Schutzgrabens zwischen den Menschen und Göttern.

Insbesondere die dritte Geschichte (Aufbewahrung von Diebesgut aus dem göttlichen Bereich) könnte auf Kant zutreffen, da er immer wieder betonte, er wolle Raum für den Glauben schaffen, faktisch aber eine Menschheitsgeschichte vorantrieb, die sich der Kritik und nicht dem Glauben zuwandte. Bei dem Versuch der Zuordnung von Kants Unterfangen zum Geschehen um Tantalus scheint die vierte Geschichte mit dem Auftischen des eigenen, in Stücke geschnittenen Sohnes aus Gastfreundschaft heraus auf den ersten Blick nicht so recht zu Kant zu passen (sie erinnert aber auf seltsame Weise an die christliche Geschichte der Opferung des eigenen Sohnes für andere). Die fünfte Geschichte, die Verwandlung der eigenen Töchter durch die Harpyien in Rachegöttinnen, ist noch begreiflich, wenn man die Befreiung des Subjekts aus allen Bindungen als Freisetzung eines Henkers auslegen will (so wie es Slavoj Zizek[7] tut und wie dies in der Kritik an einer ichbezogenen Tradition nach Heidegger immer wieder hervorgehoben wurde).

Die erste Geschichte, der drohende Sturz eines Steines, wird für Kant eine große, wenn auch nicht immer eingestandene Rolle gespielt haben. Schon Descartes hatte versucht, die Ängste der Bedrohung durch einen bösen Dämon beiseite zu räumen. Man könnte sagen, dass das Unternehmen der Vernunft von Descartes bis Kant gerade dadurch gekennzeichnet war, dass der bösen Tat eines unberechenbaren Machthabers entkommen werden sollte.[8] Doch Kant sah sein erkenntnistheoretisches Manöver, die Art, wie wir die Welt erkennen, zugleich als deren Konstituierung zu nehmen, nicht als Unbescheidenheit oder gar als Diebstahl aus dem Bereich des Göttlichen an.

Vielleicht hat Kant, indem er die Kategorien unserer Welterkenntnis zugleich als Bausteine der Welt ansah, sogar beide Frevel des Tantalus vollzogen: 1. so leben zu wollen wie die Götter, die natürlich über die Außenwelt mit Nektar und Ambrosia verfügen können; 2. die herrliche Welt in Form eines Diebstahls in sich selber zurückzuholen. Damit wäre er besitzergreifender Usurpator und sich wegstehlender Dieb zugleich. Schlimmer noch, Kant leugnet, dass er überhaupt etwas gestohlen hat (siehe c), das Einreißen der Grenzen zum Bereich der Götter).

Es stellt sich die Frage, ob Kant alle diese Taten im Blick hatte, wenn er davon sprach, die Qualen des Tantalus zu erleiden. Möglicherweise hat sein Versuch, diesen Qualen durch erkenntnistheoretische Manöver zu entgehen, gerade die Züge griechischer Tragik, die in der Verkennung der eigenen Situation durch den Helden liegt. Vielleicht war sein Versuch, in der Außenwelt den Ursprung für die Möglichkeit der eigenen Kategorien nachzuweisen[9], ja gerade Ausdruck eines Eindringens in einen fremden Bezirk (durch die Strategie, ihn als eigenen zu bezeichnen) und damit Ursache für die Strafe des Tantalus, an die Dinge nicht heranreichen zu dürfen. Möglicherweise war in der zerebral-kulturellen Matrix für Kant doch noch so viel an Grenze zur Welt enthalten, dass er seinen Durst nicht ohne weiteres befriedigen konnte. Wasser und Früchte aber ohne weiteres schon ihm selbst zugehörig, gleichsam a priori schon als ihm immer eigen anzusehen, ist aber vielleicht jene Verwünschung ins Imaginäre, die sie nicht erreichen lässt.

Kants Weg zur Welt sollte (erkenntnistheoretisch) über den Nachweis des Äthers als Ursprung der Möglichkeit der eigenen Kategorien und praktisch durch das Postulieren Gottes für ethische Zwecke erfolgen. (Der Herr war ja nicht beweisbar für Kant, was auch nicht unbedingt für den Glauben erforderlich ist. Er war aber auch nicht Ursprung für das Kant'sche Denken. Er wurde als Mittel zum praktischen Zweck verwendet.) Am Ende seines Lebens «benutzte» Kant den Herrn nicht einmal mehr als Mittel zum Zweck im Hinblick auf ethische Absichten, sondern ließ dieses Mittel (ein Mensch hätte niemals Mittel sein dürfen in seiner Ethik) verschwinden. Es war der klassische Vermittler (wie Hegel es ausgedrückt hätte und wie er es über Christus gesagt hatte). Dann aber drängt sich eine erschreckende Parallele zum Mythos des Tantalus auf. Kant hat den Herrn als Mittel für die Ethik für die anderen benutzt. Ist es nicht fast so, als habe Gott Christus für die Menschen geopfert, so wie Tantalus seinen Sohn Pelops für die Gastfreundschaft geopfert hat?

Selbstverständlich könnte man nun mit einem Schlagwort wie

dem der Dialektik der Aufklärung um sich werfen, wenn man aufzeigen will, dass bei dem Versuch, die Religion zugunsten von Vernunft zu verlassen, doch wieder eine Art von Verstrickung in einen Mythos ungewollt geschieht. Aus der Sicht der Forschung ist dies nahe liegend, insbesondere aus der Perspektive der Untersuchungen von Damasio[10] ist eine rein rationale Haltung im Leben sogar eher als problematisch anzusehen. Die Verstrickung in den Mythos geschieht in dem Moment der Verwirklichung von Vernunft und nicht erst als Reaktion darauf. Auch das Konzept der Dialektik ist eine Art Mythos, der seine Wurzeln in religiös vorgeprägten Denkfiguren hat.[11] Soll man sich also schon gleich dem Mythos zuwenden, damit man ihm nicht ungewollt anheim fällt? Das wäre eine falsche Folgerung. Es ist den Menschen durchaus möglich, Vernunft zu verwirklichen, insbesondere wenn dies in Gemeinschaft geschieht. Dann ist sie ja ein Geschehen, das sich auf einer Matrix zwischen Gehirn und Kultur abspielt, wo die Begriffe der Psychopathologie (gefühlskalte Rationalität) gar nicht anwendbar sind. Damasio begeht einen Kategorienfehler, wenn er den Umgang mit Vernunft unmittelbar auf Hirnprozesse projiziert.

Dennoch sollten wir mit höchster Aufmerksamkeit gerade auf die Äußerungen achten, die grundlegende Veränderungen mit der geschichtlichen Dimension des Denkens vorgenommen haben. Eine genaue Diagnose ist hier erforderlich, und man sollte sich nicht dadurch beirren lassen, dass manche in diesem Bemühen sogleich die Rückkehr zur vorhergehenden historischen Situation fordern. Das ist nicht ohne weiteres möglich. Folgerungen aus der Diagnose müssen eine Menge Vorsichtsmaßnahmen berücksichtigen. Richard Rorty weist darauf hin, dass die Gegenstände der Literatur anders als Gesetzestexte durch die Interpretation verändert werden. Wenn sich die zerebral-geschichtliche Matrix für den Verstehenshorizont des Menschen ändert, so kann jedoch auch Umkehr gefordert werden. Die Einhaltung historischer Linearität kann nicht der letzte Orientierungsmaßstab sein.

Versuchen wir hier zunächst die Situation um Kant und nach Kant noch genauer zu erfassen. Stellen wir jedoch zuerst einen positiven Aspekt heraus. Die Situation des Tantalus ist eine andere als die von Narziss, der beim Blick ins Wasser sein Spiegelbild beschaut, sich in dieses verliebt und beim Versuch, es zu küssen, im Wasser ertrinkt. Bei Tantalus weicht das spiegelnde Wasser zurück. Er scheint nicht in der Gefahr der tödlichen narzisstischen Verschmelzung bzw. Verfließung zu sein. Kants Doppelbewegung, den Anker des Selbst sehr weit auszuwerfen[12] (Möglichkeit, die eigenen Kategorien als konstitutiv für die Außenwelt zu halten und diese Möglichkeit zugleich als in der Außenwelt konstituiert zu sehen) und darüber hinaus noch sich über die Außenwelt herrschend aus dieser zurückziehen zu können, stabilisiert ein «Zwischen», das als Zwischenraum zwischen spiegelndem Wasser und dem Dürstenden konstant bleibt und dadurch die Gegenstände nicht mit dem Ich verschmelzen lässt, andererseits aber auch die Gefahr des Durstes nicht abwendet. An der Katastrophe des Narziss scheint Kant vorbeigekommen zu sein, aber er möchte ja aus der Situation des Tantalus herauskommen! So heißt es dann in seinem *opus postumum*, dass Gott auch als Postulat der praktischen Vernunft geopfert (Tantalus opfert seinen Sohn Pelops) und ein Weg zur Physik der Außenwelt über die Theorie des Äthers gefunden werden kann. Die Folgerungen daraus sind konsequent: Geständnisse über Fehlverhalten sind nicht mehr einem Gott zu gestehen (auch der Raub des goldenen Hundes an der Grenze des Götterreichs kann geleugnet werden), Bekenntnisse werden jetzt zu Selbstbekenntnissen. Die Rede wird zum Ruf in die Krypta des Selbst, welche ihr Echo zurückwirft.[13] Unversehens ist bei Kants Versuch, die Quelle zu erreichen (wollte Narziss im Lauf zur Quelle seine tantalischen Qualen überwinden?), eine Nebengeschichte in den Vordergrund gerückt: Das verliebte Echo übernimmt den Diskurs der modernen Vernunft.

Natürlich gibt es im tragischen Weltbild der Griechen keinen Ausweg aus dem Bermudadreieck von Tantalus, Narziss und Echo. Der Versuch des Tantalus, das Wasser zu erreichen, kann zum Narzissmus werden. Der Versuch, die Dimension des Durststillens zu verlassen, kann in der Echolalie verenden. Vielleicht müssen wir darauf warten, dass ein Engel mit seiner Botschaft die unsicheren Koordinaten des sich zugleich ausweitenden und zurückziehenden Ich hilfreich berührt.

Antlitz und Tier –
ein gemeinsames Hirnzentrum

Das Antlitz des Herrn: Nur die (erhoffte) Zuwendung ist sichtbar

> «Ist es schlimm, Pedro, ist es schlimm, an Gott zu denken
> und ihn in einem anderen zu sehen?»
> «Schlimm ist es, an Gott zu denken und dabei die
> Menschen zu vergessen.»
>
> *Elie Wiesel, «Abenddämmerung in der Ferne»*

Einige Menschen beklagen die Gottesferne unserer Zeit. Es ist fraglich, ob diese Klage angemessen ist. Möglicherweise ist die Ferne etwas, was den Menschen verschont. Der Herr verbirgt sein Angesicht, heißt es. Keiner, der mich sieht, wird leben. Die Schau des Angesichts des Herrn wird als etwas angesehen, das dem Menschen als *visio beatificans* nach dem Tod vorbehalten ist. Als glückselig machende Schau wird sie auch den Engeln zugeschrieben, die keinen natürlichen Stoffwechsel haben, sondern sich vom Anblick des Herrn «ernähren». Für den Menschen ist diese Ernährungsweise mit dem Leben nicht vereinbar, jedenfalls solange wir Stoffwechselprozesse als entscheidend für das Leben ansehen.

Auch in der abendländischen religiösen Tradition hat es Versuche gegeben, der glückselig machenden Schau bereits in diesem Leben näher zu kommen und hierfür übernatürliche Möglichkeiten des Menschen anzusetzen. Im Großen und Ganzen haben die großen Religionen aber gegen die Antlitzerfahrung gearbeitet. In der christlichen Religion gibt es dabei einen Widerspruch, der nicht aufgelöst wurde und vielleicht auch nicht zum Abschluss kommen kann. Im Antlitz Christi wird das Bilderverbot als durchbrochen angesehen und dies als Selbstdurchbrechung des Verbots durch den Herrn selber verstanden.

Im Hebräischen wird gebetet, dass der Herr sein Angesicht uns zuneigen möge. Damit ist nicht die unmittelbare Wahrnehmbarkeit des Gesichts gemeint, sondern die eher allgemeine Tatsache der Zuwendung, so wie auch vom Kind die Zuwendung der Mutter erfahren wird und diese grundlegender als die Gesichtsmerkmale ist. Zuwendung geht über das Gesicht hinaus und betrifft nicht nur den ganzen Körper, sondern vor allem das Handeln. Die Zuwendung des Herrn gibt Licht.

In der christlichen Tradition wurde die Zuwendung des Herrn in der Hingabe Christi, in Gesetz und Fürsorge des Vaters und im Gemeinsamkeit stiftenden Geist beider erfahren. So kam es, dass in der griechischen theologischen Ausarbeitung diese drei Zuwendungen als Antlitze (*prosopa*) gekennzeichnet wurden. Im statischen lateinischen Denken wurden diese Geschehnisse der Zuwendung nicht nur zum Gesicht gestaltet, sondern zur Maske erhärtet. Die lateinische Übersetzung des griechischen *prosopan*, Antlitz im Sohn (in mancher etymologischen Deutung, auch in der der Übersetzer, als Maske angesehen), gehört zu den folgenreichsten Übersetzungsentscheidungen. Wie sollte der Herr noch eine Person sein, wenn er sein Antlitz, seine Zuwendung in drei verschiedenen Personen dem Menschen anzubieten schien?

Das Groteske der Lösungsversuche, aus drei Personen eine Person zu machen, ist in den Abbildungen der Trinitätslehre am offenkundigsten. Derartige Abbildungen sind im 17. Jahrhundert verboten worden.[1] Die Spannung im Kernbereich des Christentums wurde jedoch nie aufgehoben.

Insgesamt überwiegen im Judentum und Islam und letzten Endes auch im Christentum die Zurückweisung der unmittelbaren Schau und Nähe. Sich an das von Moses übermittelte Herrenwort «Wer mich sieht, wird nicht leben» zu halten kann gewiss nur befürwortet werden.

Die Vorstellung, das Antlitz des Herrn zu bewahren, bringt Unruhe in den «Neuronenpool». Eine interessante ethische Strategie, mit der Erwartung des Antlitzes des Herrn umzugehen, findet sich in Mt 25, 40 ff. Dort wird darauf hingewiesen, dass wir den Herrn im Dürstenden, Hungernden und Gefangenen erfahren können. Damit ist nicht die stimulierende Betrachtung anziehend-abstoßender Benetton-Werbung gemeint, sondern die Aufforderung zum Handeln, die den Erniedrigten zu einem von uns machen soll. Das ist eine grandiose ethische Wendung aus dem Taumel des Betrachtungsglücks heraus. Doch kann man solche absichtsvollen Manipulationen mit der «Aura» des Herrn vollziehen? Sicherlich ist es gut, diese ethischen Bemühungen an der Kraft des Herrn teilnehmen zu lassen, wenn sie erfahren wird.

Der Umgang mit den kognitiven Dispositionen kann beim Griff in die Rhetorikkiste auch zum Missgriff werden. Er, der sich unendlich entzieht bzw. entziehen kann, lässt sich nicht als Metapher für die Aufwertung des anderen instrumentalisieren. Die Transferaktionen für die Erhöhung des Menschen auf der allgemeinen Werteskala können Anlass für ein technologisches Verhalten sein, an dessen Ende die rassenmorphometrische Vermessung von Menschengesichtern stand. Die Begeisterung, mit der Pater Lavater die Inkarnation Gottes im Menschengesicht feierte, wurde von vielen seiner Zeitgenossen unterstützt. Hier wurde die Energie der leuchtenden Vergoldung des menschlichen Antlitzes jedoch nicht für ethische Aufforderungen in Handeln verwandelt, sondern für rassische kartierende Maßnahmen zur Charakterisierung von Verbrechern und «verachtenswerten Menschen» verwendet. Die Anzapfung göttlicher Energien, die vor Technologie und Metapher ein problematischer Vorgang ist und eher als Bund mit dem Dämonischen angesehen werden kann, zeigt in der diagnostischen Verfügbarmachung des Menschen mit den Folgen der klassifikatorischen Ausbildung deutlich, was schon am Anfang stand: die ungenügende Respektierung von Andersheit, die in der Andersheit des Herrn die Aufmerksamkeit ins Undenkbare lenkt.

Die Beziehung zum Herrn lässt sich nicht ohne Ethik denken (sonst wäre es Dämonologie). Als ethische Beziehung ist sie offen für seine Andersheit. Diese Offenheit mit in die Beziehung zum anderen zu nehmen, scheint vorteilhaft. «Den Glanz seiner Herrlichkeit» über das Gesicht vom Menschen zu tünchen, kann ein Extremversuch sein, einen misslingenden Umgang mit der Andersheit doch noch zufrieden stellend zu gestalten. Dass das Denken des Menschen in Philosophie und Religion an dieser Stelle nicht zum Abschluss kommt, kennzeichnet vielleicht die angemessene Aktivierung von

Bereitschaft für den anderen. In diesem Zusammenhang erscheint es als durchaus sinnvoll, das Wissen um die «Gesichtererkennung» durch Befunde der Hirnforschung zu bereichern und zu sehen, dass im menschlichen Hirnzentrum für Gesichtererkennen durchaus auch noch andere Inhalte verarbeitet werden.

Das Gesicht: Ort der größten Überraschbarkeit der Welt

Interessanterweise wird vom selben Hirnzentrum, das für das Gesichtererkennen zuständig ist, auch die Wahrnehmung von Tieren geleistet.[2] In der neuropsychologischen Versuchsanordnung war beim Menschen das Hirnzentrum, das für die Wahrnehmung menschlicher Gesichter verantwortlich war, sogar bei der Wahrnehmung von Tieren aktiv, wenn deren Gesichter abgedeckt waren. Nun kann man natürlich meinen, dass inhaltliche Überlappung und Funktion innerhalb eines Zentrums noch nicht viel über die innere Beziehung der Inhalte aussagen müssen. Doch liefert die Hirnforschung mit derartigen Befunden Hinweise, die einem beim bloßen Umgang mit Begriffen möglicherweise entgangen wären.

Wenn dieser Befund so zu interpretieren ist, dass der Wahrnehmung von menschlichen Gesichtern und der Wahrnehmung von Tieren (auch ohne Gesichter) ein gemeinsames Funktionssystem zugrunde liegt, dann könnte dies etwas über die Art der Wahrnehmung menschlicher Gesichter deutlich machen. In einer entscheidenden Hinsicht ist die Wahrnehmung von Gesichtern nicht einfach Identitätszuordnung aufgrund von Merkmalen, sondern vor allem auch Deutung der Mimik und noch mehr der Augenbewegungen.[3] Der Gesichtsausdruck eines Menschen, vor allem aber auch seine Augenbewegungen, die zu einem nicht unbeträchtlichen Teil dem Willen entzogen sind, können nicht ohne weiteres antizipiert werden. Wenn es denn das Unerwartete in dieser Welt gibt, so tritt es vor allem im menschlichen Gesicht auf. Dementsprechend liegt es biologisch nahe, im Gehirn über ein Zentrum zu verfügen, das für das Mo-

«Irritation». M. L., Öl und Acryl auf Leinwand

nitoring unerwarteter Reaktionen zuständig ist. Die ökonomische Organisation der Hirnprozesse kann dann dazu führen, dass menschliche Gesichter und Tiergestalten von einem gemeinsamen Monitor verarbeitet werden. Der Weg zur Dämonologie und zu den Fratzen ist dann nicht weit.

Die Beschäftigung unserer Kultur mit der Schönheit oder mit anderen Kulturen, wie beispielsweise der chinesischen, mit dem fast mimiklosen geschminkten Gesicht, kann als Versuch der Beruhigung angesehen werden, der uns den Eindruck vermitteln soll, dass das Unerwartete bzw. Unerwünschte nicht eintreten wird. Interessanterweise wird die Wirkung des menschlichen Gesichts auf uns durch die Medien (Fernsehen) offenbar nicht drastisch gemindert. Als die erste Lokomotive im Kino in einen Bahnhof einfahrend gezeigt wurde, rannten die Menschen aus dem Vorführsaal. Solche Gefahrenaffekte sind heute auf der Leinwand und dem Bildschirm entwirklicht. Sich den Wirkungen des menschlichen Gesichts zu entziehen fällt schwerer. Dennoch geben sich Bildschirmgesichter stärker der Beurteilung preis, als es Gesichter in der interaktiven Kommunikation tun. Viele andere Medien (Telefon, Internet) sind geeignet, das Gesicht auf Distanz zu halten. Die ursprünglichere Bedeutung von Antlitz als gesichtsloser Zuwendung kommt wieder zur Geltung.

Neuropsychologische Befunde sprechen dafür, dass die Gesichtswahrnehmung von einer ganz anderen Seite her besetzt werden kann. Man hat festgestellt, dass einige grundlegende Erkennungsleistungen wie das Wahrnehmen von Autokennzeichen oder die Differenzierung von Vogelarten über das Zentrum für das Gesichtererkennen laufen. Finden sich hier Tendenzen, die Wahrnehmung des menschlichen Gesichts in einem klassifizierenden Wissen aufgehen zu lassen? Dass Menschen einander mit Kategoriensystemen begegnen, um die Herausforderung des individuellen Ausdrucks annehmen zu können, wäre nicht die wünschenswerte Version. Festgehalten werden kann, dass das menschliche Gesicht offenbar eine «Risikofläche» ist. Bisher ist allerdings noch nicht die Forderung gestellt worden, die Männer durchweg mit Sonnenbrillen auszustatten, statt die Frauen zu entschleiern.

Die Antwort von Lévinas auf das Antlitz des anderen wird so oder so aktuell bleiben: Das Antlitz erinnert mich daran, dass zwischen (oder über) uns ein Gesetz herrscht, das besagt, wir sollen einander nicht töten. Auf dem Höhepunkt der Konfrontation, dem Einander-die-Stirn-Bieten, können die Augen aufgrund der Nähe keinen Ausgleich mehr bewerkstelligen. An dieser Stelle zur mystischen Kommunion mit dem Feinde aufzurufen, so als ob man mit ihm den gemeinsamen Wein trinken könnte, ist hinsichtlich der Barmherzigkeit immer wieder gelungen. Für die Situation des vernichtenden Patts ist es noch nicht auskalkuliert bzw. «ausgekostet». Offenbar muss man frühzeitig Vorkehrungen treffen, dass nicht Stirn an Stirn drängt, da das «Auge um Auge, Zahn um Zahn» bei dieser Gesichternähe kaum übersichtlich stattfinden kann.

Ein oder zwei Quellen für die Religion

Sprache und Evolution

Sonne aus Wörtern, die erlischt, indem man sie nennt.

Octavio Paz

Zwischen innen und außen: Der Mundraum

Mit der Unterscheidung von innen und außen können Organismen ohne Einschaltung des Bewusstseins bereits Stabilität erreichen. Die Innen-Außen-Trennung, die von der Zellmembran geleistet wird, gibt der Zelle Sicherheit. Auch der Organismus als Verband von Zellen kann mit der Innen-Außen-Trennung zu einer gewissen Stabilität gelangen. Auf dieser Unterscheidung baut die Konzeption von Selbstorganisation auf. Im Inneren eines Organismus organisieren sich die Moleküle zu komplexen Strukturen, die zwar in einem ständigen Stoffwechsel begriffen sind, dennoch aber die Stabilität des Organismus gewährleisten. Bisher ist nicht deutlich geworden, auf welche Weise diese Selbstorganisation überhaupt greifen konnte. Ein wichtiger Gedanke bei der Klärung des Aufbaus komplexer Strukturen ist die Ausbildung von Rückkopplungsschleifen von *reentries* und von zyklischen bzw. hyperzyklischen Vorgängen, bei denen Prozesse im Organismus stattfinden, die geeignet sind, diese Prozesse wiederum zu fördern. Diese Art des bewegten Aufbaus des Organismus ist im Modell bis zu einem gewissen Grad nachvollzogen worden.

Betrachtet man allerdings das Gehirn, so muss man sich fragen, wie die weit über 100 Milliarden Nervenzellen beim Menschen so in eine Interaktion treten können, dass keine Impulse unverarbeitet bleiben, andererseits aber auch nicht alles miteinander so interagiert, dass das Endergebnis des Rechenprozesses am Schluss nur eine bedeutungslose Ziffer ist, mit der nicht mehr weiter gearbeitet werden kann (ähnlich wie in Douglas Adams' *The Hitchhiker's Guide to the Galaxy*, in dem auf die Frage nach dem Sinn des Alls als Antwort die Ziffer 42 gegeben wurde).

Untersuchungen zur Sprechmotorik beim Menschen haben gezeigt, dass die dafür verantwortlichen Neuronen ohne Rückkopplung arbeiten können.[1] Wenn das Sprechen erst einmal erlernt ist, kann ohne Feedback vom Mund und vom Ohr weiterhin fein säuberlich artikuliert werden. Dies konnte bei einem Patienten nachgewiesen werden, dem für die Behandlung eines beidseitigen Gesichtsschmerzes die entsprechenden Gefühlsnerven für das Gesicht ausgeschaltet werden mussten. Als auch mit weißem Rauschen seine akustische Wahrnehmung unterbrochen wurde (weißes Rauschen besitzt alle Frequenzanteile des Hörbereichs und kann dadurch andere auditive Wahrnehmungen unterdrücken), war er weiterhin in der Lage, präzise zu sprechen, es war ihm aber nicht möglich, ohne Spiegel zu essen und zu trinken. Außerdem konnte er nicht rauchen, da er kein Gefühl dafür hatte, ob die Glut der Zigarette bereits zwischen seine Lippen geraten war.

Das Beispiel zeigt, dass es im Gehirn Nervenzellen gibt, die unabhängig von den äußeren Sinnesimpulsen der Körpereigenwahrnehmung und der akustischen Signale tätig sein können. Solche Nervenzellen sind dann bereit, auf die Impulse des Gehirns stärker einzugehen. Die unglaubliche Selbstorganisationsleistung des menschlichen Gehirns findet in solchen Zellen ihren Ansatzpunkt. Gäbe es diese Zellen nicht, könnten interne Rückkopplungsschleifen ihre Effekte nicht so präzise auslösen, da die angezielten und die anzielenden Nervenzellen mit der externen Informationsverarbeitung bereits weitgehend belegt wären. Die menschliche Sprechmotorik mit ihren steuernden Neuronen stellt einen archimedischen Punkt bzw. ein «archimedisches Netzwerk» für die Weiterentwicklung von Komplexitätsstufen der Kognition dar.

Für die Risikoeinschätzung ziehen wir uns auf den Innenraum zurück und schreiben der Außenwelt das Risiko zu. Obwohl Viren und innere Blutungen diese Situation umkehren können, verlassen wir uns häufig auf diese Zweiteilung der Welt. Im Innenraum des Organismus arbeiten aber nicht die willentlich gesteuerten Nervenfasern. Innenorgane wie Herz, Magen, Darm und Blutgefäße werden von vegetativen Nervenfasern versorgt, die unserem willkürlichen Impuls kaum zugänglich sind und höchstens über ein längeres autogenes Training gewisse mit dem Willen zusammenhängende Reaktionen zeigen, wobei bezeichnenderweise bei diesem Training gerade der Wille modifiziert wird.

Dieser Wille ist gewöhnlich nach außen gerichtet, das Bewusstsein findet sich in erster Linie dort, wo wir Entwürfe machen können. Die Strukturiertheit dieser Entwürfe setzt aber bei jenen Neuronen an, die nicht ständig auf die Informationen der Außenwelt, aber auch nicht auf die situativen Impulse der inneren Organe zählen müssen.

Zwischen dem Innenraum des Organismus und dem Außenraum der Welt gibt es noch einen dritten Raum. Zwischen der Innen- und der Außenwelt gibt es den Mund- und Rachenraum, den Artikulationsraum für die Sprechorgane, in dem wohl willentliche Impulse die Bewegung koordinieren, aber keine inkonstante Situation wie in der reinen Außenwelt vorliegt, in welcher ständig wechselnde Situationen gegeben sind.

Wenn wir uns in der Welt bewegen und in dieser Welt handeln wollen, müssen wir ständig auf neu ankommende Informationen achten. Im Mundraum liegt jedoch eine konstante Situation vor, und Veränderung wird hier nur durch uns selber erzeugt. Für solch einen Artikulationsraum kann das Nervensystem Parameter engrammieren, mit denen es dann variierend und permutierend umgehen kann. Dies ist die Grundlage für die Permutation von Neuronengruppen und den Aufbau komplexer Kognition.

Natürlich versucht der Mensch, die Welt wie seinen Mundraum zu gestalten und in der Handmotorik ähnliche überschaubare Situationen zu liefern wie das für das Verhältnis von Zunge und Gaumen bereits der Fall ist. Auch die Sitzhöhe im Verhältnis zur Klaviertastatur versucht man konstant zu halten. Die Gegenstände werden möglichst uniform behandelt. Bei der Fließbandarbeit kann die Hand den immer gleichen Handgriff vollziehen. Doch selbst dann müssen Rückkopplungen eingeschaltet werden, da meistens das Verhältnis des Körpers zur Außenwelt doch ein wenig wechselnd ist. Das Verhältnis unseres Kopfes zum Mundinnenraum kann jedoch nur so variiert werden, dass diese Variation (z. B. Kinnbewegungen bei der Vokalartikulation) als Information dem Sprecher bereits ohne Rückkopplung zur Verfügung stehen.

Ich denke, dass die Evolution eines komplexen kognitiven Systems in der Abgeschlossenheit des Mundraums ihren Ursprung finden konnte und dass mit der Sprechmotorik dem Menschen Nervenzellen zur Verfügung stehen, die für gruppentheoretische Operationen der Kognition benutzt werden können. Wenn die Lautbildung aus den Rückkopplungsschleifen heraustritt, kann sie in neue Zeitgestalten eingebunden werden. Die Lautfolge kann variiert und unter Regeln gestellt werden, die nicht von der somatosensiblen oder auditiven Rückkopplung, sondern von der Grammatik abhängig sind.

Damit eröffnet sich eine Perspektivik, die den Menschen in der Möglichkeit sieht, zwischen innen und außen permutatorische Prozesse ablaufen zu lassen, die zwischen beiden eine Vermittlung liefern können. Unser Sicherheitsbedürfnis ist natürlich oft ein absolutes, dementsprechend finden wir in vielen Weltbildentwürfen eine Zweiteilung, der zufolge in der einen Hälfte das Sichere, in der anderen das Riskante angesiedelt ist. Das Freund-Feind-Schema (bis zu seiner politischen Verabsolutierung bei Carl Schmitt) zählt dazu. Die Versuche, Risikominderung durch Schaffung eines Sicherheitsterrains zu erhalten, sind selber riskant. Es gibt genügend philosophische Versuche, gerade das Absicherungsbegehren des Subjekts gegenüber der Außenwelt nicht nur als erkenntnistheoretischen Skandal, sondern auch als Übeltäter in der Geschichte des Menschen zu verstehen.

Von den Gegenversuchen, die von der Stimmung getragen sind, das Subjekt als «übel» anzusehen, ist die westliche Geistesgeschichte der letzten fünfundsiebzig Jahren geprägt. Will man dieses Geschehen unter dem Risikoaspekt deuten, so könnte man sagen, dass das Sicherheitsbedürfnis des Ich, sich in sich selber zurückzuziehen, selber als Sicherheitsrisiko anzusehen wäre. Das Subjekt, das sich ängstlich vor der Welt zurückzieht, will einen Stabilitätskern aufbauen, der dann in der Welt alles durcheinander bringt. Der Versuch, ohne Vorbehalt in der Welt zu sein, kann jedoch nicht ohne weiteres gelingen, da der Mensch mit seiner Kognition immer schon die Reihenfolge der Dinge durcheinander bringt. Gegenüber dem Rückzugsvorbehalt des Subjekts (das nach dieser Interpretation wie ein Pfeil auf dem gespannten Bogen zurückgezogen ist), könnte man dann eher das Bild vom «In-der-Permutation-Sein» ins Gespräch führen: Zwischen innen und außen tut sich ein Raum auf, der zu mannigfachen Gestalten Anlass gibt und starre Freund-Feind-Schemata und andere Dualismen durchbrechen lässt. Man fühlt sich an die Durchbrechung der Zweiteilung der Welt im Islam erinnert. Er unterscheidet zwischen dem Haus des Islam und dem Haus des Krieges, lässt zwischen beiden aber den Bereich des Gesetzes zu, in dem die Gläubigen der anderen Schriftreligion friedlich miteinander leben.

Im Spanien des 13. Jahrhunderts gab es die erste Ahnung von der Blütefähigkeit verschiedener Menschen unter einem Gesetz. Doch selbst mit dem Mundraum verschiedener Kulturen wurde unterschiedlich permutiert: Der Araber bezeichnet die Sprache nicht als «Zunge», *lingua*, sondern zeigt auf seine Kehle, wenn er von der Sprache redet. Es geht etwas tiefer ans Herz, aber selbst solche Variation kann der Mensch durch Sprechen integrieren.

Territorium und Versprechen

Mit dem Mundraum trägt jeder Mensch die evolutionäre Nische mit sich selbst herum, die Nische, aus der heraus er die große Entfaltung der Kognition gestalten konnte. Natürlich wird dieser Mundraum auch von anderen Aktivitäten durchkreuzt, so von der Nahrungsaufnahme. Aus dem Mundraum kann auch sehr schnell ein Mundraub werden. Die Eigenschaften des Esstraktes können auf die kommunikative Leistung des Artikulationssystems durchschlagen. Worte werden durchgekaut, und Namen bekommen einen «Geschmack», Argumente können einen «Biss» haben, und Dichter können das Aroma von Vokabeln auskosten.

Die Sicherheit der Konstanz der Mundnische erlaubt es den zugehörigen Neuronen, sich mit internen Angelegenheiten zu befassen und nicht ständig auf neue Außeninformationen gefasst sein zu müssen. Diese Tatsache liefert einen wichtigen Schlüssel für das Verständnis der Hirnfunktion. Wesentliche Verständnisfortschritte bei der Deutung der Hirnfunktion sind durch Modelle der Resonanz und Kohärenz der Nerventätigkeit geleistet worden (vgl. u. a. Goldberg sowie Gray und Singer). Die neuen Kombinationen von Nervengruppenaktivierungen, die wie gruppentheoretische mathematische Operationen ablaufen können (vgl. Edelmann), sind im Hinblick auf Gesetzmäßigkeit und Zufälligkeit bisher schwer einzuordnen gewesen. Durch Herbeiziehen der von der externen Rückkopplung freien Neuronen der Sprechmotorik ist es möglich, ein geordnetes und doch freies System von Variationen einzugehen. In gewisser Weise sind die rückkopplungsfreien Neuronen Grundlage der *menschlichen Freiheit*.

Natürlich wird man auch hier die immer noch aktuelle Frage nach dem Objekt stellen, d. h. die Frage, wer denn die Kohärenz- und Gruppenbildung zwischen den Neuronen koordiniert. Es ist verlockend, hierfür die rückkopplungsfreien Neuronen der Sprechmotorik als entscheidend anzusehen. Sicherlich werfen diese Neuronen auch die Angel aus, um die Worte im Denkstrom herauszufischen. Bewusstsein ist offenbar auf solche Prozesse gerichtet, die noch zum Teil unentschieden und mit dem Risiko des Misslingens behaftet sind. Zumindest stellt sich das Bewusstsein am ehesten dann ein, wenn das Gelingen einer Leistung nicht ohne weiteres gewährleistet ist. Hier fehlt noch eine systematische Analyse der Bedingungen, unter denen Bewusstsein auftritt (Freud hat z. B. darauf hingewiesen, dass das, was ins Bewusstsein gerät, nicht ins Gedächtnis gelangt. Dementsprechend erinnern wir uns, wenn wir an unser vergangenes Leben denken, auch mehr an die Lebensereignisse als an die bewussten Gedanken und Phantasien. Diese werden vielmehr rückblickend oft nicht nur als Ersatz, sondern als Verlust oder zumindest als Ursprung von Verlust angesehen). Im Bewusstsein kann nun der Selbstbezug auf das Ich stattfinden und von daher so etwas wie Subjektivität gedacht werden. In diesem Sinne entspringt das Ich bzw. die Beschäftigung damit einer gewissen Selbstirritation. Das Bewusstsein selbst ist noch nicht der Autor der kognitiven Prozesse, genauso wie es ausreichen würde, in dem Ich, auf das man im Raum zeigen kann, ein Mikro-Ich punktueller Art zu identifizieren. Aber auch der wandernde Scheinwerferkegel des Bewusstseins ist mit dem, was die Ich-Rede meint, kaum als deckungsgleich anzusetzen.

In unserem Zusammenhang ist wichtiger, dass das Bewusstsein – insbesondere das Bewusstsein, Handelnder zu sein – immer wieder über weite Strecken und nicht nur beim Spielen von Sechzehntel-noten auch komplexe Handlungsweisen ihren eigenen Gesetzen überlässt. Interessanterweise gilt das nicht nur für programmierte Klavierpartituren, sondern auch für die in weiten Bereichen un-vorhersehbare Kombinatorik der sprechmotorischen Elemente. Heinrich von Kleist hat darauf hingewiesen, dass wir einen Großteil unserer Gedanken beim Sprechen verfertigen. Dies passt zum «Mundraum»-Konzept. In der geborgenen Höhle werden die neuen Gedanken experimentiert und bei unerwarteten Durchbrüchen in den Risikobereich vom Bewusstsein begutachtet. Dieses Bewusstsein ist vielleicht gerade Ausdruck des Auftretens von Risiko.

Ich möchte nicht nur die Erkenntnis theoretisch kniffliger Fragen des Zusammenhangs von Subjekt (Ich-Bewusstsein usw.) auf der ei-nen und Sprache auf der anderen Seite zu einer Entscheidung brin-gen, bei der am Ende die Sprache als ein Subjekt (Ich-Bewusstsein usw.) eingesetzt wird. Wenn man dies tun will, gerät man auch nicht in Widersprüche, sondern in Komplexitäten, welche die Kognition durchaus angemessen als Zusammenspiel von bei Risiko auftre-tendem Bewusstsein und riskanter Sprachkombinatorik erscheinen lassen.

Die These ist nicht, dass die Sprechmotorik alle kombinatori-schen gruppenbildenden Neuronenprozesse des Gehirns beherr-schen würde. Vielleicht gerät der Mensch, auch der Einzelne, in eine soziale Situation, in der die sprechende Rückbindung seines Wissens zu einem Störfaktor der Kognition wird, wie dies die Privatsphäre überhaupt werden könnte. Das Gespräch wäre nach einem derartigen Modell die Beschädigung des reinen Wissens. Die These lautet viel-mehr, dass die sprechmotorisch relevanten Neuronen die Evolution der Kognition in dem vorgelegten dramatischen Tempo zumindest begünstigen, wenn nicht sogar grundlegend ermöglichen. In Krisensituationen, in denen andere sozial eingeübte Attraktoren (eine bestimmte manuelle technische oder mathematische Fähigkeit) nicht konstant angespielt werden können, da in den Wechselfällen der gesellschaftlichen Entwicklung Berufskonstanz durch lebenslanges Lernen ersetzt wird, kann der Rückbezug auf die sprachlichen Möglichkeiten nicht nur einen Kommentar zum eigenen Leben einleiten, sondern auch die «neuronengruppendynamische» Neuordnung eigener Lebensimpulse weiter gestalten.

In diesem Sinne sind die Sprechneuronen nicht ein statisch gesichertes Territorium, sondern die Möglichkeit, durch Permutation der Situation zu deren Sicherung beizutragen.

Es wäre verkehrt, diese Strukturen (die man neuronal oder gruppentheoretisch charakterisieren kann) als fixierbares Areal unter einen Begriff zu bringen, aus welchem dann alle Kognition deduziert werden könnte. Entscheidend ist, dass dieses Areal selber durch Kognition und Sozialisation entscheidend geprägt wurde (Theorien über die Funktion der Sprache beeinflussen diese selbst. Der Umgang mit der Sprache beeinflusst die Organisation der damit verbundenen Neuronen).

Bis zu einem gewissen Grad kann man die rückkopplungsfreien Neuronen mit den Spiegelneuronen identifizieren, die in der Evolution der Primaten entscheidende mimetische Leistungen übernommen hatten.[2] Dies würde bedeuten, dass die Kombinatorik kognitiver Leistungen nicht im Gegensatz zu mimetischen Sozialhandlungen steht, sondern auf diesen geradezu beruht.[3]

Die rückkopplungsfreien Neuronen, die man als «interne Neuronen» bezeichnen kann, da sie mit den internen Rückkopplungsschleifen befasst sind, sind nicht lückenlos mit den Spiegelneuronen zu identifizieren. Dennoch ist verständlich, dass Nervenzellen, die für die eigene motorische Leistung nicht auf somatosensible Rückkopplung zurückgreifen müssen, gut geeignet sind, bei der Wahrnehmung motorischer Leistungen von anderen (sei es über das Sehen oder über das Hören) im inneren Nachahmen den Verstehensprozess zu vertiefen (im Sinne der *motor theory of speech reception*).

Die Spiegelneuronen machen einen Sonderfall einer Teilgruppe der «internen Neuronen» aus. Wie die internen Neuronen in die innere Kombinatorik, in den Nachvollzug der Handlung der anderen, in den Verstehensprozess usw. einbezogen werden, ist eine Frage der sozialen, kulturellen und gesellschaftlichen Mitprägung. Die volle Bestärkung zwischen Neuronen und Gesellschaft erfährt ihre kreative Dimension dadurch, dass diese Neuronen sich in ihren Funktionszusammenschlüssen neu organisieren können. Ohne dass die Gesellschaft dies gleich neurophysiologisch im Einzelnen bewusst und wissend determinieren könnte, hat sie auf den Bereich der internen Neuronen jedoch einen entscheidenden Einfluss. Aus diesem Grunde erscheint es mir nicht angemessen, diesen Neuronen einen a priori definierten Ort im Hinblick auf Autorschaft der Subjektfunktion und damit verwandte Leistungen zuzuschreiben. Es soll also hier nicht ein neuer Bereich der Sicherheit postuliert werden, von dem aus die Welt regiert werden könnte, sondern es soll gezeigt werden, wie im «In-der-Permutation-Sein» das Ausbalancieren von Risiko und Sicherheit unter Einbeziehung auf den ersten Blick riskant erscheinender Rückkopplungsschleifen gelingen kann. Die internen Rückkopplungsschleifen können so mannigfaltig sein, dass die Strategie, in ihnen einen Selbstwiderspruch zu sehen (hier wird ja das Ich als etwas angesehen, das etwas steuert, dem es selber zum Teil unterliegt), immer als unangemessene Territorialisierung dynamischer Funktion zu betrachten ist (fast kalauerartig: In der «Wetware» des Gehirns lässt sich kein Schäfchen endgültig ins Trockene bringen).

Zwei grundlegende Funktionen der Religion sind mit der Erfahrung der kognitiven Sicherheit im Bereich der Dynamik der Sprechneuronen von besonderer Bedeutung. Es liegt nahe, zwei Dimensionen der Religion als konstitutiv für sie anzusehen: 1. die Befassung mit dem Heiligen, dem Heil und dem Heilen und 2. das Versprechen (auch das Vertrauen).

Diese Zweiteilung findet sich in geschickter Verschränkung bei Jacques Derrida: Glauben und Wissen (vgl. *Die Religion*). Derrida betrachtet diese zwei Bereiche als «zwei Quellen» der Religion, aber können wir diese nicht auf die eine Quelle der Sprechmotorik zurückbeziehen?

1. Kognitiv gesehen, war in der Evolution natürlich entscheidend, einen sicheren territorialen Bereich zu besitzen, damit durch die rela-

tive Konstanz der Umweltsituation Rückgriff und Wiederholung bei kognitiven Prozessen überhaupt möglich wurden. Der kombinatorische Umgang mit der konstant gehaltenen Außenwelt war aber nur im Bereich der Serialität der im Mundraum gebildeten Laute möglich. Von hier aus konnte sich die geniale Kreativität mit der Dimension der Sicherheit verbinden (zu der Dimension von Heil und Versprechen sei also noch die Dimension der Kreativität oder der Schöpfung hinzugenommen). Das Heile, das Heilige, der sakrale Raum sind mehr als Territorialitätssicherungen. Sie bedeuten, dass es ein Raum ist, der nicht nur der evolutionären analogen Handmotoriksicherung diente, sondern dass hier wie von der Mundraum-Sicherheit ausgehend ein Raum besetzt wurde, der auch mit der Kreativität der Sprache verbunden war. Sakralität wurde damit zum sprachlich abgesicherten Raum, der über die bloße Ritualisierung der Konstanz von Teillandschaften hinaus die Sprachdimension in das Fundament gab, auf welchem Metaphysik und Denken erbaut werden konnten. In der Wehrkirche findet sich in einigen geschichtlichen Phasen diese Integration von Landesverteidigung und Verteidigung kognitiver Strukturen.

2. Die Stabilität, die in den «internen Neuronen» erreicht und mit einer kreativen Kombinatorik gepaart wird, ermöglicht es, mit anderen kreativen Kombinatoriken «Verzahnungen» durchzuführen. Die ausgeprägteste Form davon ist das Versprechen, dass menschlich beglückend und in der vertraglichen Form ebenfalls sicherheitsvermittelnd sein kann. Der größte Stabilisierungsfaktor für die Menschheitsgeschichte in ihrem Expansionsmut war sicherlich das Versprechen des Herrn, sein Volk durch alle Schwierigkeiten zu leiten. Fragen des Umgangs mit Risiko finden darin ihr letztes historisches Maß. Vertrauen wir auf das Versprechen des Herrn und lassen wir uns auf die Zukunft ein, oder kehren wir zurück zu einer unverstandenen Natur, die im Gegensatz zu diesem Versprechen *in toto* sakralisiert werden soll, so als ob der Mensch damit leben könnte, dass sein Tod das «Natürlichste» wäre? Ist nicht die Natur ohnehin schon eine Ansammlung und Geschichte von Exzessen?

Zwischen Tür und Angel

Man hat Gäste und verabschiedet sie. Es war ein netter Abend, und man wünscht einander an der Haustür noch alles Gute. Es werden Sätze gewechselt, und plötzlich entwickelt sich ein langes fröhliches Gespräch. In Bulgarien ist es sogar so, dass die Nachbarn zu diesem Gespräch hinzukommen und eine lange Nacht beginnen kann. Es ist, als ob das Territorium des Innenraums eine gute Gelegenheit zur Gastfreundschaft böte, dass die Dynamik der Türschwelle aber noch ganz andere Geschehnisse zulässt. Offenbar kann man sich im Gehen, im Fortgehen, ganz entscheidende Dinge sagen, die man sonst bei Tisch nur mit Hilfe von Alkohol herausgebracht hätte. Vielleicht liegt noch mehr als im Wein im Fortgehen die Wahrheit und vielleicht liefert Wein die geeignete Vorbereitung für die Wahrheit an der Tür.[4]

Territoriale Mechanismen werden auch im Streitgespräch eingesetzt. Natürlich gibt es hier verschiedene Varianten. Eine davon geht so: Einer geht ins Zimmer des Partners, sagt ihm die Meinung und verlässt dann den Raum, möglichst mit der Bemerkung: «Ich will von der Sache jetzt nichts mehr hören!» So können sich Gespräche abspielen, bei denen die beiden Partner ständig die Räume wechseln. Zum Äußern der Meinung gehen sie in den Raum des anderen; um dann nichts mehr hören zu wollen, gehen sie in den eigenen Raum zurück. Das kann wechselseitig erfolgen und die Einstellung des Nicht-vom-anderen-hören-Wollens und Nur-selber-reden-Wollens kann durch den «Big Bang» des Türenknallens unterstrichen werden. Der «Big Bang» des Nichthörenwollens soll das eigene Ich an einen Anfang setzen.

Partnerschaften sind vom Risiko geprägt. Zumeist versucht man, dieses durch ein Versprechen zu mindern. Durch Einnahme eines gemeinsamen Territoriums (gemeinsame Höhle, gemeinsame Wohnung, gemeinsames Haus) und durch das Versprechen soll Sicherheit ins Leben einkehren. Das Versprechen soll aber auch Sicherheit über das Territorium hinaus liefern.

Kalifornische Siedler schafften sich, als noch nicht genügend wei-

Francis Bacon, «Painting». Öl auf Leinwand

ße Frauen im amerikanischen Kontinent waren, Indianerfrauen an, die sie mit einer Kette in ihrer Hütte festnagelten. Das Versprechen funktioniert als virtuelle Kette, deren Glieder im gemeinsamen Einverständnis in manchen Kulturen gegenseitig ausgetauscht werden. Dieses Kettenglied, der Ring am Ringfinger, wird als Symbol der Freiheit gedeutet, da er eine weltumschließende Sicherheit gewährleisten und vermitteln soll. Der Ring, der um das eigene Anwesen gelegt wird, und der Ring, der an den Finger gesteckt wird, geben territorialen Besitzanspruch und Wunsch auf Stabilität eines Versprechens nicht nur für entscheidende kulturell ausgestaltete Bedürfnisse des Menschen zum Ausdruck. Sie können zugleich auch als Grundcharakteristika von Religion gelten. Das Heilige als der gesicherte Raum und das Versprechen als das Heraustragen der Sicherung in die Welt sind die Grundcharakteristika von Religion[5], die in diesem Sinne kaum oder nur unter Aufbietung höchster experimenteller Anstrengungen für religiöse und nichtreligiöse Bereiche des Menschen unterschieden werden können.

Wo schreibt sich das grundlegende Gesetz menschlichen Zusammenlebens beim Menschen ein? Ins Herz? In den Brustkorb? Ins Fleisch? Innen? Oder in einem Niemandsland zwischen mir und den anderen? Vielleicht ist die Schwelle der Ort, an dem sich alles entscheidet. Zumindest muss diese Stelle genau beobachtet werden, an der Territorialansprüche in das Versprechen übergehen und zu einem von dem Gefühl der Sicherheit gestärkten Zusammenleben führen können, wo aber auch Territorialansprüche durch Gesetze ungemäß ausgeweitet werden können. Schauen wir zurück in die Zeit vergangener Bräuche (die heute durchaus als fröhliches Zitat auftreten können), so ist insbesondere die Sitte, die Braut in der Hochzeitsnacht über die Schwelle der Wohnung oder des Hauses zu tragen, in diesem Zusammenhang von Interesse. Sicherlich war diese Sitte Ausdruck männlicher Herrschaft, die nicht nur das Innenterritorium des Hauses, sondern auch die Grenze zwischen innen und außen regulieren wollte. Dass die Türschwelle auch da ist, böse Geister abzuwehren, soll nicht unerwähnt bleiben.

Der Psychoanalytiker, der sich mehr als für die symbolische Ordnung für das Reale oder noch mehr für den Zusammenhang zwischen beiden interessiert, registriert natürlich, dass sich der Schritt der Frau über der Schwelle nicht öffnen soll (ein Thema vorzugsweise für böse Geister) und dass der Mann – jedenfalls in der Tradition – der Frau hier das erste Mal unter das Gesäß greift: Die allgemeine symbolische Ordnung (hier des Ehegesetzes) erfährt ihre Respektierung durch die Handlung an der Schwelle, die anzeigt, dass das Intimleben, das Leben im Innersten des Schlafzimmers bzw. des Hauses, als Abgrenzungsvorgang mit dem Übergang zur Öffentlichkeit verbunden ist (was bedeutet, dass die wohlgehütete Grenze zwischen privat [geschlechtlich] und öffentlich selber eine private war). Natürlich wurde der Brauch mit der Begründung eingeführt, dass die Frau dem Mann nicht fortlaufen, dem Haus nicht entfliehen könne, wenn sie den Schritt über die Schwelle auch nach innen nicht selber vollzogen habe.

Zu manchen Zeiten sollte Magie die Kette der Indianerfrauen ersetzen. Die symbolischen realen und magischen Dimensionen zeigen jedoch an, welche enorme Rolle die Schwelle einnimmt. In der Ätiologie der Sprache sind die Erfahrungen des Menschen und der Schwelle schon aus den Zeiten vor der Interface-Kultur geboren. An der Grenze zwischen innen und außen können auch dem Menschen Organe «schwellen». Bei Grenzverletzungen «schwillt einem der Kamm». Es wäre ein eigenes Forschungsgebiet, sich damit zu befassen, inwieweit Intimbeziehungen mit den Fragen der Grenzverletzung zusammenhängen und inwieweit das Spiel von Aggressivität und Abwehr bei persönlichen Beziehungen dann unweigerlich mit hineinkommt (die Physiologie der «Schwellkörper» ließe sich als eine Nachgeordnetheit des vegetativen Nervensystems lesen, für die Frage der Aggressivität in der menschlichen Kommunikation und Kognition müsste unter Umständen aber die Reihenfolge umgekehrt werden). Es wäre wichtig zu sehen, dass sich Kognition nicht einfach diffus durch Emotionen in den Leib einschreibt, sondern mit dessen Grenzen zu tun hat.[6] Gerade mit diesem Schritt und Überstieg (auch: «Jenseits») hat Religion zu tun.

Weihnachtsschmuck
an der Hebräischen Universität

Es scheint kein Zufall zu sein, dass sich die rationalen Theoriengebäude Neurowissenschaften und Neuropsychologie gerade in dem Moment (oder eher noch etwas später) entwickeln, wo das Verständnis für althergebrachte Zeremonien und Riten schwindet. So wurde es in der Diskussion um die Gestaltung der kirchlichen Liturgie in den sechziger Jahren als nebensächlich angesehen, ob der Priester von rechts oder von links den Altarraum betritt. Diese Frage wurde geradezu als Beispiel dafür angeführt, dass sich die liturgische Gestaltung beliebig vollziehen lasse. Später, als diese Traditionen (in diesem Fall die Art des Betretens des Altarraums) abgeschafft wurden, öffnete die Neuropsychologie den Blick für die Bedeutung der Seitenbetonung für die Gestaltung psychischer und kognitiver Vorgänge (im Zusammenhang mit dem Modell der rechten und linken Hirnhälfte). Bei diesem Modell war es möglich zu zeigen, dass eine Bewegung von links in den Altarraum als Bewegung in die Primärwahrnehmung durch die rechte Hirnhälfte und damit als eine Bewegung vom Unbewussten ins Bewusste, vom Emotionalen ins Rationale gedeutet werden kann (wenn man diese verkürzten Zuordnungen von psychischen, kognitiven und zerebralen Parametern in etwas vereinfachter Form benutzen will).

Ohne Zweifel ist die Frage, wie unsere kognitiven Prozesse mit der konkreten Räumlichkeit in Verbindung stehen, eine der grundlegenden Fragen für das Verständnis des menschlichen Denkens überhaupt. Die Ankoppelung von Denken und Wirklichkeit wurde bei Kant noch über Schemata gedacht. Für Kant war dies eine Frage, die über die Newton'sche Physik hinausreichte. Für ihn fehlte noch ein Newton des Grases, d. h. die naturwissenschaftliche Erforschung des Lebens, sowie ein Newton der Schemata. Von der naturwissenschaftlichen Erforschung der Schemata glaubte er, dass sie außerhalb der menschlichen Reichweite situiert sei.

Betrachtet man jedoch die heutige Neurowissenschaft und Neuroinformatik, so mehren sich die Hinweise, dass mit den Modellen der Trajektorien auch die Frage der Ankoppelung des Denkens an den umgebenden Raum (die Sensomotorik) einer wissenschaftlichen Behandlung näher rückt. Für die Rechts-Links-Strukturierung der Liturgie jedenfalls lässt sich sagen, dass sie nicht ohne Bedeutung für die Ankoppelung von Außenwelt und Emotion und Kognition ist. C. G. Jungs intuitive Zuordnung des Bewusstseins zum rechten und des Unbewussten zum linken Sehfeld kann in den Hirnhemisphärenmodellen ihre Entsprechung finden. Nun ist ja gerade bei der Benutzung dieser Modelle viel an privaten Wünschen in den Entwurf der verschiedenen Autoren eingegangen. Die Folgerung kann aber nicht sein, dass Hirnhälftenmodelle deshalb als zu individuell angesehen werden müssten, sondern dass vielmehr darauf geachtet werden muss, dass die Modelle den beschriebenen Individualitäten angepasst werden. Dies bedeutet, dass auch für das Liturgiemodell beispielsweise berücksichtigt werden sollte, dass es viele Menschen gibt, die eine andersartige Beteiligung der Hemisphärendominanz aufweisen und deswegen eher den Weg von rechts nach links als einen Weg des Bewusstseins empfinden würden.

Je mehr man Religion von Ritus, Zeremonie und Symboldimension entkleidet, umso mehr gerät auch sie in den Sog des frei verfügbaren Zeichens. Je nachdem, wie man eingestellt ist, kann man dies als Gewinn oder Verlust verrechnen. Bei Jean Baudrillard beispielsweise wird die Entkoppelung der Zeichen von der Wirklichkeit als ein Verlust empfunden und gar als perfekter Mord an der Wirklichkeit bezeichnet. Demzufolge ist die völlige Verfügbarkeit der Zeichen, wie sie sich heute entwickelt hat, eher als ein Entgleiten von Wirklichkeit zu deuten, in welchem der Mensch nicht mehr Freiheit gewinnt, sondern eher dem Sturm ausgeliefert ist, mit dem er in handelnder Freiheit die Wirklichkeit gar nicht mehr erreichen kann. Eine solche Entwicklung lässt sich auch als vorteilhaft beschreiben in dem Sinne, dass man sagt, der Mensch ist nicht mehr der Suggestivkraft der Symbole ausgeliefert und kann rationaler argumentieren und mit dem Zeichen nach den Gesetzen der Rationalität umgehen. Dann wäre die Befreiung von den Symbolen eine Befreiung, die ein notwendiger Beitrag zum friedfertigen Zusammenleben des Menschen darstellt. Symbole als Vereinigung von Emotionalität und ästhetischer Wahrnehmung sind oft geschaffen oder entwickelt, um Menschen in ihrem Verhalten zu homogenisieren. Die Ästhetik des Nationalsozialismus beschwor die Kraft der Symbole. Ganz in ihrem Horizont formulierte C. G. Jung, dass Symbole Energien auf sich laden und Energieträger sind. Gerade dies will aber die freie Vernunft vermeiden, weil die Abhängigkeit von Energien dem vernünftigen Argumentieren möglicherweise im Wege steht. Die Symbolik des reinen nationalen Machthungers kann schnell entlarvt werden. Symbole als verengte Kopplung von Emotionalität und Rationalität können geeignet sein, dem anderen wie mit einem Dreschflegel über den Mund zu fahren. Die Struktur miteinander verkoppelter Dreschflegel lässt sich gerade auch in der Swastika, dem Symbol des Nationalsozialismus, noch ausmachen. Mit diesem Symbol wurde der brausende Sturm verherrlicht und nicht das stille Argumentieren.

Symbolkritik ist eine wichtige Tätigkeit einer Gesellschaft, in der man zusammenleben möchte, insbesondere wenn durch das Zusammentreffen verschiedener Traditionen auch verschiedene Symbole einander demonstriert werden. In solchen Situationen stellt sich die Frage, ob Symbole nicht auch zur Ausgestaltung eigener Macht missbraucht werden, selbst wenn sie zunächst religiöse Symbole und nicht nur nationale Expansionszeichen waren.

Es ist eine wichtige Aufgabe der menschlichen Gemeinschaft, die Notwendigkeit der lebensweltlich emotionalen Verankerung der Rationalität vom Missbrauch von Symbolen für Gruppeninteressen wohl zu unterscheiden. Natürlich sind die Fälle im Einzelnen oft komplex und schwierig verflochten. Moshe Zimmermann (persönliche Mitteilung) berichtet über eine komplexe Situation (komplexere Situationen als im Nahen Osten sind kaum vorstellbar). Unter den palästinensischen Studenten der Hebräischen Universität gibt es auch Christen. Diese bestanden darauf, dass in der Universität am Haupteingang zu Weihnachten ein Weihnachtsbaum aufgestellt würde. Nun ist der Weihnachtsbaum eigentlich kein Symbol, das eine Aussage zum innersten Kern des Christentums macht. Gerade überzeugte Christen lehnen ihn sogar als heidnisch ab. Was bedeutet es nun, wenn dieses Symbol in der Jerusalemer Universität aufgestellt werden soll? Wird hier nicht ein palästinensischer Protest artikuliert, statt dass eine Glaubensgemeinschaft sich selber bekunden will? Wurde der Weihnachtsbaum nicht zum Symbol palästinensischer Identität und palästinensischen Protestes? Die Fragen sind schwer zu beantworten, und vieles deutet darauf hin, dass Symbole mehr und mehr nebeneinander auftreten werden. Dies wird kennzeichnend für eine bestimmte kognitive Phase der Menschheit, in der auch immer auf Alternativen emotionaler Verankerung verwiesen wird.

Hier wird es sicherlich wichtig, Strategien des Übergangs und des intelligenten Umgangs mit Symbolen zu finden. Der Übergang ist nicht leicht zu vollziehen, da die Angst, die eigene symbolische Verankerung der eigenen Kognition zu verlieren, bisweilen gerade den Fanatismus schürt, den es zu überwinden gilt. Voreilig aus der Al-Aksha-Moschee in Jerusalem ein internationales Glaubenszentrum machen zu wollen, könnte dazu führen, dass die intensivierte Glaubensrelativierung den noch mehr den Ängsten ausgesetzten Menschen aus seinen ethischen Bindungen löst.

Seit dem Streit um die «Wirklichkeit» der Inkarnation, wie er zu Luthers Zeiten geführt wurde, ist die Dynamik zwischen Wirklichkeit, Symbol und Zeichen nicht zur Ruhe gekommen. Bei dieser Diskussion ist es auch wichtig, ethische Bindungskraft von Religion nicht zu vergessen. Sicherlich wäre es nicht verkehrt, Mitmenschen danach zu beurteilen, inwieweit sie ethische Kraft zum Zusammenleben aufbringen, statt aus ihrem Verbundensein mit Rationalität oder Symbolik vorschnell auf ihr Verhalten zu schließen. Da auch ein Mensch, der sich zur Rationalität bekennt, seinen organismischen Realitäten ausgeliefert ist, kann man vom Standpunkt der Neurodynamik nur von einer Beurteilung des Gesamtsystems und nicht seiner Bekenntnisse innerhalb der Teilfunktion der Kognition ausgehen. Vielleicht ist diese Erweiterung der Perspektive bei der Förderung des Zusammenlebens der Menschen bereits eine Hilfe. Auf diese Weise könnte nämlich vermieden werden, das unabschließbare Verrechnen rationaler Systeme und ideologischer Verklausulierungen ohne Prüfung der Wirklichkeit zu vollziehen.

Konfliktbearbeitung durch Inszenieren statt Sprechen? Zur Poesie der Multilateralität

> «... the whisper of a Sarong ...»?
> «Sari», corrects Mason. «Not at all, Sir, – 't was I who was sarong.»
>
> *Thomas Pynchon*

> Doch Götter reden nicht: bauen, zerhauen Welten,
> während die Menschen reden. Die Götter ohne Worte,
> spielen schreckliche Spiele.
>
> *Octavio Paz*

Die phonetisch artikulierte Sprache ist eine relativ späte Erwerbung in der Evolutionsgeschichte. Dennoch ist es nicht so, dass die Sprache nur im oberen Stockwerk eingezogen wäre, während unten stumme Lieferanten ein und aus gehen. Die evolutionär älteren Strukturen können in das Sprachgeschehen einbezogen werden. Sie müssen sich dafür aber durch Inszenierungen bemerkbar machen. Insbesondere die *Area entorhinalis* spielt eine große Rolle, weil Funktionen der Sprache hier unmittelbar zugänglich sind. Sie spielt eine Rolle bei Geruch, Geschmack, vegetativen Funktionen, Emotionen und Gedächtnis. Eine Hoffnung des Abendlandes war es, dass das Wort in die Tiefen des Gehirns hinabreichen könne. Die späten Konzepte des Rationalismus knüpfen daran noch an. Gewiss ist es eine Beruhigung für den Menschen, Riten zu entwickeln, in denen das Wort «schmackhaft» wird. Es ist aber auch nicht schlecht, wenn die Dinge zum Wort kommen, indem man sie inszeniert. Manchmal geht beides sogar Hand in Hand. Selbst Freud, der die psychische Störung als Trennung von Ding und Wort ansah, in der Therapie die Dinge nicht von den Worten abgekoppelt lassen wollte und dem Wort also eine besondere Rolle im psychischen Geschehen zusprach, wollte die Heilung nicht durch bloßes Besprechen herbeiführen, sondern suchte die Inszenierung der psychischen Übertragung zwischen Patient und Therapeut. Was dabei an energetischen Verschiebungen stattfindet, kann anschließend zu Wort gebracht werden.

In der Tat würde man in eine grässliche Falle tappen, wenn man ein psychisches Trauma dadurch zu heilen versuchte, indem man es direkt benennen wollte. Im Alltagsgebrauch psychotherapeutischen Wissens wird dies nicht selten so vollzogen, dass man meint, etwas direkt zur Sprache zu bringen würde schon einen Heilungsprozess herbeiführen. Das Problem ist aber, dass die direkte Ansprache den Zugang zu den tieferen Strukturen verwehrt. Die eigene Kategorialität der tieferen Strukturen kommt erst in der Inszenierung zum Ausdruck und kann dann anderen Kategorien als denen der Sprache unterworfen werden. Versuche im Alltag, mit Freunden und Bekannten therapeutisches Bereden durchzuführen, kann die Verletzung unter Umständen sogar vertiefen. Vorsicht also vor der Universalisierung des Wortes! Es schädigt unter Umständen jene privaten Strukturen, die es umzustrukturieren gilt. Doch wie inszeniert man, wenn die Worte der einen Religion das Gefühl der anderen verletzen und die Worte der anderen das Gefühl der einen? Wie inszeniert man, ohne dass es zur Szenerie des Krieges kommt? Vieles liegt daran, dass es zu einer seelischen Ökonomie kommt, bei der die Energien, die man durch die Sprache nicht wieder neu ordnen kann, nicht durch den Maximaleffekt des Krieges abfuhrfähig einkalkuliert werden. Das Miteinanderleben, schon in kleinen gemischten Gruppen, kann die großen Probleme der Welt vielleicht ein klitzekleines bisschen mehr heilen helfen.

Es gilt daher, paradigmatische Kleingruppen-Interaktionen zu finden, die neben verbaljuristische Verhandlungsrunden gestellt werden können. Dabei kann nicht einfach nur das Nonverbale – z. B. der Kunst – als Alternative genommen werden, denn die Religionen haben bisweilen selbst ein extremes Verhältnis zur Kunst. Wichtig ist, dass bei der Gefahr von Kriegen nicht nur bilateral verhandelt wird, denn hier gerät nicht nur die Sprache, sondern auch die Übertragung an ihre Grenze (der Therapeut mag mit der Übertragungsliebe ausgestattet werden, beim Feind ist das schwieriger – die Möglichkeiten mystischer Kommunion mit ihm über die Dreifaltigkeitslehre sei hier nur erwähnt [den Herrn im anderen sehen]). Eine der möglichen

Empfehlungen lautet also: multilaterale Gespräche. Sind mehr als zwei Parteien beteiligt, erhalten Worte sehr schnell eine poetische Ambiguität, auch wenn sie als Begriffe gemeint sind.

Zungenreden und Verstand

Das Charakteristische von religiösen Phänomenen hat man schon nicht dadurch im Griff, dass man eine neurophysiologische Grundlage kenntlich macht. Dennoch liefern die Parameter des menschlichen Körpers Orientierungshilfen auch bei der Beschreibung der Phänomene. Mit dem Mundraum kann man auf sehr unterschiedliche Weise umgehen. Untersuchungen zur Evolutionsgeschichte zeigen, dass bei Primaten (Makaken) das Hemihirngebiet, das später zum motorischen Sprachzentrum wird, eine große Rolle bei mimetischen Funktionen spielt. Wir können uns auf einer gewissen Ebene dem Verhalten der anderen nicht entziehen. Es sind die so genannten Spiegelneuronen, die auf die motorische Tätigkeit eines anderen genauso ansprechen wie auf meine eigene. Es wäre verkehrt, daraus zu folgern, dass der Mensch ein der Sozialisation völlig ausgeliefertes Wesen wäre. Genauso verkehrt wäre es aber, sich Individualität als so atomistisch vorzustellen, dass sie von den Tätigkeiten des anderen völlig unabhängig wäre. Die mimetische Ebene der Spiegelneuronen kann aus unseren kognitiven Leistungen gar nicht entfernt werden.

Wir können uns aber zu ihrer Integrationsfunktion verhalten. Sie eliminieren zu wollen und unsere Autonomie gegen mimetische Leistungen stellen zu wollen würde die Eigenschaften des menschlichen Organismus verkennen. Lässt man einen Makaken allerdings z. B. eine Pinzettenbewegung mit Daumen und Zeigefinger durchführen, dann kann man bei diesem in den Spiegelneuronen eine bestimmte Aktivität finden, die sich auch bei jenem Makaken findet, der motorisch untätig ist, aber seinen Artgenossen beobachtet. Lässt man diese Pinzettenbewegung von einem Roboterarm durchführen, dann kommt es in den Spiegelneuronen des beobachtenden Primaten zu keiner registrierbaren Aktivität. Es handelt sich hier also um eine soziale Imitationsfunktion, die auch in die Motortheorie der Sprachwahrnehmung beim Menschen schon vor diesen Primatenexperimenten Eingang gefunden hatte. Gemäß der Motortheorie der Sprachwahrnehmung artikulieren wir die Worte des anderen nach und nehmen erst über dieses innere Nachsprechen wahr, was der andere gesprochen hat. Diese mimetischen Leistungen sind also die Grundlage dafür, dass ich etwas überhaupt verstehe und dann auf einer höheren Ebene bewerte. Es wäre verkehrt, die Leistung des Gehirns durchgehend als konstruktivistisch anzusehen. Auf einer bestimmten Ebene liegt die Memesis, auf der beruhend Konstruktion in einem weiten Sinne überhaupt erst möglich wird.

Man kann sich das Individuum als atomistischen Punkt vorstellen, wenn es um dessen Schutzrechte geht. Anhand dieser Vorstellung wird die Orientierung wachgehalten, dass sich Rechte an Individuen orientieren müssen und dass es nicht um verhandelbare Allgemeinbegriffe geht, die ohne Rücksicht auf Einzelne verrechnet werden können. Will man die Freiheit des Individuums jedoch zur vollen Entfaltung bringen, so scheint es ratsam, dessen Bedürfnis nach Gemeinschaft zu respektieren und diese Freiheit nicht als ein atomistisches Geschehen allein darzustellen. Denn in radikaler Individualität kann Freiheit sich oft gar nicht erst artikulieren. Sie bedarf der Sprache, die dann für individuelle Zwecke genutzt werden kann.

Gerade um den wenig hilfreichen Entgegensetzungen von Atomismus und Gemeinschaftlichkeit zu entgehen, empfiehlt es sich, den Gedanken des Gesetzes genauer ins Auge zu fassen, das in seiner Minimalversion («Du sollst nicht töten» und von da aus weiter gehend «Du sollst helfen») sich jenseits der Unterscheidung von eigen und fremd befindet und als Ermöglichungsgrund meines Eigenen gar nicht erst zu meinem Eigenen gemacht werden muss.

Mit dem Oralraum kann der Mensch auf verschiedene Weise umgehen, er kann saugen, schlucken, schmatzen, lecken. Aber auch aggressive Momente sind in der oft als sanftmütig erscheinenden Oralität enthalten. Zähne können aufblitzen, der andere kann weggebissen werden. Die Artikulation als «gemeinschaftliches» Ereignis kann de-

*El Greco, «Die Ausgießung des Heiligen Geistes» («Pentecost»,
1603–1607, Madrid, Prado)*

monstrativ durch das Herausstrecken der Zunge unterbrochen werden. Dann wird Oralität gezeigt, in ihrem Innersten geöffnet und erscheint wie ein Insekten verschlingendes Chamäleon.

Zwischen der gemeinschaftlichen Funktion der Sprache und der oralen Friedfertigkeit des Säuglings finden sich Übergänge im möglichen Umgang mit dem Oralraum. Oralität, die sich häufig friedfertig gibt, kann jedoch auch den Schrei bergen. Der Mund des Menschen ist ein unsicherer Kandidat, und mit einem lockeren Mundwerk sind schon viele Schäden angerichtet worden. Doch auch im Oralraum gibt es Versuche, einen Kompromiss zwischen artikulierter Gemeinschaft und Eigeninteresse herzustellen, so, wenn im Zungenreden gemeinschaftlich die Lust am Eigenen gepflegt wird und versucht wird, mit dem Eigensten einverständlich zu sein.[7] Klinische Befunde sprechen dafür, dass beim Zungenreden die Sprachmechanismen beider Hirnhälften zum Zuge kommen. Aus den Befunden über Jargonaphasie ist es bekannt, dass ein niedriges Niveau der Integration sprachlicher Leistungen nach Schädigung der linken Hemisphäre gefunden wird und dass gleichsam eine Haltung kindlicher Sprachformung eingenommen werden kann.[8] Auch hier wäre zu fragen: Wie gehen wir mit dem Kind im Menschen um, das nicht leiden, sich zu Hause fühlen und von allen in seinem Eigensten zugleich angenommen werden möchte? Hier zeigt sich wieder, dass es gefährlich ist, die tieferen Integrationsstufen des Menschen universell zum Bezugspunkt zu machen, dass es aber auch gefährlich sein könnte, die Bedürfnisse des Kindes im Manne und des Kindes in der Frau nicht zu berücksichtigen. Verstand sollte nur gegen schlechte Gefühle ausgespielt werden und Gefühle nur gegen schlechten Verstand. Beides kann missbraucht werden, Gefühle genauso wie der Verstand. Die Oralität der am «Om»-Laut ansetzenden Meditation hat die Om-Sekte (englische Schreibweise: «Aum») in Japan nicht davor bewahrt, terroristische Giftgasanschläge auf U-Bahn-Stationen durchzuführen.

Die Nacht, die Isomorphie
und das religiöse Symbol

> Das Wort des Menschen aber ist die Tochter des Todes.
> Wir reden, weil wir sterblich uns wissen: unsre Worte sind
> nicht Zeichen, sind Jahre.
>
> *Octavio Paz*

> ... die Sonne, Zahlzerstörerin, die nie noch einen Traum
> gekreuzt, ...
>
> *Federico García Lorca*

Der Psychologe William James hatte das Bewusstsein des Menschen mit einem Strom verglichen. In der Tat ist es eine Leistung der Konzentration, aus dem Strom einzelne Dinge herauszuangeln und als Vorstellung festzuhalten. Im Allgemeinen tritt dieser Strom auch gar nicht unter dem Bild des Stroms auf, sondern es sind die verschiedensten Bilder, die hier auftauchen. Wie in einer Nacht, wie Hegel schreibt, in der plötzlich ein fahles Gesicht erscheint und dann wieder verschwindet. Oft wurden diese Erfahrungen unter dem Begriff der Einbildungskraft und des Schemas abgehandelt. Kant weist dem Schema eine systematische Funktion auf dem Weg vom Begriff zur Wirklichkeit zu. Er ist der Ansicht, dass keinesfalls alle Menschen die Geschehnisse bewusst erleben. In der Tat gibt es große Unterschiede darüber, inwieweit das eigene Denken nicht nur bildlich erfasst, sondern auch darin beobachtet werden kann, wie es Fragmente von Bildern, gleichsam kurzlebige Isotope des Geistes, für die anhaltende Umwälzung seiner Inhalte verwendet. Vieles spricht dafür, dass man in diesem Bereich Verschiedenes unterscheiden muss: Bilder, die im Bewusstseinsstrom davontreiben, ohne eine besondere weiterreichende Bedeutung zu haben; Schemata, die einen starren Rahmen für sprachliche Darstellungen abgeben sowie Momente der Einbildungskraft, die bei der Konstituierung von Wirklichkeit eine Rolle spielen. Es wird noch eine Weile dauern, ehe man diese «Hydrodynamik» besser versteht. Gewiss ist es kein Zufall, dass man vom Strom des Bewusstseins spricht. Schließlich wird versucht, die Neurodynamik des Gehirns auch mit vielen Metaphern der Wellenbildung voranzutreiben. Zur Zeit wird das Thema Einbildungskraft in der Philosophie eher für eine Sackgasse gehalten, in der es keine Durchfahrt zur Betrachtung der Gesamtarchitektur des Denkens gibt.[9] Auch die bildgebenden Verfahren der Nuklearmedizin zeigen, auf die Hirnrinde bezogen, eher ein nächtliches Stadtbild, in dem hier und da mal ein Fenster aufleuchtet und nur mühsam die funktionellen Gesamtstrukturen erfasst werden können. Vieles spricht jedoch dafür, dass das, was in einem weiten Sinne als Einbildungskraft bezeichnet werden kann, für die Gesamtdynamik der Kognition und der Emotion eine erhebliche Rolle spielt. Ihre fragmentarischen Bilder lassen sich nur nicht so leicht einer isolierten Betrachtung unterziehen wie in der Sprache oder in der Wahrnehmung festgehaltene Zusammenhänge.

Meiner Ansicht nach ist die Erforschung der Einbildungskraft keine Sackgasse bei der Untersuchung von Kognition. Möglicherweise wird sich gerade hier so etwas wie eine Isomorphie zwischen zerebralen Aktivierungsmustern und den wechselnden Schemata des Denkens ergeben, die oft nur abrissartig geometrische Aspekte aufweisen. In einigen Bereichen der Kognitionsforschung konnten Isomorphiebeziehungen zwischen mentaler räumlicher Vorstellung und den Zeitparametern beispielsweise für mentale Rotation aufgewiesen werden. In welchem Maß die Bilder so schnell aufsteigend und verschwindend auch immer sein mögen, in einigen Fällen scheinen sie eine konstitutionelle Rolle bei der Organisation von Hirnprozessen zu haben. Offenbar sind sie gerade deswegen so wechselhaft und für sich nur selten bedeutsam und werden, wie Kant bemerkte, nicht von allen der Aufmerksamkeit zugeführt. Es ist aber anzunehmen, dass sie gerade bei kreativen Umorganisationen der Kognition eine hervorragende Rolle spielen. Schon Sartre wies darauf hin, dass eidetische Phänomene – z. B. die Assoziation einer Farbe mit Gerechtigkeit – nicht nur psychologische Assoziationsphänomene sind, sondern dass die entsprechende Farbe die Gerechtigkeit selbst sei.[10] Das ist eine starke Formulierung für den Versuch, den wechselnden Erscheinungen der Nacht des Geistes einen deutlicheren «anthropologischen» Status zuzuweisen.

Den religiösen Symbolen kommt, wenn sie in der Helle des Bewusstseins konstruiert werden, natürlich ein ganz anderer Status zu, bei welchem sie nicht unbedingt die Offenheit der Seele gewährleisten. Gerade deswegen wird auch in manchen Traditionen gefordert, die helle Sonnenscheibe zu durchstoßen[11], um hinter ihr das reine Denken zu finden (das natürlich nicht ohne Momente der Einbildungskraft geschieht).

Religiöse Symbole haben insbesondere die Aufgabe, dem Strom des Bewusstseins eine dauerhafte Referenz zu liefern. Dann gestaltet sich das Flussbett nicht nach der Dynamik des Stroms, sondern entsprechend dem mitgeschleppten Treibgut, das sich an irgendeiner Biegung verhakt und verankert. Das Glück der weiteren Ereignisse hängt weitgehend davon ab, welcher mitgerissene Bilderrahmen, welches angetriebene Zeichendreieck, welche angespülte Zielscheibe den Lauf der Wellen beeinflussen soll, Mandalas und andere geometrische Figuren der Meditation. Meine These lautet, dass viele Bilder der Nacht und aufscheinendes Treibgut im Bewusstseinsstrom nicht nur nebensächliche, epiphänomenale Wahrnehmungen des eigenen Denkens sind, sondern Markierungen für die Organisation neuronaler Prozesse abgeben, Merkzeichen des Arbeitsgedächtnisses, wenn man so will. In der kulturellen Wahrnehmung haben sich dabei einige Merkzeichen in den Vordergrund gespielt und sind zur externen Darstellung gelangt, in der sie den Status von Symbolen erreicht haben, mit denen dann manipulatorisch umgegangen werden kann. Wenn solche Merkzeichen jedoch sowohl den emotionalen Haushalt repräsentieren als auch für dessen Organisation herangezogen werden können, dann lässt sich nicht beliebig damit umgehen. Symbole reichen tief in die Psyche hinein, und darum wird seitens der Vernunft immer wieder darauf hingewiesen, sein Denken nicht im Symbolischen erschöpfen zu lassen, da die Beweglichkeit gerade aufgrund der Tiefenverankerung verloren geht.

Es war gerade die nationalsozialistische, am Symbolischen orientierte Ästhetik, die den freibeweglichen Gang der Vernunft einheitlich marschieren lassen wollte. Seitens der Vernunft zu äußern, man solle gar keine Symbole benutzen, ist aber ein Verkennen der Schwierigkeit, die tiefe Verankerung der Vernunft in den zum Teil nur kurzzeitigen Anknüpfungen des Denkens in der Einbildungskraft zu lokkern. Das Denken könnte sogar zusammenbrechen, nähme man ihm tiefere symbolische und präsymbolische Ebenen. Letztlich können diese Ebenen dem Denken gar nicht genommen werden, da sie als Tätigkeit des Gehirns aufgrund dessen Struktur im Wesentlichen immer auf irgendeine Weise zumindest auf lange Sicht in den Gesamthaushalt integriert sind. Insofern ist auch die Position von Descartes, die als rein rational eingestuft wird, mit ihren Bildlichkeiten des punktuellen Ich nicht aus den Dimensionen der Einbildungskraft herauskatapultierbar.] In diesem Sinne ist Antonio Damasio ein Kategorienfehler anzulasten, wenn er meint, dass der Kartesianismus ein von der Welt der Gefühle und Merkzeichen abgekoppelter Denkraum sei. Das Gehirn benutzt auch beim Rationalisten seine Merkzeichen der Einbildungskraft. Es ist vielmehr die Frage, ob man diese auch explizit machen will (Kant hatte darauf hingewiesen, dass sie nicht allen zugänglich sind). Dieser Streit soll aber hier nicht weitergeführt werden, sondern es soll ein wesentlicher Aspekt im Hinblick auf die Frage der Verständigung der Religion stärker verdeutlicht werden.

Besonders wichtig erscheint es mir, dass die Merkzeichen des Geistes nicht beliebig vermischt werden können. Ein derartiger konstruktivistischer Ansatz würde eine Denkreise in die Symbolebene bedeuten, die dann auf der Ebene der Kognition vollendet werden kann. Symbole integrieren größere Kontexte und können darum als Versatzstücke benutzt werden (weshalb manche Nachtgestalten mit einer dauerhaften Eindringlichkeit erscheinen, wäre noch zu klären). Hier soll verdeutlicht werden, dass zwischen den Kulturen und Religionen wohl Gespräche stattfinden können, dass Verständigung aber nicht einfach durch die Vermischung von Symbolen hergestellt werden kann, da die gefühlsmäßigen Kontexte eines Symbols nicht einfach rechnerisch umgestaltet werden können, sondern höchstens in einem komplexen Lebensvollzug in eine Umwälzung geraten können.

Zur Veranschaulichung der Schwierigkeiten des Umgangs mit den Bildern und Symbolen des Geistes sei das Werk des in Tokio und Paris lebenden koreanischen Malers Lee Ufan angeführt. Seit den siebziger Jahren hat er Bilderserien gestaltet mit Titeln «Vom

Punkt», «Von der Linie», «Vom Wind» und «Korrespondenzen», das war jeweils ein langwieriger Prozess, in dem westliche Motive der Serialität und östliche Mandalas immer wieder neue Vereinigungen und Auflösungen eingegangen sind. Im interkulturellen Gespräch sollte man nicht versuchen, die für einen Menschen gültigen Symbole zu verändern. Vielmehr scheint es angemessen, zusätzlich zu den Symbolen, die für die Kognition stabilisierend wirken, einen reflektierenden Diskurs zu führen, damit wir mitunter auch Einseitigkeiten der Symbolintegration kompensieren und kritisch reflektieren können.

Die Rede des toten Christus vom Weltgebäude herab

Der Schriftsteller Jean Paul hat in seinem Roman *Blumen-, Frucht und Dornenstücke oder Ehestand, Tod und Hochzeit des Armenadvokaten F. St. Siebenkäs* (1796 f.) eine ergreifende Traumvision mit dem Titel «Die Rede des toten Christus vom Weltgebäude herab» verfasst.[12] In dieser sagt der auferstandene Christus mit dem Blick auf das Weltgebäude: «Es gibt keinen Gott.» Die Geschichte ist ergreifend und zugleich auch paradox. Denn Christus ist auferstanden und seine Aussage ist damit «performativ» im Widerspruch zu dem, was er inhaltlich sagt. Natürlich fühlt man sich an Positionen erinnert, in denen nicht das Ausgesagte, sondern die Performanz, die Aktivität, das Entscheidende ist. Die Kraft der Auferstehung widerlegt in diesem Fall alle Rede von «Gott ist tot!». Man hat den Eindruck von einer Kraft, die strukturell auch in anderen Bereichen lokalisiert werden kann, in der Rede der Philosophie von ihrem eigenen Tod und vielen anderen Dingen. Diese Art von Rede rührt sicherlich auch an das Geheimnis der Sprache, gerade in der Selbstverneinung auch wirklich werden zu können.

Seltsamerweise fühlte ich mich an dieses von Jean Paul thematisierte Selbstverhältnis erinnert, als ein religiös orientierter Patient aus der Narkose einer Hirnhälfte (der sprachlichen Hirnhälfte) erwachte. Er gehörte einer charismatischen christlichen Betergemeinschaft an. Er litt an einer Epilepsie, die durch einen Herd in der linken Hirnhälfte hervorgerufen war. Die Narkose der linken Hirnhälfte sollte nun klären, wo sein Sprachzentrum lag. In der Tat war es weitgehend in der linken Hirnhälfte lokalisiert und durch das Narkosemittel stillgelegt worden. Als er aus der Narkose erwachte, fing er an zu deklamieren und war in einer besonders angeregten, ja beinahe erregten Stimmung, in der er über religiöse Dinge und die letzten Dinge der Welt zu reden begann.

Einen solchen enthusiasmierten Fall von Redebegeisterung habe ich auch bei einem anderen Patienten beim Erwachen aus der Hirnhälftennarkose erlebt. Als er sein Sprachvermögen wiedergewann, hielt er lange emphatische Vorträge weltanschaulicher Art.

Auch Oliver Sacks beschreibt einen ähnlichen Fall in *Awakenings – Zeit des Erwachens*.[13] Dort handelt es sich um einen Parkinson-Patienten, der durch Medikamente zu einem wacheren Leben geführt wird, in dem er aber sowohl in seinen Bewegungen als auch in seinen Reden überschießend reagiert.

Es gibt Zustände des Nervensystems, vor allem wenn eine Balance wieder gefunden werden soll, in denen die Sprache mit Überschwang einen Zusammenhang zur Skizzierung versucht, der von der Psyche offenbar noch nicht gefunden ist. Erschreckend ist es, wenn eine solche Rede wie bei Jean Paul gleichsam aus dem Subjektstandpunkt des Todes heraus gehalten wird. Deutlich wird, dass die Sprache religiösen Sprechens nicht nur an die Grenze der menschlichen Vernunft zu gelangen versucht, sondern sich manchmal auch aus einem völlig anderen Zentrum heraus konstituiert, aus einer «Exzentrik-Haltung», die wir nur in besonderen Situationen einnehmen können oder wollen.

«Gott ist tot»

Friedrich Nietzsches Satz «Gott ist tot» stellt im Hinblick auf die Glaubenstradition der bis zu seiner Zeit vorherrschenden abendländischen Kirche eine Art «Verkümmerung» des Glaubensbekenntnisses dar. Demzufolge ist Nietzsches Satz nicht falsch, sondern unvollständig. In den Glaubensbekenntnissen der Christen gibt es noch heute den nietzscheschen Teil, der allerdings eine Fortsetzung aufweist: «Deinen Tod, o Herr, verkünden wir, und deine Auferstehung preisen wir!»

Für den Nietzsche-Leser Martin Heidegger[14] ist der Satz «Gott ist tot» Ausdruck eines Verlustes der übersinnlichen Welt. Die «übersinnliche» Welt hat ihre Kraft und Anziehungskraft verloren und kann nicht mehr als Projektionsfläche für den Menschen gelten. In dieser «Entdoppelung» der Projektionsbereiche des Menschen könnte man durchaus einen Vorteil für die menschliche Freiheit sehen. Es kommt nicht mehr zur Aufspaltung seiner Kräfte.

Offenbar wird dies nicht ohne weiteres ausgehalten. Es haben sich nach Nietzsches Wort durchaus auch weltliche Formen der Doppelprojektion gefunden. Es geht dem Menschen manchmal darum, eine Doppelung seiner Welten herzustellen, auch wenn dies innerhalb eines vor allem säkularen Horizontes durchgeführt wird. Bei C. G. Jung findet sich eine derartige Doppelung, die nicht mehr primär religiös ist, sondern die Dynamik des Menschen auf stammesgeschichtliche Archetypen zurückprojiziert.

Würde man den Jenseitsglauben aufgrund der Doppelungsstruktur als eine Einschränkung der menschlichen Freiheit werten wollen, so müsste man in der Jung'schen Theorie eine primär biopsychologisch-weltlich orientierte Form der «Freiheitsberaubung» sehen (ich denke, dass im Jenseitsglauben mehr Freiheitsmöglichkeiten enthalten sind als in der Hingabe an Urbildattraktoren, wie sie bei C. G. Jung vollzogen wird).

Die Tradition der Tiefenpsychologie von Sigmund Freud bis Slavoj Zizek vermag mit dem Satz «Gott ist tot» wesentlich radikaler umzugehen. Bereits Freud erzählt die Traumgeschichte von einem

Vater, der nicht weiß, dass er tot ist. Zizek hält das für die Situation des Christentums: Gott ist tot, aber er weiß es nicht. Wollte man diesem Gedanken weiter folgen, dann wäre der Ruf der Gemeinde «Deinen Tod, o Herr, verkünden wir!» bereits eine wesentliche Informierung des Herrn über seinen Zustand. In diesem Fall wäre er reines Wissen, er ist tot, weiß es aber nicht, bekommt es aber von der Gemeinde mitgeteilt. Das Christentum geht aber nun nicht nur auf Wissen, sondern auch auf Lebendigkeit aus und drückt mit dem oft als zu blutig kritisierten «Gründungsmythos» des Kreuzigungsgeschehens eine Anverwandlung des Wissens in die tiefsten Tiefen des Organismus aus. Dies hat als psychologische Gestalt auch dann noch seine Gültigkeit, wenn man aus medizinischer Perspektive einwirft, dass Nagelung von Händen und Füßen und der Lanzenstich in den Brustkorb keine tödlichen Verletzungen gewesen sein müssen.

Zieht man sich auf die frühkindliche Entwicklung zurück, so könnte man in der Dramatik von Tod und Auferstehung eine Erfahrung von Identität und Verlust sowie Gewinn der Neuronen und Neuronenverbindungen ausgedrückt sehen. Im Untergang findet die Auferweckung statt. Die Identität schlüpft in das, was man aus externer Perspektive als von außen auferlegt hätte beschreiben wollen (auferlegter Untergang, auferlegtes Gesetz usw.).

Das Gebet

Die Begriffe Mensch und Gott können als um die Freiheit und ihre Konstitution rivalisierend gedacht werden, als ob sie einander Entfremdung aufbürden würden. Immer wieder meinen Menschen, in Gott die Grenzen ihrer Freiheit erkennen zu müssen. Aber auch wenn dies nicht geschieht, gelangt das begriffliche Denken bisweilen zu Folgerungen, die seinen eigenen Aussagen widersprechen. Wenn Feuerbach der Ansicht ist, dass der Mensch in Gott sein Wesen findet, ist daraus bisweilen gefolgert worden, dass der Mensch über Gott verfügen könne. Dies gehört zu den Verführungen, die der Begriffssprache die Urteile ermöglichen und dann eine Herrschaftsrelation über den Gegenstand zelebrieren. Auch wenn es zum Wesen des Menschen gehören mag, einen Gott an den Himmel zu projizieren, so ist mit dem Begriff des Wesens dem Menschen noch kein Herrschaftsraum über das Projizierte zugeteilt. Projektionen haben ihre eigenen Gesetze, die im Fall der Religion besser von religionseigenen Erfahrungen – wie den Bereich der Gnade – beschrieben werden, als dass sie von der Herrschaft eines Subjekts aus genügend charakterisiert werden könnten. Feuerbachs Religionskritik könnte daher auch so gelesen werden, dass, wenn der Glaube das Wesen des Menschen ausmacht, nun zum Thema Glauben und nicht unbedingt zum Thema Mensch überzugehen wäre.

Das Gebet ist keine Beziehung zwischen Begriffen. In ihm stoßen sich das Ich und der Herr nicht. Das Gebet ist eine «Performanz», aus der man Metaphysik heraushalten oder herausziehen kann. Anders als die Begriffe kommt es nicht mit einem Besitzanspruch einher. Es tröstet und versöhnt das Subjekt in seinen Versagenszuständen mit dem Realen, führt es in eine symbolische Ordnung ein und beglückt es mit dem Erleben einer Relation.

Ein Patient mit einer Schädigung im linken Schläfenlappen, die eine leichte Sprachstörung zur Folge hatte, berichtete, dass er nicht mehr so intensiv beten könne. Dies ist das Erschreckende, dass selbst die Trostmechanismen des Gehirns durch eine Hirnschädigung dem Menschen genommen werden können. Die Einsicht in die Hirnbedingtheit selbst von Religion bedeutet die Einsicht in den Sachverhalt: Why God may go away! Vielleicht wird Jean Pauls erschreckende «Rede des toten Christus vom Weltgebäude herab» von der historisch überlieferten Rede (die letzten Worte am Kreuz) noch übertroffen: «Mein Gott, warum hast du mich verlassen!» Aber ist die Rede von der Verlassenheit, wenn sie sich an den anderen wendet, nicht Ausdruck einer tiefstmöglichen Beziehung?[15]

«Cré nom»

Eine Schädigung der linken Hirnhälfte hatte bei einem Patienten zu einer rechtsseitigen Halbseitenlähmung geführt. Außerdem war die Sprache ausgefallen. – Bis auf zwei Wörter: «cré nom». Der Patient war ein Kunstkritiker und Genie der Dichtung. Warum konnte er, dem ein Leben lang so viele Wörter zur Verfügung standen, dann nur noch diese beiden Wörter sagen? Man nimmt an, dass «cré nom» für den Ausdruck «sacré nom de dieu» stand, also heiliger Name Gottes. Die Krankheit hatte ihm alle Wörter genommen, und auch der verbliebene Ausspruch war auf bemerkenswerte Weise verkürzt. Es war, als ob aus der christlichen Fassung «heiliger Name Gottes» eine verkürzte Version entstanden war, die der jüdischen Zurückhaltung gegenüber der Aussprache des Herrn eher entsprach: «heiliger Name». Nun wird diese Verkürzung nicht Ausdruck einer christlich-jüdischen Konversion gewesen sein. Man kann nicht ausschließen, dass *cré* auch für *creé nom*, also geschaffener Name, stand (was in der gleichen Sinnlinie verbleiben könnte). Das Erstaunlichste und Tragische daran (wenn dies nicht zu griechisch gedacht wäre) ist die Tatsache, dass bei einem Genie der Sprache gerade jene zwei Wörter nach der Hirnschädigung bleiben, die den Namen des Herrn anzeigen sollen. Hatte Charles Baudelaire[16], um den es hier geht, sein Leben lang den heiligen Namen in seinem Sinn gehabt, wenn er Exzess und Intensität des Lebens und Liebens gesucht hatte und dafür die Sprache des Bösen heranzog? War am Schluss das herausgebrochen und als Sprache verblieben, was die Achse seines Lebens darstellte, eine Heiligung, die auch den sinnlichen Exzess in sich aufnehmen und eine «glückliche Schuld» leben wollte, die aus der Intensität des Erlebens heraus wohl mit den Vokabeln des Bösen belegt, nicht aber von Verzweiflung überlagert wurde? Es kann auch anders gewesen sein, nämlich dass Baudelaire in Verzweiflung über seine Krankheit und sein Sprachunvermögen sich ganz auf seine Worte konzentrierte und diese auch im Kern aussprechen konnte, die den letzten ihnen verbliebenen Halt anzeigten. Auch dies ist denkbar, aber bedeutet noch nicht, dass das Lebensende Charles Baudelaires als eine Geschichte der Reue beschrieben werden müsste. Vielleicht kam diese Kraft der Zuwendung zum Herrn gerade aus der Intensität dessen, was er gelebt hatte.

Nimmt man den Vorgang der Wandlung des Nichtsprachlichen in Sprachliches als eine wesentliche Form der Hirntätigkeit an, dann stellt ein Verlust des Sprachvermögens ein einschneidendes Geschehen in die geistige Tätigkeit dar. Verlust der kommunikativen Sprache ist aber noch nicht Verlust des Sprachvermögens. Sprachvermögen und innere Sprache können gewahrt sein, wenn die Kommunikation auf sprachlicher Ebene auf minimale Reste reduziert ist. Eigennamen gehen bei Hirnschädigung besonders leicht verloren, da sie nicht durch ein System von Klassifikationen abgesichert werden können. Der Name des Herrn, sei es durch Heiligung, sei es durch Zurückhaltung ihm gegenüber, kann ein Trost in den letzten Zerrüttungen der Seele, des Geistes, des Gehirns und des Körpers sein. Nicht umsonst wird in der jüdischen Tradition im Sterben der «Einzige» in der Form angerufen, dass gesagt wird, dass er der Einzige ist.

Evolution und Risiko

Evolution und Balance

Denn Risikosteigerung ist der Preis, der für die Bestandserhaltung auf immer komplexerem Niveau bezahlt werden muss.

Thomas Blanke

The failure of the rational model is not in its logic but in the human brain it requires. Who could design a brain that could perform the way this model mandates? Every single one of us would have to know and understand everything, completely and at once.

Daniel Kahneman

Es hat Phasen gegeben, die in der Evolution des Menschen bzw. des werdenden Menschen besondere Anforderungen an sein Nervensystem gestellt haben. Sicherlich war der Erwerb des aufrechten Ganges von großer Bedeutung. Das Nervensystem musste neue Koordinationen von Visualität und Motorik übernehmen. Was diese Entwicklung bedeutet, kann man sich klar machen, wenn man sieht, wie ein Hündchen dressiert werden soll, auf den Hinterpfoten zu laufen. Das hohe Anspruchsniveau der Koordinationsaufgaben wird dann deutlich. Geht man davon aus, dass die Hälfte des Nervensystems für Hirnfunktionen eingesetzt werden muss, so kann man sich vorstellen, wie hier ein neues Gleichgewicht zwischen Hemmung und Aktivierung erworben werden musste.

Interessanterweise war aber gerade diese Phase der Entwicklung auch mit einem besonderen Phänomen menschlicher Begegnung verbunden. Durch die Aufrechtstellung hatte dieses Wesen seine Genitalien entblößt und einander zu einer größeren Stimulation verführt. Es ist von großem Interesse zu sehen, dass auf diese Weise die

Sexualität eine besondere Rolle in der Entwicklung des Menschen spielen konnte.

Der Mensch sah sich also vor die Aufgabe gestellt, während der Wahrnehmung sexuell stimulierender Informationen gleichzeitig hemmende Impulse zur Aufrechterhaltung des Gleichgewichts zu produzieren. Man kann sich vorstellen, dass er aus diesen Notwendigkeiten heraus, um sein Gleichgewicht zu behalten, sein kognitives System an der orientierenden Vertikale ausrichten wollte, und der «Höchste» hatte dadurch im motorischen und im kognitiven System orientierende Funktion. Möglicherweise war durch diese Analogisierung der gleitende Übergang in die Motorikkontrolle vorbereitet.

In unserer Kultur ist heute allemal zu beobachten, wie die Bedeutung der Vertikalen zurückgeht. Koordination gehört mittlerweile auch zu den mehr oder weniger automatisierten Eigenschaften des Menschen. Darüber hinaus hat er die evolutionären Nischen des Sitzens längst um die Fortbewegung im Sitzen erweitert. Die Frage nach Gott hat sich aus den Notwendigkeiten der Körperkontrolle abgekoppelt, sie ist nicht mehr so eindeutig mit «Himmel» oben und «Hölle» unten verbunden. Die kognitiven Koordinaten haben sich emanzipiert und die in einigen Religionen schon immer gepflegte Nichtsituierung des Herrn erscheint jetzt umso aktueller.[1] Natürlich fallen wir leicht in die Koordinaten bzw. Trajektorien der Raumorientierung und gar Territorialisierung zurück. Auf dem Teppich zu bleiben gehört zu den wichtigsten Altersweisheiten, und die Erdung des Geistigen gilt gleichsam als praktische Regel für die seelische Gesundheit. Die Fragen des Gleichgewichts sind aber nicht mehr so dringlich, und man kann auf die Zeiten zurückblicken, in denen der Mann angesichts der Sexualität das Gleichgewicht verlor und rituell zum Kniefall vor der Angebeteten ansetzte. Das Vokabular vom Fall oder gar Sündenfall markiert dieses Umfeld noch weiterhin und lässt psychoarchäologisch erkennen, welch ein dramatischer Zusammenhang sich in der Koevolution von Gleichgewicht und Sexualität aufgetan hatte.

Evolution stellt kein lineares Geschehen dar, und es ist von Interesse, dass die Wechselwirkungen zwischen aufrechtem Gang und Entblößung des Geschlechts auch in der Reaktion hierauf zum Ausdruck kommen. Die Bedeckung der Scham mit einem Lendenschurz hat Auswirkungen auch für die Körpermotorik des Menschen. Der menschliche Körper ist im Bewusstsein nicht ständig repräsentiert. Wir nehmen ihn vornehmlich über Positionsänderung (Gelenkrezeptoren und Muskellängenmesser) und über Kontaktverschiebungen wahr. Die Bekleidung der Lenden erzeugt über den Hautkontakt Informationen, die für die Verrechnung der Körperposition benutzt werden können und zur Stabilisierung des Gangs beitragen. Das Stabilitäts- oder Balancerisiko wird auf diese Weise für den menschlichen Organismus vermindert.

In diesem Zusammenhang sei der Begriff des *Balancerisikos* in einem allgemeineren Sinn eingeführt. Der Mensch muss mit verschiedenen Risiken umgehen. In der Entwicklungsgeschichte war der Umgang mit *externen Risiken* bestimmt am wichtigsten. Der Mensch musste sich mit Tieren und den Klimaverhältnissen auseinander setzen. Die Gefährdung durch wilde Tiere scheint heute gebannt zu sein, die Witterungsverhältnisse hingegen könnten in Zukunft in dem Maße, wie der Mensch seine Kontrolle über die Biosphäre ausweitet, umso unberechenbarer werden. Das *Interferenzrisiko* – das Risiko, das dadurch entsteht, dass der Mensch die natürlichen Kreisläufe mehr und mehr kontaktiert – wird unter dem Stichwort Ökologie bereits intensiv diskutiert. Neben dem externen Risiko, das sich mittlerweile zusätzlich als ein Interferenzrisiko darstellt, muss aber noch ein weiteres Risiko erörtert werden, das entsteht, wenn der Mensch die interne Balance seiner Impulse verlässt und in neue Handlungsbereiche eintritt: das Balancerisiko. Man könnte auch einfach vom Risiko der Freiheit sprechen, doch das verführt dazu, strukturelle Gegebenheiten zu übersehen. Es gibt ein Risiko, das dadurch auftritt, dass der Mensch neuen Reizen ausgesetzt ist. Dies muss benannt werden, damit der Mensch seine Freiheit handhaben kann. Es ist nämlich denkbar, dass der Mensch diese neuen Reize vermehrt abwehren will und dadurch zu Verdrängungs- oder gar Annihilationshandlungen verführt wird.

Wichtig ist, dass wir uns in einer Evolutionsphase (kulturelle Evolution) befinden, in der Reize in unterschiedlichen Kulturbereichen unterschiedlich abgefangen werden. Das Kopftuch beispielsweise ist nicht nur Symbol einer Religionsgemeinschaft, sondern auch Ausdruck eines Versuchs, Reiz und Handlungsverhältnisse unter ökologisch schwierigen Bedingungen (vor allen Dingen bei der Wüstenbevölkerung) in ein überlebensfähiges Gleichgewicht zu bringen. Es ist wichtig, darauf hinzuweisen, dass Bekleidung stets auch die Funktion der Stimulusbalance besitzt, damit bei Rechtsentscheidungen (z. B. Kopftuchgebrauch im Schulwesen) das Verhalten von Religion nicht fälschlich als bloße Symboldemonstration gedeutet wird. Sowohl die Fronleichnamsprozession als auch der Christopher Street Day haben eine symbolische Dimension, geben einen Hinweis auf eine energetische Ökonomie und sind zugleich auch schon Teil von ihr.

Mir scheint es wichtig zu sein, dass der Mensch in der Lage ist, die eigene energetische Ökonomie unabhängig von unterschiedlichen energetischen Ökonomien zu betreiben. Schlimm wäre es, wenn emotionale Ablehnung, z. B. entlang der Huntington-Linie, zwischen den Kulturen zu einer stillschweigenden Billigung des Krieges führen würde.[2]

Evolution des Gesetzes

Wenn ich vom Gesetz spreche und damit eine religiöse Verpflichtung meine, so will ich mich doch auf das Tötungsverbot beschränken, da es für das Zusammenleben in der Weltgemeinschaft grundlegend ist. Nun kann man aus religiöser Sicht der Meinung sein, dass eine derartige Minimalethik den Geboten Gottes nicht genügt. Gerade an der Stelle aber kann Religion gefährlich werden, wenn sie nicht anerkennen will, dass das Tötungsverbot auch zum Testfall der ethischen Gesinnung einer Religion werden kann.[3]

Wie aber soll der Mensch es schaffen, vom Töten abzulassen, wenn die Evolution ihn zu einem Wesen gemacht hat, das nur über das Töten zu dieser Evolutionsetappe hingelangen konnte? Als Antwort darauf versuchen manche ihre religiöse Position dadurch zu sichern, dass sie die Evolutionslehre ablehnen, weil ihrer Meinung nach nur dann Hoffnung auf das Gute im Menschen gesetzt werden kann. Denn aus einer bösen Entwicklung könne nichts Gutes werden. Ich denke nicht, dass es erforderlich ist, eine derartige Position einzunehmen, in der man sich den wie auch immer im Fluss befindlichen Ergebnissen und Konzepten der Evolutionsbiologie verschließt. Gerade die Neurowissenschaften, insbesondere die Neuropsychoanalyse, erkennen schließlich mehr und mehr, in welchem Maße der Mensch transformierend mit seinen Eigenschaften umgehen und sein evolutionäres Erbe neu ordnen kann.

Gerade aus der Perspektive einer Neurosemantik, einer Theorie, die den Zusammenhang von sprachlicher Bedeutung und neuronalen Prozessen zu klären versucht, wird deutlich, dass auch bei gleich bleibendem Mechanismus völlig unterschiedliche Außenfunktionen geleistet werden können, sodass nicht einmal bei einer «Besserung» des Menschen völlig andere biologische Mechanismen ins Spiel kommen müssten. Es käme demnach nicht darauf an, die Aggression abzuschaffen, sondern sie von den schützenswerten Objekten abzulenken, sodass auch ohne Sublimation, möglicherweise aber unter Inkaufnahme des Verlustes einer Geschirrsammlung, der Mensch zumindest teilweise oder schrittweise vom bösen Tun befreit werden könnte.

Es kommt also darauf an, nach den Transformations-, Sublimations- und neuen Ankopplungsmechanismen für biologisch Altes Ausschau zu halten. Dies kann nicht dadurch gelingen, dass man die Tatsache eines biologischen und evolutionären Erbes einfach negiert. Die moralische Intention, den Menschen von seinem evolutionsbiologischen Makel zu befreien, unterstütze ich, so wie es zum Beispiel bei Alma von Stockhausen der Fall ist. Die Methode einer Zurückweisung der Evolutionsbiologie zu diesem Zweck halte ich aber nicht für erforderlich und lehne sie daher ab. Es ist jedoch wichtig, Darwins Idee als gefährlich einzustufen, so wie Daniel C. Dennett dies getan hat. Wir haben alle Hände voll zu tun, die verschiedenen Ableger dieser bei der Übertragung auf das soziale Zusammenleben gefährlichen Idee abzuwehren. In der Tat kann es im Extremfall sogar geboten sein, mit einer wissenschaftlichen Theorie Zurückhaltung zu üben, wenn man sieht, dass sie zu katastrophalem ethischem Missbrauch Anlass gibt. Man kann die Evolutionstheorie so benutzen, dass die neurobiologischen Möglichkeiten der Transformation und veränderten Ankopplung an ältere Mechanismen deutlich gemacht werden und sie auf diese Weise auch für unser Zusammenleben hilfreich ist.

Eine problematische evolutionsbiologische Interpretation von Religion liefert Andrew Newberg in seinem Buch *Why God Won't Go Away*.[4] Er befasst sich nicht nur mit der hirnmedizinischen Untersuchung von Meditation, sondern stellt auch eine evolutionsbiologische Spekulation über die Mechanismen der Gottesvorstellung an. In seinem Konzept rührt die Gottesvorstellung aus evolutionär frühen Zeiten, in denen ein Jäger oft über Tage ein Wild verfolgte und dann in dem Moment, wo er es zur Beute machen konnte, von einem großen Gefühl «übermannt» wurde. Für Newberg knüpft die Gottesvorstellung an dieses Gefühlserlebnis an und ist damit im Grunde genommen Ausdruck einer Haltung des Beutemachens. Es ist möglich, dass an dieser evolutionsbiologischen Beschreibung etwas Wahres dran ist, so auch die Tendenz in einigen Religionen, sich den Gott oral einzuverleiben. Wie soll man solche Tendenzen werten? Kann man sie als Abgleich evolutionärer Beutegreif- und Einverleibungsmechanismen beschreiben, sodass dann auf diese Weise evolutionäre Triebe ihre «harmlose» Befriedigung finden können, sodass der Mensch dann, von diesen Atavismen durch deren Befriedigung befreit, sich in einem Reich der Vernunft und Gesetze bewegen kann? Oder stellt die Befriedigung solch alter Mechanismen gerade deren Bestätigung dar?

Wie auch immer der Mensch sein evolutionäres Erbe auf ungefährliche Weise befriedigen oder beseitigen möchte, deutlich ist, dass für das Allgemeinverhalten unter den Menschen diese evolutionären Verhaltensweisen natürlich nicht als Orientierungsparadigma gelten dürfen. Was das Allgemeinverhalten angeht, so sind viele Fragen noch völlig ungeklärt. Denkt man die Beziehung zum Herrn als eine Ich-Beziehung, dann dürfte es höchst problematisch sein, wenn sie unerkannt auf dem Beutegedanken aufbaut oder diesen sogar rituell favorisiert. Man könnte jedoch der Ansicht sein, dass gerade dadurch, dass im Ritus der andere zum Opfer werden kann, mir die Angst vor ihm genommen wird (möglicherweise in einem Maße, dass er Angst vor mir bekommen muss). Dies würde aber voraussetzen, dass eine hohe Reflexion über Ritus, Symbolik und Bilder der Tradition herrscht, was nicht immer der Fall ist.

Es scheint mir darum in der Forschung wichtig, herauszuarbeiten, auf welchen psychologischen und neurowissenschaftlich fassbaren Strukturen unser Verhältnis zum Gesetz («Du sollst nicht töten, den anderen nicht schädigen, dem anderen helfen» usw.) denn gedacht werden kann und sich im Einzelfall auch realisiert. Der Gesetzesgedanke hat meiner Ansicht nach einen großen Vorteil gegenüber dem Gedanken der Ich-Du-Beziehung. Wenn es wirklich so ist, dass vor dem anderen Ängste bestehen und er als Irritation wahrgenommen wird, dann dürfte es ratsam sein, aus diesem Spiegelspiel herauszutreten und nur (bzw. höchstens) an das Gesetz zu denken, dass unsere Beziehung regeln soll. Insofern ist der Gesetzesgedanke («Du sollst nicht töten») ein ungeheurer Fortschritt in der Menschheitsgeschichte. Wir sollten alles tun, an ihm weiterzuarbeiten.

Ich halte es für einen gefährlichen Affekt, diesen Gesetzesgedanken, das Tötungsverbot, mit der Überlegung beiseite zu schieben, dass in früheren Zeiten Gott gegenüber der Wunsch nach dem Tod der Feinde geäußert wurde und dies in Liedern (Psalmen) auch noch musikalisch mit drängender Bitte vorgetragen wurde. Wir sollten alles dafür tun, die Welt nicht nach dem Freund-Feind-Schema aufzuteilen. Dass es in früheren Zeiten der Evolutionsgeschichte ein Tötungsverbot gegeben hat, das die Feinde nicht immer einschloss, ist kein Argument gegen das Tötungsverbot. Wir müssen bedenken, dass es Jahrtausende später Zeiten gegeben hat, in denen das Tötungsverbot nicht einmal gegenüber jenen respektiert wurde, die keine Feinde waren, sondern nur gebrechlich oder für ein anderes Konzept von Welt standen (so bei Euthanasie und Holocaust).[5]

Mimesis und Diktatur

Das Gehirn ist fraktal organisiert, d. h., ein Thema wird auf verschiedenen Ebenen und parallelen Stellen mehrfach behandelt. Das Thema der Beziehung zum anderen wird z. B. im Frontalhirn verarbeitet, wo es zumeist unter dem Stichwort *theory of mind* abgehandelt wird. Auf einer elementareren Ebene findet sich das Thema jedoch auch in jenen Hirnregionen, die mit der motorischen Sprachleistung in Beziehung stehen und durch «Spiegelneuronen» ausgezeichnet sind. Die Spiegelneuronen leisten das, was man «Mimesis» nennen könnte. Auf einer gewissen Ebene können wir uns der Tätigkeit der anderen schlecht entziehen, ja, wir müssen sogar innerlich imitieren, was die anderen machen, um zu verstehen, was wir tun. Erst auf einer späteren Ebene der Verarbeitung können wir uns dann angemessen in die Distanz dazu setzen. Diese Abwehr kann natürlich habituell schon früh angesetzt werden (insbesondere bei dem Gefühl des Bedrängtwerdens durch andere, bei den paranoiden Psychosen, werden schon früh inhibitorische Prozesse, hemmende Vorgänge, in die Wahrnehmung eingeschaltet). Es ist wichtig zu sehen, dass wir in einen solchen Zusammenhang hineingestellt sind, wir die Freiheit des Menschen nicht falsch bestimmen und übersehen, dass wir auf einer gewissen Ebene unseres Nervensystems in Spiegelungsprozesse eingebunden sind. Das Wissen um diese Prozesse kann uns helfen, aus ihnen herauszutreten. Autonomie kann jedoch nicht einfach dadurch erreicht werden, dass wir Mimesis ablehnen. In den Situationen des Begehrens wird sie kaum ganz zu vermeiden sein.

Einsicht in die Verwicklungen der mimetischen Prozesse kommt nicht erst durch die Hirnforschung. Die Entwicklung der Religion zeigt vielmehr einen zunehmenden Versuch der Menschen, den Spiegelungen zu entgehen. Gerade wenn der Herr beim Bilderverbot nur unter seinem Namen erfahren wird und nicht mit Inhalten auftritt, kann sich der Mensch seiner Allgewalt entziehen. In der psychoanalytischen Sprache würde es heißen, dass man dem Spiegelstadium zu entkommen versuchen und der Vater nur unter dem Namen des Vaters auftreten sollte. Wird die übermächtige Gestalt mit Inhalten gefüllt, dann geschieht der Rückfall ins Spiegelstadium. Ein Volk, das den Herrn nicht unter seinem Namen verehren will, läuft Gefahr, ihn mit einer konkreten Person zu identifizieren: Es tritt der Führer auf, der die Verehrung des bloßen Namens zu seinem Feind erklärt und den Holocaust initiiert.[6]

Wir sollten über Spiegelungsprozesse Bescheid wissen, um der paranoiden Identifikation mit dem anderen zu entgehen. Die verschiedenen Religionen künden auf ihre Weise von dem Versuch, aus der Spiegelung herauszutreten: 1. Buddhismus: Der übergroße andere ist Ausgangspunkt für das Hineintreten ins Nirwana. Der andere ist der Initiator des Verschwindens. 2. Der andere verweist auf das Gesetz (so bei Lévinas[7] in seiner Interpretation der jüdischen Tradition) oder auf den Namen des Herrn (des Vaters). 3. Der andere wird im fröhlichen Wechsel in Christus abzusättigen versucht. 4. Die Identifikation mit dem anderen wird für Nächstenliebe und Hingabe auszuwerten versucht. Die Rückkehr zum Vater wird dabei nur über eine Dramatik des Todes beschreibbar (Christentum).

Als Schutzwall gegen diese tief greifenden seelischen Wandlungsprozesse wurde häufig das begriffliche System der griechischen Metaphysik zu Hilfe geholt. Die rettende Bewahrung im Gesetz hat dadurch nicht immer die notwendige Deutlichkeit erhalten (Gesetzesvergessenheit im Christentum durch griechische Metaphysik bestärkt).

Es wird deutlich, dass in der Religion auf unterschiedliche Weise Rettungsmechanismen gegenüber mimetischen Prozessen entwickelt sind. Es wäre verkehrt anzunehmen, durch Abschaffung von Religion sich der Mimesis und Spiegelprozesse entziehen zu können. Vielleicht sollte der Name des Herrn gerade deswegen geheiligt werden, weil sonst eine Leerstelle für Diktatoren freigehalten wird. Im Namen des Herrn findet sich der Gedanke des Zusammenhalts ohne inhaltliche Spezifikation. Geben wir dies auf, so projizieren wir vielleicht all unsere Kräfte in eine Führergestalt.

Diese Thematik könnte in Zukunft von großer Bedeutung sein, wenn die Globalisierung möglicherweise unter einer in den Vordergrund tretenden demokratisch-repräsentativen UNO zu einem friedlichen «Abschluss» gekommen ist. Demokratische Erneuerung zur Vermeidung rigider Strukturen bedarf dann der Weisheit, die in der Verehrung des Namens des Herrn liegt: Identifikation mit einer konkreten Führergestalt könnte die Abwehrkräfte gegenüber dem Bösen überrumpeln.

Ein kosmischer Rechnungshof?

> Da multiplizierten mich nicht die Spiegel, die habgierig
> aus Menschen Dinge machen, aus Dingen eine Zahl.
>
> *Octavio Paz*

Gesellschaften bestimmen nicht nur, mit welchem Risiko sie sich auf die Welt einlassen wollen. Sie entscheiden nicht nur darüber, welches Verhältnis von Risiko und möglichem Gewinn an Gütern sie eingehen wollen. Sie sind selber das Ergebnis eines bestimmten Risikoverhältnisses, das in evolutionäre Zeiten des Umgangs mit Gefahren zurückreicht. Der Glaube hat dabei eine entscheidende Rolle gespielt. Man musste glauben, dass im nächsten Jahr wieder ein Frühling kommt, in dem man aussäen, Getreide wachsen lassen und später ernten konnte. Sonst hätte man sich nicht über den Winter hin den Saatweizen aufbewahrt.

Ohne den Glauben, das Credo, hätte sich der Kredit als Grundlage wirtschaftlichen Fortschritts kaum entwickeln können. Die Existenz unserer Gesellschaft baut darauf, dass das Eingehen eines Risikos die Voraussetzung von Gewinn ist (eine klassische Börsenmaxime). Risiko gilt daher nicht mehr als etwas, das vermieden werden muss im Sinne einer Gefahr, sondern was kalkuliert werden muss im Sinne einer Gewinnoptimierung. Man könnte den Eindruck gewinnen, dass die Religionen dabei ihre Aufgabe bereits erfüllt hätten, indem sie auf ihre jeweilige Art dazu beitrugen, den Menschentypus von Risikobereitschaft zu prägen, der unsere heutige Gesellschaft ermöglicht. Das jüdisch-christliche Versprechen einer hoffnungsfrohen Zukunft, christliche Vergebung von Fehlverhalten (Sünden) gemeinsam mit dem Aufruf der Aufklärung zum Mut, der Mut zum Selberdenken, in Kants Klarstellung der Frage «Was ist Aufklärung?»[8], hat die Grundlage für einen Typus von Risikoverhalten gelegt, der heute die Weltgesellschaft prägt.[9] Dabei stellt bereits die Ausformung einer globalen Gesellschaft einen Verstoß gegen die grundlegenden Börsenregeln des Umgangs mit Risiko dar: Bewahre deine Eier niemals in nur einem Korb auf!

Natürlich muss man intensiv dafür werben, dass über das Risiko-verhalten und seine Veränderungsmöglichkeiten ausführlich debattiert und reflektiert wird. Möglichkeiten der Änderung werden jedoch zunehmend riskant. Während in vielen Phasen der Evolution relativ isolierte Sozietäten eigenständige Formen des Umgangs mit Risiko im Kreislauf der Natur oder im Heraustreten aus ihr ausprobieren konnten, müssen die Möglichkeiten des Experimentierens in einer globalen Gesellschaft hinsichtlich ihrer regionalen Freiräume erst noch ausgekundschaftet werden. Es ist ja nun auch nicht so, dass die reine Maximierung des Risikos sicher zur reinen Maximierung des Gewinns führen würde. Gerade deshalb halten die Menschen auch Ausschau nach Sicherheiten und versuchen, diese zu stabilisieren. So richtet sich der Glaube häufig auf ein risikofreies Heil, das nach einer Zeit der Prüfungen sich einstellen wird. Das Bedürfnis nach Sicherheit und weniger riskanten Lebensformen erweist sich dabei aber mitunter selbst als ein erhebliches Risiko.

Die Meditation auf der Silbe «Om», die in einigen Formen des Buddhismus eine große Rolle spielt, vermittelt das Gefühl einer gleichsam mütterlichen oder kosmischen Geborgenheit. Der Mund erscheint oral abgesättigt, nicht zum Gespräch geöffnet. Man könnte meinen, hier wird Kraft gesammelt für die Kommunikation in der Gesellschaft. Es kann aber auch schief gehen, wie das bereits angeführte Beispiel der japanischen Om-Sekte zeigt, die in Tokios U-Bahn-Stationen Giftgas versprühte, um das eigene Verständnis von «Sicherheit» deutlich zu machen.

Mit den Prinzipien des Glaubens und der Hoffnung hat der Mensch in den letzten Phasen seiner Entwicklung auf geradezu unvorstellbare Weise den Gesetzen der kosmischen Thermodynamik etwas Unwahrscheinliches abgetrotzt und eine hochkomplexe und hochkomplizierte globale Gesellschaft erstellen können.

Neue Kalkulationen zu erstellen und sich in die Rolle eines kosmischen Rechnungshofs setzen zu wollen, kann, wenn es nicht mit Zurückhaltung geschieht, selbst zum Risiko werden. Gerade die Welt und Zukunftskonzepte der frühen Religionen, die, wie z. B. die germanische, nicht auf Fortschritt und Unendlichkeit, sondern auf Endlichkeit oder auch Zyklizität setzten, brachten bei ihrer Wiederbelebung im 20. Jahrhundert viel Unglück über die Menschen. Die schicksalhafte Ökologie von Tod und Verderben wurde nicht einfach zu einer als Tugend verstehbaren passiven Leidensannahme, sondern zu einer Bejahung der Vergänglichkeit des Menschen bis ins Morden hinein. Das Pathos der Todesannahme und Götterdämmerung unterschied nicht zwischen Töten und Getötetwerden, ließ in der kosmischen Verrechnung der Dinge den einzelnen Menschen und seine Rechte verschwinden.[10]

Mag sein, dass wir im gemeinsamen Gespräch eine neue Kalkulation für den kosmischen Rechnungshof finden können, zu der alle ihre Zustimmung geben. Eine solche Rechnung wird aber als unabdingbare Voraussetzung beinhalten, dass die Würde des Einzelnen respektiert werden muss. Eine wie auch immer geartete Ökologie des Werdens und Vergehens wird den Respekt vor dem Einzelnen bewahren und die Kalkulation des ökonomischen Risikos darauf abstellen müssen, d. h., Risikokalkulationen weiterer Entwicklung, wie verändert sie auch sein mögen, dürften die Gefährdung des Einzelnen nicht in Kauf nehmen. Dies ist die Bedingung, der sich alle Religionen stellen müssen, auch wenn sie keine evolutionär isolierten Experimente mehr auf dieser Erde durchführen können. Religionen zeichnen sich nicht nur durch unterschiedliche Kreditaufnahmen gegenüber der Zukunft aus, sondern sind auch Aufbewahrungsorte für den Zorn des Menschen (der Zorn ist des Herrn), und dies heißt, dass Religionen nicht einfach in ihrem Zusammenhang aufgelöst werden können. Es wäre möglich, dass dabei der Beutel des Zorns aufgeschlitzt würde.

So zeigt sich, dass Religionen in einem komplexen Zusammenhang von Zukunftshoffnung und Schicksalsverarbeitung stehen, der die jetzige Gestalt der Erde entscheidend mitgeprägt hat und der jetzt, wo man die Leiter hinaufgestiegen ist, nicht ohne weiteres fortgestoßen werden kann. Damit meine ich nicht nur, dass Religion ein Reservoir für Bewältigungsstrategien für noch nicht voraussehbare Krisen darstellt, sondern vor allem auch, dass sie mit einem riskanten Paradox behaftet ist, das wir nicht schon dadurch loswerden, dass wir uns von der Religion entfernen. Religionen und Ethiken versuchen, Formulierungen und Symbole des Zusammenlebens zu entwickeln.

Sicherlich war das Bild von zwei oder drei Jünglingen (bzw. Männern), die in einem gemeinsamen Wesen bzw. Geist vereinigt sind, eine starke Möglichkeit, Gemeinschaft zu stiften. Es konnte als Verbildlichung der Aufforderung gelten, den anderen wie sich selbst und den Herrn von ganzem Herzen zu lieben. Von der Geschichte wurde die Rubljow-Ikone, in der diese Eintracht der drei Männer dargestellt wurde, zur Glaubensprüfung herangezogen. Wer sie nicht anbetete, wurde getötet.

Immer wieder sind Regeln für das optimale Zusammenleben auch Regeln des Ausschlusses geworden. Die Regeln (sowie die Gesetze und Gebote), die Hoffnung geben sollen, können selbst zum Risiko werden. Religion als Risikobewältigung ist selbst riskant.

Die Wirklichkeit der Religion und der schräge Umgang mit dem Risiko

Manche Menschen möchten mit der Wirklichkeit nicht viel zu tun haben. Sie würden es vorziehen, in einer völligen Freiheit zu leben, in welcher sie sich um die Wirklichkeit nicht zu bekümmern bräuchten. Die Freiheit bedarf aber der Absicherung, und der Mensch kann sterben. Dies ist der Einbruch des Realen. Wirklichkeit ist dort, wo ich leben oder sterben kann. Da beides dem Menschen zumeist zu riskant ist, suchen sie nach einer anderen Form von Wirklichkeit, eine, die sie beherrschen und manipulieren können und in der sie nicht von Liebe und Tod überrascht werden. Es ist die objektivierte Wirklichkeit, die meinen Vorstellungen gehorcht, wenn ich diese nur genügend supprimiere. Doch selbst diese naturwissenschaftlich festgestellte Wirklichkeit schreckt nicht selten aus den Bahnen meiner Wünsche heraus. Dennoch folgen die Menschen weiterhin gerne der wissenschaftlichen Risikobemächtigung. Auf diesem Pfad möchte man auch die Religion, die in ihren Gestalten oft irritierend ist, zum «Objektivum» machen, das dann im Tunnelblick meiner Wahrnehmung mir besser entscheidbar scheint. Durch Fernrohr oder Mikroskop betrachtet, sind die seitlichen Sehfelder der Welt ausgeschaltet.

Es sind die Bereiche, über die uns das Unerwartete erreicht, der plötzlich ins Sehfeld tretende Freund oder Gegner. Die Bahnen des Stammhirns, welche die orientierende Kopfbewegung vermitteln, werden beim Tunnelblick nicht beansprucht. Zuhandenes, so wie in der Schusterwerkstatt zu meinen Seiten Bereitliegendes, zählt nicht. Also auch das glücklich Bereitstehende gerät nicht ins Blickfeld. Der manipulatorische Blick will sich das nehmen, was ihm vielleicht schon längst gehört. So wird auch die Religion bisweilen durch dieses Objektiv wahrgenommen und gefragt, wie «wirklich» sie denn sei. Bei dieser Fragestellung ist zu berücksichtigen, dass das Gehirn zu einer neuen Art von Wirklichkeit avanciert ist und das, was einst «Hirngespinste» waren, heute zur konkreten Referenz für viele Weltdeutungen aufgestiegen ist. Diese Erfolgsgeschichte muss noch einmal befragt werden.

Zunächst sind alle Versuche, welche die Identifizierung und Lokalisierung von objektiven Wahrnehmungen und Fertigkeiten zurückzuweisen, zu unterstützen. In Bezug auf Menschen haben Wahrnehmungen ihre Bedeutung. Man kann sie nicht beliebig verändern, dennoch sollte man sich bewusst sein, dass man selbst ein System ist, das an der Erzeugung dieser Wahrnehmung beteiligt ist. Ich teile nicht die Auffassung, dass dieses System beliebig mit anderen Menschen bzw. ihrer Wahrnehmung umgehen kann. Die Außenwelt ist kein Chaos, aus dem erst Strukturen hergestellt werden müssen. Was sie ist, wissen wir nicht, aber als intendiertes Korrektiv genügt es nicht, sie nur als Chaos anzusehen. Dies hieße, hinter den Anspruchscharakter anderer Menschen zurückzufallen und den Wahrheitsgehalt von Wahrnehmung, der sich in Urteilen äußern kann, wie der andere leidet, brüskierend beseitigen zu wollen. Dennoch unterstütze ich alle Versuche, einen idiolatrischen Umgang mit der Außenwelt zu vermeiden. Doch nach welchen Kriterien soll Außenwelt korrigiert oder gar konstruiert werden? Meiner Ansicht nach eröffnet nur das ethische Gesetz den Realitätsbezug. Ohne dieses wäre alles der Lust anheim gefallen. Nicht durch eine Korrektur von Wahrnehmung oder Illusion, sondern durch die ethische Aufforderung, nicht zu töten, sondern zu helfen, wird Realität mit Wirklichkeit konstituiert. Es wäre ein vergebliches Bemühen, an den Eigenschaften von Bildern festmachen zu wollen, ob sie wirklich oder virtuell sind. Die Aufforderung, sich einzuüben in der Unterscheidung von Wirklichkeit und Virtualität, ist ein lächerliches Spiel mit Wahrnehmungsmomenten, solange nicht auf das ethische Gewicht von Wirklichkeit hingewiesen wird. Wirklichkeit wird durch Gesetze wie «Du sollst nicht töten», «Du sollst helfen» erzeugt. Sie bestimmen, wo wir handeln müssen. Erst darüber wird die Unterscheidung von Virtualität und Wirklichkeit voll konstituiert. Sie ist nicht aus sich heraus vollziehbar und entscheidbar. Hieraus aber lässt sich entwickeln, was die Wirklichkeit von Religion ausmacht: die Unterstützung von Gesetzen zum Gewinnen von «Realität», d. h. von Orten, an denen gelebt, gestorben, geholfen oder getötet oder nicht getötet werden kann. Daraus ergibt sich das Schema, dass nach der Wirklichkeit von Religion nicht dort zu fragen ist, wo der Tunnelblick der Naturwissenschaften eingestellt wurde, auch nicht dort, wo unser Wirklichkeitsverständnis sich an «objektiven» Wahrnehmungsmomenten entfalten möchte (auch nicht dort, wo man in die Dimension des Es regredieren kann), sondern allein dort, wo die Gesetze zur Unterscheidung von Wirklichkeit und Virtualität und Nichtwirklichkeit ihre Unterstützung finden können – in der Hoffnung auf das Heilsame ethischen Handelns.

Damit erscheint aber Religion nicht nur als eine Werkstatt zur Erzeugung von Bildern, welche die Angst vor dem Risiko besänftigen könnten. Vielmehr eröffnet Religion, und dies in einer herausragenden Gestalt in ihrem Zugang zu den Gesetzen («Du sollst nicht töten», «Du sollst helfen»), eine Möglichkeit zur Gewinnung von Wirklichkeit, in welcher das Verhältnis zum Risiko sekundär erscheint und dann höchstens noch als «schräg» benennbar bleibt: Entscheidend ist, dass die Gesetze eingehalten werden, denn sie liefern den sie ermöglichenden Zugang zur Realität (zur Wirklichkeit, in der ich sterben oder leben kann) und damit zum Leben, und wie groß mein Risiko dabei ist, erscheint danach erst als nachgeordnete Frage.

Die Frage nach der Beziehung von Religion und Gehirn erscheint auf diesem Hintergrund als eine zutiefst derivative Fragestellung, da diese Frage bereits bestimmte Vorannahmen über das Verhältnis von

Risiko und Wirklichkeit macht, nämlich die, dass wir uns im vorstellenden Denken anheim geben sollten, innerhalb dessen das Gehirn als der interessanteste theoretische Manipulationsraum erscheint, in dem selbst die Regionen zum Gegenstand «am Objekt» orientierter Entscheidungen werden könnten, in dem aber bereits das Risiko manipulatorischer Einstellung und möglicherweise eine Risikoverminderung im Sinne einer Lebensverminderung (wie kann hier noch Welt gewonnen werden?) festzustellen wäre.

Welche Rolle wollen wir also der Hirnforschung zuweisen, wenn sie nicht bloß der Bestätigung des objektivierenden Tunnelblicks dienen soll? Natürlich kann die Hirnforschung einen erheblichen Beitrag dazu leisten, das menschliche Risikoverhalten besser zu verstehen. In der Tat tun sich hier Abgründe auf. Eine großartige Aufgabe der Hirnforschung und der reflektierenden Vernunft kann aber auch darin bestehen, darüber nachzudenken, wie das Gesetz in seinen neurowissenschaftlichen Manifestationen zur Geltung gebracht werden kann.

Riskante Unterschiede bei der Risikovermeidung

Beim Umgang mit Risiko finden sich je nach Charakter und Begabung recht unterschiedliche Verhaltensweisen. Der eine möchte eine eventuelle neue Situation eingehend im Voraus berechnen, bevor er sich ihr aussetzt. Er geht in alle Bibliotheken und klickt alle Internetseiten an, um sich über die Geographie des neuen Landstriches zu informieren. Am Ende schreibt er vielleicht sogar Reiseführer über neue geistige Landschaften, tritt selbst die Reise aber nie an. Der Stressforscher Hans Selye[11] hat bei seiner Darstellung wissenschaftlicher Charaktertypen diese Verhaltensweise dargestellt. Es ist der Wissenschaftler, der nie den Weg ins Labor schafft, weil er sich vom Studium der Aufsätze über das geplante Experiment nicht losreißen kann, in der Meinung, er müsse erst alles darüber wissen, bevor er sich an die Untersuchung heranwagt. Im Extremfall macht er sich eine Schemazeichnung der Welt, in der auch noch das Zeichnen selbst durch eine geometrische Figur repräsentiert wird. Wahrheit soll für ihn am besten die Form eines Diamanten annehmen.

Der andere Charakter ist der, der sich aufs Risiko einlässt, ohne dabei blind für die Risiken zu werden. Er greift ins aktive Leben ein und reagiert in seinem Handeln auf die neuen Situationen. Er überlegt durchaus, was alles möglich ist, glaubt aber nicht, dass die Erforschung der Dimension von Möglichkeit («Bedingungen der Möglichkeit») ein sichereres Handeln in der Welt gewährleistet als der Versuch, teilweise online in das Handeln einzusteigen und mit der Welt rückzukoppeln. Der Rückkoppelnde ist der Mensch der Sprache, der weiß, dass Sprache sich im Sprechen und Zuhören verwirklicht und dass vielen Aspekten, die im Gespräch zutage treten, durch vorgreifendes Überlegen niemals beizukommen ist. Ein solcher Mensch lässt sich auf die Welt ein, und in den Charaktertypisierungen von Hans Selye wäre er, auf die Wissenschaft bezogen, derjenige, der ins Labor geht, um seine Erfahrungen zu sammeln, bevor er sämtliche Literaturstudien zu dem Problem, das er untersuchen möchte, abgeschlossen hat.

Wir unterscheiden also zwei Risikotypen: Der eine Typus möchte in sich den Diamanten der Vorausberechenbarkeit herstellen und liefert in seinen geometrischen Verhältnissen Übersicht und Leuchtkraft wie ein platonischer Körper. Interessanterweise kann eine solche Vorgehensweise für bestimmte Laborsituationen auch von Vorteil sein, jedenfalls wenn ein derartiger Geometer den Weg in das Labor findet. Für den Umgang mit Menschen eine Geometrie zu entwerfen erscheint dagegen ungleich schwieriger. Der zweite Typus lässt sich auf die Welt ein und bejaht die Möglichkeiten einer Sprache, die im Gespräch auf Korrekturfähigkeit und selbstbezügliche Veränderbarkeit ausgerichtet sind.

Auch Religion lässt sich gemäß dieser zwei Orientierungen charakterisieren. Sie kann platonisch sein und in Geometrien und Symbolen die Welt zu antizipieren versuchen. Sie vermag sich aber auch auf die Sprache einzulassen, und in der Einsicht, dass im Gespräch ein Wort zugrunde gehen und dadurch das Gespräch und letzten Endes auch das Wort wieder eine neue Lebendigkeit erhalten können, sich der Welt herrlich zu öffnen.

Interessanterweise ist dieses unterschiedliche Verhältnis im Umgang mit Risiko, das man abkürzend als das Verhältnis von «Diamant» und «Sprache» bezeichnen kann, selbst Gegenstand einer frühen mythischen Erzählung. In dem altindischen Epos, der Rigveda[12], das im 2. Jahrtausend v. Chr. verfasst wurde, findet sich die Geschichte von Indra, der einen Drachen bekämpft, welcher einen Diamanten im Haupte trägt. Indra spaltet dem Drachen die Kinnlade, sodass der Diamant herausfällt. Der Religionsphilosoph Strom, der mich auf diese Geschichte aufmerksam machte, deutet die Weltschöpfungsmythen jener Zeit als Explikationen der Kindheitsentwicklung. Indra sieht er als Repräsentation der Entwicklungsphase eines Dreijährigen an, der gerade die Sprache beherrscht. Als solcher bekämpft er die Entwicklungsphase des Drachen, der als Kriechtier wie ein Einjähriger auf dem Boden krabbelt. Die Geschichte von Indra und dem Drachen ist darum eine Geschichte der Entwicklung von der Verfassung eines Einjährigen zum Dreijährigen. Dies erscheint mir eine außerordentlich interessante Interpretation, die hilfreich sein kann, manche Debatten der Gegenwart zu erhellen.

Haben wir in manchen Debatten der Gegenwart um Humanismus und Antihumanismus nicht ähnliche Auseinandersetzungen, bei denen es um unterschiedliche Formen der Welthabe und des Zur-Welt-Kommens geht? Könnte es sein, dass bei diesen Auseinandersetzungen mythische Bilder am Werk sind, die den Streit leiten, wie Bilder dies so häufig tun? Folgt man diesem Interpretationsangebot, dann sind es gerade die harmlos erscheinenden Metaphern der Ich-Philosophie (das Ich als Punkt), die eine Wut auf den Drachen herausfordern. Der Ich-Philosoph fühlt sich dabei unschuldig, weil er doch die höchste Verantwortung und intellektuelle Reife in einem Punkt zusammenbringen will. Dieses Einsetzenwollen eines höchsten Punktes wirkt aber auf unser mythisches Bewusstsein wie der Diamant im Drachenkopf und lässt den auf seinem Ich beharrenden wie einen aus seinem Selbst noch nicht herauskommen könnenden einjährigen Krabbelnden erscheinen. Im Aufschlagen der Kinnlade wird die Öffnung zur Welt zu erzwingen versucht, damit der zurückgehaltene Diamant seine Koordinaten dem weiten Reichtum der Welt übergibt.

Viele Ich-Philosophen haben einen Horror davor, dass das Ich etwas mit dem organischen Fremdkörper Gehirn zu tun haben könnte. Sie präparieren gerne die Kohlenstoffketten der organischen Chemie als einen leuchtenden geometrischen Diamanten. Die Hochdruckkompression eines Menschen auf die Metapher des Punktes eröffnet durchaus weite Räume für das Denken. Von ihm aus lässt sich die Welt konstruieren, dennoch ist zu bedenken, ob in diesem Vorbehalt gegenüber der Welt nicht etwas Drachenhaftes liegt. Das dreijährige Kind, das die Sprache beherrscht, hat ein offeneres Verhältnis zur Freiheit. So schätze ich auch die englische Tradition hoch ein, die von John Stuart Mill bis hin zu Isaiah Berlin mit einer spontanen Freiheit beginnt und sie nicht mit einer langen Vorbereitung und ichhaften Reserve belastet. Ohne Zweifel nistet sich philosophisches Denken mit seiner höchsten Rationalität oft in kindliche Verhaltensmuster ein. Je ausgefeilter die vorgefassten Meinungen über die Welt sind, umso schwieriger wird es, Flexibilität zu bewahren. Sich der Welt öffnen, ist für alle Beteiligten ein großes Geschenk.

Die Freiheit des Menschen fördert man am besten, wenn man Diamantenschleiferei und Gespräch gleichermaßen unterstützt. Denn das Schönste ist, wenn beides zusammenkommt: ein Ausfeilen von Gedanken «more geometrico» und ein Gespräch, das alles infrage stellen darf.

Die Familientherapeutin Francesca Rugotti hat einen interessanten Vorschlag zur Interpretation des kartesianischen *Cogito ergo sum* gemacht. Sie denkt das *cogitare* vom *coagere* her. *Coagere* bedeutet, ich rüttele und schüttele durch. Dies bedeutet, dass im «Ich denke» kein Punkt angezeigt ist, sondern eine Bewegung, die nicht zur Feindschaft herausfordern kann, da wir alle an dieser Bewegung teilnehmen müssen.

Gen-Design
zur Beseitigung des religiösen Risikos?

Religion und Berechenbarkeit

In der sowjetischen Armee der zwanziger Jahre wurde streng darauf geachtet, dass kein Soldat an Gott glaubte. Der russische Schriftsteller Lew Kopelew berichtete darüber und wies darauf hin, dass man fürchtete, ein Soldat, der sich nur Gott verantwortlich fühlte, sei hinsichtlich der Ausführung von Befehlen nicht zuverlässig genug. Auch um derartiger Glaubenskritik oder gar Glaubensausmerzung vorgreifend zu entgehen, haben die Kirchen z. B. im Ersten Weltkrieg sich ganz auf die Seite ihrer jeweiligen Armeen gestellt und sogar die Kanonen gesegnet.

Es hat jedoch immer wieder Gläubige gegeben, die sich dem Herrn stärker verantwortlich fühlten als ihrer Kirche. Diese sind in ihrer Unkalkulierbarkeit für das Homogenitätsbedürfnis der Gesellschaft immer wieder ein Störfaktor, den die Gesellschaft am liebsten eliminieren möchte: Um ethische Mahner abzuwehren, die sich auf den Herrn berufen, hat man zahlreiche Immunisierungstechniken entwickelt. In der Tat könnte die Gesellschaft es auch nicht aushalten, wenn Menschen, die in religiöse Ekstase verfallen sind, ständig in ihr Ohr sprechen könnten. In öffentlichen Debatten wird daher oft großer Wert auf die Abgrenzung von kleineren Glaubensgemeinschaften und Sekten gelegt. In freien Demokratien wird jedoch beispielsweise die Wehrdienstverweigerung der Zeugen Jehovas respektiert. Die Religionsausübung kann zur freien Entfaltung kommen. Gläubige werden nicht mehr wegen Wehrdienstverweigerung in ein Konzentrationslager gesteckt, wie das noch im Dritten Reich der Fall war. In den kommunistischen Verfolgungen wurden Gläubige schon als solche in den Archipel Gulag der Zwangslager gesteckt.

Das Verhältnis von Politik und Glaube ist nie ganz einfach, denn oft gibt es Übergriffe von beiden Seiten. Gläubige klagen die Korruption der Parteien an. Manchmal wird auch für die Kirchen eine demokratische Struktur gefordert. Allerdings verfehlt man meines Erachtens das Entscheidende der Religion, wenn man meint, dass z. B. über Unsterblichkeit abgestimmt werden sollte. Religion ist individualisiert und bedarf für die freie individuelle Entscheidung eines allgemeineren Rasters. Individualität kann sich am besten dann entfalten, wenn sie auf einen äußeren Sinnzusammenhang trifft (der beispielsweise von der Tradition angeboten wird).

In diesem Bereich findet sich ein interessantes Spannungs- und Bewegungsverhältnis. Lebendiger Glaube artikuliert sich häufig in Auseinandersetzung mit einer Amtskirche. Aus reiner Individualität heraus würde er häufig keine ausreichende Formulierung finden, zumindest nimmt man oft an, dass schlichte Worte nicht ausreichend sind. In der Tat werden die Menschen von den vor den Kaufhäusern stehenden Zeugen Jehovas nur in geringem Maß erreicht. Dennoch, gleich in welcher Religion oder Glaubensgemeinschaft, Glaube wird gewöhnlich nicht durch komplizierte Theorien oder Texte weitergegeben, sondern durch persönlich vorgelebtes Beispiel. Glauben ist eben nicht nur die kognitive Funktion des Fürwahrhaltens, sondern deren – oft vom Scheitern bedrohte – Einbettung in die Vollzüge des Lebens.

Das Risiko, das der Gläubige für den Staat, die Gesellschaft, das Militär usw. darstellt, wird auf vielfältige Weise zu mindern gesucht. Aber auch die Einbindung der Gläubigen in den Diskurs einer offenen Gesellschaft verhindert nicht, dass sich fanatische Gruppierungen und Netzwerke bilden. Diese gibt es auch in den USA. Gerade dort sieht man fundamentalistische Bewegungen als Bedrohung im eigenen Land an. Fundamentalistische Christen, die Abtreibungsärzte erschießen, sind dafür nur ein Beispiel, das auf eine tief greifende Strömung hinweist.

Religion wird darum zunehmend als Risiko angesehen. Die Meinungen darüber, was ein notwendiges und was ein nicht zu ertragendes Risiko ist, gehen natürlich auseinander. Es fällt nicht schwer, sich vorzustellen, dass der Mensch auch hier noch weiter optimieren möchte.

Zur Zeit sind schon Forschungsprojekte der Molekularbiologie, Genetik, Psychiatrie und kognitiven Neurowissenschaften im Gang, die eine genetische Charakterisierung der Ich-Stärke jedes Einzelnen ermöglichen sollen. Unterschiedliche seelische Verletzbarkeit im Umgang der Menschen untereinander könnte dann nicht nur vorausgesehen, sondern im Rahmen der Weiterentwicklung der Genetik sogar vermieden werden. Es wäre interessant zu sehen, auf welche Weise Ich-Stärke an die individuellen genetischen Eigenschaften gebunden ist.

Beseitigt man aber bei der genetischen «Beförderung» bzw. gar Selektion von Ich-Stärke nicht, ohne es zu bemerken, die menschliche Fähigkeit zur Religion? Würde man, um es plakativ zu formulieren, mit einem genetischen Präventionsprogramm zur Verhinderung psychischer Verletzbarkeit nicht auch die Geburt eines Heilands auf dieser Erde verhindern? Unabhängig von den aktuellen genetischen Forschungsprogrammen ergibt sich die grundsätzliche Frage, inwieweit Religion überhaupt von Menschen abgetrennt werden kann. Alper ist der Ansicht, dass sie ein Merkmal der menschlichen Spezies ist, das fest an diese gebunden sei. Wäre es aber nicht denkbar, dass man bei Variation des Parameters Ich-Stärke unversehens auch die Religionsfähigkeit des Menschen wegmendelt und beseitigt? Es wäre interessant zu prüfen, ob dies überhaupt möglich wäre.

Ich-Stärke und Religion

Die Untersuchung von Umständen der Verletzbarkeit von Menschen ist ein wichtiges Forschungsthema. Erhöhte Verletzbarkeit, Vulnerabilität, stellt ein großes Problem im Lebensschicksal vieler Menschen dar. Sie kann zu Streit, Rückzug aus der Gemeinschaft und zu schweren seelischen Erkrankungen (Psychosen) führen. Versuche, das Ich zu stabilisieren, sind daher außerordentlich wichtig. Auch bei dem Versuch, sich von Süchten («drugs and sex and rock 'n' roll») zu distanzieren – jedenfalls soweit sie das Leben zerstören können –, spielen Fragen der Ich-Stärke eine Rolle. Doch wie will man neurowissenschaftlich ein Verhaltensmuster in seiner Hirndimension festlegen?

Man muss mindestens ein Dutzend Hirnzentren ins Blickfeld nehmen, wenn man über Gehirn und Religion im Kontext der gegenwärtigen neurowissenschaftlichen Forschung diskutieren will. Man kann aber auch mit einem ausgewählten Hirnzentrum beginnen und von da aus den Faden aus dem Netzwerk zu ziehen versuchen. Methodisch erscheint dies heute im Hinblick auf empirische Untersuchungen angemessen. Man kann zugleich natürlich versuchen, ein Bild des globalen Gehirns zu entwerfen. Wenn man sich nicht um die Teile kümmert, lässt sich ein Ganzes allerdings nur unzulänglich charakterisieren, denn es charakterisiert sich aus seinem Verhältnis zu den Teilen auch und gerade dann, wenn es mehr ist als die Teile.

In den Mittelpunkt des besonderen Interesses ist das Stirnhirn mit seinen verschiedenen Zentren für Zielorientierung, Wertung, Ich-Bezug usw. getreten. Hier ist auch die feinlokalisatorische Forschung bereits weit fortgeschritten. Es zeigt sich, dass im Stirnlappen lokalisierbare Transmittersysteme wie die von Serotonin und Dopamin eine große Rolle bei der Entstehung von Psychosen (Schizophrenie, Paranoia etc.) spielen. Auch die Untersuchung mit bildgebenden Verfahren (fMRI: funktionelles Magnetresonanz-Imaging) hat gut lokalisierbare Hirnregionen bei der Frage der Ich-Funktionen aufleuchten lassen. Dadurch sind auch neuroanatomische Parzellierungen der Hirnrinde wieder aktuell geworden.

Ein für unsere Kultur interessantes Knäuel von Hirnfunktionen findet sich im anteroposterioren frontomedialen Cortex. Die Area 9 ist von besonderem Interesse. Hier führen verschiedene Leistungen zu einer Aktivierung: das biographisch-persönlichkeitsgebundene (episodische) Gedächtnis, Urteilen und Folgern, Werten und Annahmen über die Ansichten von anderen.

Bemerkenswert ist, dass in der Hirnregion, in der Leistungen der Subjektivität, also Ich-Funktionen, veranschlagt werden, sehr viele Funktionen zu verzeichnen sind, die mit der Einschätzung der Gedanken von anderen zu tun haben. Unsere Fähigkeit, uns in die Vorstellungswelt anderer hineinzuversetzen, hängt mit dem frontomedialen Cortex zusammen. Diese Fähigkeit ist Grundlage der menschlichen Kommunikation. Wenn wir keine *theory of mind of the other* (man spricht einfach nur von *theory of mind*) hätten, dann würden wir wie Autisten ohne Einfühlungsvermögen für die Welt der anderen uns in uns selber einspinnen. Die Tatsache, dass Autisten offenbar keine *theory of mind* besitzen und Kommunikation bei ihnen nicht funktioniert, spricht dafür, dass die eigenen Annahmen und die Annahmen des anderen zu einer möglicherweise gelingenden Kommunikation hinzugehören, auch wenn Missverständnisse bisweilen durch Fehlannahmen über den anderen hervorgerufen werden, die dann alle Äußerungen in einem falschen Licht erscheinen lassen.

Entscheidend für das Gelingen menschlicher Kommunikation ist, dass immer ein Spannungsbogen für die Interpretation des anderen aufgebaut und dass das auf diesem beruhende Urteil für revidierbar gehalten wird:

1. Aufbau eines Spannungsbogens,
2. Korrekturfähigkeit von Urteil und Einstellung.

Es ist offenkundig, dass die *theory of mind* das Herz der Auseinandersetzung zwischen Ich und dem anderen und der philosophischen Debatten um Subjektivität und Alterität betrifft. Umso mehr muss man darauf achten, die Chance der Hirnforschung zu nutzen und nicht einfach nur spezielle philosophische Positionen in sie einzuschreiben versuchen. Sinnvoll ist es, dass dabei unterschiedliche philosophische und kulturelle Positionen in einen Dialog treten. Auf diese Weise kann man durch gegenseitige Korrektur der Komplexität des Sachverhalts einander näher kommen (wenn man die verschiedenen Perspektiven in die Komplexität mit aufzunehmen versucht).

Wichtig ist es, dass man beim Umgang mit dem anderen nicht nur die Korrekturfähigkeit herausstellt. Diese ist außerordentlich wichtig, sollte aber nicht dazu führen, in der Modellbildung nur von der Subjektivität auszugehen. Es wäre ein *Kategorienfehler*, Prozesse, die in einem individuellen Gehirn stattfinden, bereits deswegen als subjektiv zu beschreiben. Innerhalb des Gehirns gibt es Vorgänge, die auf Objekte oder auch auf andere Personen (reduktionistisch: Subjekte) bezogen sind. Diese Prozesse erscheinen dem beobachtenden Hirnforscher – mit allen erkenntnistheoretischen Einschränkungen – als objektiv. Anzunehmen, man habe nun objektiv Subjektivität untersucht, stellt den Absturz in einen Kategorienfehler dar: Man hat vielmehr bei einem Individuum Prozesse, die mit Subjektivität und Objektivität zusammenhängen, untersucht. Der Vorteil der *theory of mind* ist, dass sie ohne Anbindung an subjektphilosophische Vorannahmen und die damit verbundene Gefahr von Kategorienfehlern auskommen könnte.

Nur weil die mit der *theory of mind* verbundenen Prozesse in einem Gehirn vorkommen, ist noch gar nichts darüber gesagt, ob sie auch von einer Erfahrung des Innen oder des Außen getragen werden. Die Kübeltheorie des Geistes, die Karl Popper zu Recht anprangert, mogelt sich oft unversehens in die Beschreibung der geistigen Prozesse, die mit dem Gehirn verbunden sind. Das Konzept der *theory of mind* ist grundsätzlich offen für die sehr unterschiedlichen Umgangsweisen der Individuen mit sich, der Welt und den anderen. Subjektivität ist Opium für Philosophen. Sie kann dazu führen, den Spannungsbogen gegenüber dem anderen in einem Machtanspruch der Verfügbarkeit zu reduzieren. Ein derartiger Machtanspruch ist am deutlichsten in Johann Gottlieb Fichtes *Wissenschaftslehre* von 1794 formuliert.

Das Ich erscheint dort als etwas, das über das Nicht-Ich verfügen kann, da dieses bereits auch schon von einer Art Mega-Ich umfasst wird. Fichte hat seine neunzehn Lebensjahre nach 1794 darauf verwendet, das Anmaßende dieser Konzeption richtig zu stellen. Die Konturen des Teufelspakts (der andere ist da, um mir Energien zu liefern) hatte Goethe als Leser der Schrift von 1794 aber bereits deutlich in sein poetisches Hauptwerk übernommen. Es wäre fatal, wenn man in der Neurowissenschaft die Ambivalenz interaktioneller Dimensionen in der Reduktion auf die subjektive Seite festschreiben würde. Alterität, die Wahrnehmung des anderen, wird durch Verrechnungen über große Partien des Gehirns konstituiert und auch nicht in Unabhängigkeit von dem anderen. Das Wissen, dass diese Sichtweise an einzelne Individuen gebunden ist, sollte man hervorheben. Es ist aber auf nachteilige Weise hervorgehoben, wenn man die Subjektivität unterstreicht, ohne das Drängende der möglicherweise zu korrigierenden Wahrnehmung des anderen im Modell zu bewahren. Man muss nicht so weit gehen wie Emmanuel Lévinas, für den das Ich eine Geisel des anderen war. Aber das Möglichkeitsspektrum der Beziehung zum anderen wird in seinem Werk offenkundig. Vor allem endet seine Perspektive nicht mit der Betonung der Nichtlösbarkeit vom anderen, denn die Nichtlösbarkeit besteht in den Dimensionen von Verpflichtung und Gesetz. Aber auch wenn er damit wie andere Holocaust-Opfer nur eine grausige Phänomenologie der Übermacht des anderen erstellt hätte, wäre damit eine wichtige Vorlage für die Hirnmodelle geliefert: In dieser brutalen Welt sollte die jüdische Erfahrung der Einschreibung des Gesetzes in die Beziehung zum anderen auch bei der Sprachwahl und Modellbildung der Neurowissenschaften berücksichtigt werden, sonst wird einer falschen Abkapselungstendenz des Menschen Vorschub geleistet, die annimmt, in einem hirnphysiologisch objektivierten subjektiven Innenraum sein Verfügbarkeitszentrum über den anderen gefunden zu haben, als ob dieser nicht immer auch das gesamte «Zentrum» mitgestalten würde – oder manchmal zumindest sollte. Die Fähigkeit, Perspektiven zu wechseln, darf nicht dazu verführen, den anderen 1. als verfügbar und 2. als völlig unabhängig von meinem zerebralen Verfügen anzusehen.

Die Beschreibung der Hirnzentren sollte dies zum Ausdruck bringen. Der Ausdruck «subjektiver Innenraum» verführt zu der falschen Annahme, dass die Beziehung von Ich und anderen nur unter der Entscheidung des Ich stünde. Diesen Teufelspakt sollte man nicht in der Hirnforschung festschreiben.

Risiko

Religion gilt vielen als eine Art Fata Morgana, als eine Wunschvorstellung, die jenseits des Realen in der Welt Spiegelung und Projektion aufbaut und über die Wüste der Wirklichkeit hinwegtäuschen soll. Dort wird ein Manna versprochen, ein himmlisches Brot, das vom Himmel herabregnet und den Menschen mit virtuellen Kräften nährt, wie zwei Fische bei der Speisung der Fünftausend.

Plötzlich stürzen zwei Flugzeuge aus der Bläue des Himmels in die vernetzten Botschaften unserer Medienwelt, und wir müssen uns eingestehen, dass wir lange Zeit in einer virtuellen Debatte über eine virtuelle Welt schwebten, in der wir wie auf Himmelswolken Engeln gleich uns plötzlich auf das Diesseits verwiesen finden. Erste Reaktion auf die Bilder der Zerstörung der Wolkenkratzer in New York war die Frage, ob die Wirklichkeit dieser Bilder tatsächlich wirklich war. Wir hatten Lust an der entkörperten elektronischen Welt bekommen und haben die Frage gestellt, wie sich denn Realität projizieren lasse. Es war nicht die Frage des 19. Jahrhunderts, eines Feuerbach, wie der Mensch aus der Realität der Welt heraus das Jenseits projiziert und damit Religion aufbaut, sondern es war umgekehrt. Unsere abstrakte E-Mail-Existenz, der Sachverhalt, dass das Medium schon die Message ist, der die Frage nach Realität kaum noch stellen ließ und der die Denkfigur von Religion z. B. als Inkarnation eines Logos schon selbst zu einem inneren Verhältnis der Medien und ihrer Theorie werden ließ, wusste mit der Realität nicht mehr umzugehen. Das Medium ist die Botschaft, so hieß die Elektrisation der Vernunft. Wie hier noch Welt oder Realität zu gewinnen sei, war die Frage. Religion war im Selbstverhältnis der Medientheorie verschwunden.

So verwundert es auch nicht, dass in den ersten Reaktionen das schockierende Ereignis in New York zunächst als ein medientheoretisches Problem behandelt wurde. Alle möglichen Selbstverhältnisse des Menschen, diejenigen von Geist und Körper, waren schließlich in der Medientheorie aufgehoben oder verschwunden. Die Frage nach Religion war ja gar nicht stellbar. Weitgehend medienästhetische Konzeptionen des Angriffs auf die Zwillingstürme, der Ängste und Verzweiflung der Eingeschlossenen, des medizinischen Schocks der Helfer, das Bangen und die Tränen der Angehörigen zeigen jedoch nicht nur, dass Medien, wie das Wort besagt, Vermittlung liefern. Dagegen spricht allein schon die Unruhe und Verstörtheit der vielen Kinder, welche die albtraumhafte Wiederholung der Katastrophensequenz kaum noch einzuordnen wussten. Genügte hier zu sagen, dass das Wirklichkeit sei? Was ist denn Wirklichkeit, wenn die Gameboy-Spiele der Zerstörung schon zur Wirklichkeit der Kids geworden waren und unser Verhältnis zu den Computerspielen, zur Spekulation des Bösen, uns längst von der Frage nach der Wirklichkeit enthoben zu haben schien? Die Frage nach der Wirklichkeit konnte in einer zum Spielkasino verwandelten Welt kaum noch angemessen formuliert werden.[13]

Die Medien waren zur Darstellung ihrer selbst übergegangen. In zunehmendem Maße luden Medienmacher Medienwissenschaftler ein, Talkmaster begrüßten am liebsten Talkmaster aus anderen Sendungen. Sogar der Tod, der ansonsten als Maß von Realität gilt, hatte seine besondere Darstellungsform im Durchbrechen des Programmhaften gefunden. Starb eine berühmte Persönlichkeit aus der Medienbranche, so wurde das Programm geändert, und die Produkte des Filmemachers wurden stattdessen zumeist am selben Abend ausgestrahlt. Damit verfügte die Medienindustrie über ein Metazeichen, mit dessen Hilfe man nicht nur serielles Element in einem Programm war, sondern sogar das ganze Programm über den Haufen werfen konnte.

Die Kraft der Denker richtete sich nun darauf, dass man nach dem Ereignis von New York vom schmalen Band der Medien aufs breite und von Geröll erfüllte Flussbild der Realität umsteigen könnte.

Vom Grooming über die Religion zum Würdekonzept: Die Evolution der Weltgemeinschaft

Es hat einen gewissen Reiz, unsere Weltsituation und die Frage der Religion in einen evolutionstheoretischen Zusammenhang zu stellen. Dies heißt nicht, der Evolutionstheorie das alleinige Mandat für die Weltdeutung zu übereignen, sondern soll nur zeigen, dass, wenn man sich auf sie einlässt, wichtige Fragen der Gegenwart eine Gewinn bringende Perspektive erfahren.

Befasst man sich mit der rein quantitativen Dimension des Gruppenzusammenhalts, so wird deutlich, dass in der Evolution die Stabilisierung von sozialen Kleingruppen bei Primaten über das so genannte Grooming erfolgte, d. h., die Primaten kraulten sich gegenseitig, pflegten einander das Fell und erfuhren dadurch gegenseitige Bestätigung. Das Grooming befreit nicht nur das Fell von Läusen, Flöhen und Verklebungen, sondern führt beim Hautkontakt auch zu einer angenehmen Stimulation der Dopaminausschüttung.

Insofern ist die sinnvolle Fellpflege zugleich ein soziales Belohnungsgeschehen, das sich in Transmittereinheiten berechnen ließe, üblicherweise unter den beteiligten Affen aber über Dauer und Intensität der Haut- bzw. Fellkontakte verrechnet wird. Wenn ich einen anderen der Gruppe kraule, so kann ich damit rechnen, zurückgekrault zu werden. Dabei muss nicht unbedingt ein direktes Zurückkraulen erfolgen.

Doch auch wenn man solche Umwege der indirekten Rückgabe oder der verzögerten Rückgabe mit einkalkuliert, so lässt sich eine Gruppe nicht beliebig vergrößern, da sonst die Wartezeit für die Rückgabe, die Fellpflegezeit und die Dopamin-Glücksmomente unter Umständen in zu lange Intervalle geriete. Eine Tauschökonomie des Grooming lässt Gruppengrößen von bis zu 50 Teilnehmern stabilisieren. Will man über diese Größe hinausgehen, so müssen andere Mechanismen der Integration gefunden werden. Dies ist die gesprochene Sprache, die ermöglicht, Individuen zu koordinieren und ihnen gleichzeitig auch gewisse Befriedigungserlebnisse zu vermitteln.

In Diskussionsgruppen ist allerdings die Zahl der Teilnehmer bei der Frage der Redebefriedigung bereits bei sieben Teilnehmern an einer Grenze angelangt, weil bei mehr Teilnehmern zu viel Zeit vergeht, ehe man selbst wieder zu Wort kommt. Tischgesellschaften separieren sich ab acht Personen zumeist in mindestens zwei Gesprächsgruppen. Ein koordinierendes Sprechen mit Aufforderungs-, Auftrags- oder gar Befehlscharakter kann ohne Benutzung von Massenmedien Gruppen bis zu 150 bzw. maximal 250 Personen koordinieren. Dies ist die typische Größe von Kompanien, Betriebseinheiten usw. Wie Dunbar gezeigt hat, kann der tägliche Klatsch dabei eine erheblich stabilisierende soziale Funktion übernehmen.[14] Auch wenn nicht jeder mit allen spricht, kann aufgrund des Klatsches keiner annehmen, dass in seiner Gruppe sein Verhalten nur von wenigen zur Kenntnis genommen wird.

Wächst die Gruppengröße, so muss die Schrift beigezogen werden, um Integration zu ermöglichen. Rundschreiben oder ein Bezugstext schaffen den Zusammenhalt. Der Übergang zu Gesetz und Religion wird dabei offenkundig. Religion versucht, der Integrationsfunktion auch noch Annehmlichkeiten beizugeben, die beim Verlassen der kleinen Gruppe über das Kraulen kaum mehr öffentlich vermittelt werden können.

Diese zwischen Gesetz, Schrift und Sinnlichkeit vermittelnden Funktionen der Religion werden durch die Massenmedien in eine andere Situation gerückt. Die Massenmedien können den Klatsch in ungeahnte Dimensionen ausweiten und zugleich auch Sinnlichkeit thematisieren oder zu ihr zumindest auffordern. Es ergibt sich ein völlig neues Muster für soziale Integrationsfunktionen im Hinblick auf sinnliche Beschenkung und Integration. Konnte die Religion mit der Tempelprostitution ihre Integrationsaufgabe zunächst noch mit sinnlichen Genüssen verbinden, die in der weiteren Entwicklung immer abstrakter wurden, so wird diese Rolle von den Massenmedien heute leistungsstärker übernommen, zumindest was die Erotisierung auf weite Entfernung angeht. Die Religion hat versucht, den Menschen zu einer unsinnlichen Integrationsform zu bewegen, und steht damit heute teilweise im Gegensatz zu den Massenmedien, die zumindest visuelle Genüsse versprechen und zu deren privater bzw. halbprivater weiteren Ausführung animieren möchten.

Konnte in der Grooming-Gemeinschaft der Primaten die gegenseitige Bestätigung noch verrechnet werden, so haben die Lustversprechungen der Massenmedien kein kalkulierbares Maß mehr. Ich vertrete dabei die Ansicht, dass es wichtig ist, die Nichtverrechenbarkeit selbst zum Prinzip zu machen und in der Würde, die jenseits aller Wertökonomie liegt, den Zusammenhalt der Menschen zu fördern suchen, ja unbedingt zu respektieren. Dass Religionen dabei Momente der Integration versuchen, die an Sinnlichkeit anknüpfen, von der Beugung des Körpers am Freitag über das Brot zur Eröffnung des Sabbats bis zum Wein am Sonntag, sollte auch in der politischen Diskussion als hilfreich angesehen werden.

Chora. Don't touch?

Die Menschen brauchen Regeln und Rechte für das Zusammenleben. Nicht selten streiten sie sich gerade über die Begründung und
den kulturellen Hintergrund dieser Regeln und Rechte. Die kulturellen und individuellen Besonderheiten scheinen dem allgemeinen
Rechtsapparat jedoch immer weniger im Weg zu stehen. Es wird
deutlich, dass dieser Apparat der Ermöglichung von kultureller und
individueller Besonderheit dienen kann, wobei natürlich die Kulturen nicht mehr mit dieser Absolutheit auftreten können, wie sie das
früher bei nationalen Abgrenzungen versucht haben. Scheint es also
gelungen, die Menschenrechte zu universalisieren und in den Apparat der elektronischen und papierenen Bürokratie einzuspeisen und
damit aus den emotionalen Wechselfällen des Gehirns herauszuneh-
men, so ist dies bei den Fragen der Alltagsethik noch keinesfalls gelungen, vielleicht auch unmöglich.

Das Attentat auf der Straße, Hass und Schlägerei sind in Sekun-
denschnelle geschehen, sodass eine Briefaktion von Amnesty International zum Einsatz für die Rechte des Einzelnen zu spät käme. Das
ließe einen auf die Idee kommen, Menschen mit Computern auszustatten, die möglicherweise nach Abschätzen der Situation oder des
Aktivierungszustands des Gehirns einige Regeln beispielsweise in
das Brillenglas einspeisen könnten, wie: «Geh jetzt lieber nach Hause!», oder: «Du hast Recht, aber behalte es für dich!» Dann könnte
man das Gehirn frei für seine Gefühle benutzen und dem Computer
die Warnmeldungen für Notsituationen überlassen. Manche würden
dies für eine Perversion halten, einen Computer, der das Gesetz ins
Fleisch einschreibt, ohne dass es zwischen beiden allzu viel Vermitt-
lungsfunktionen gibt. Aber – so könnte man argumentieren – war
die Vorstellung vom Gesetz nicht immer schon so, dass es wie ein kal-
tes blankes Metall reagiert, dem sich Fleisch und Körper zu fügen
hätten? Dies ist aber ein Irrtum. Ich bin der Ansicht, dass das Gesetz
schon auf dynamische Weise in unserem Fleisch steckt. In der Neuro-
nenentwicklung der Kindheit gibt es Phasen der Entwicklung, in denen ein Entwicklungssprung gemacht wird dadurch, dass Zellver-

bindungen ausgelöscht werden. Hier ist der Verlust schon ein Gewinn. Hier schreibt sich auch ein Gesetz ein oder ist schon eingeschrieben, das die bloße Expansion als Verfehlen der eigenen Identität ansehen lässt. Nur wenn ich dem Gesetz gehorche, auch etwas zurückzunehmen, kann ich mich selbst zur freien Entfaltung bringen.

Es war also ein Irrtum, das Gesetz als etwas Karges und Fremdes zu betrachten. Die Pointe bei der Klärung der verschiedenen Sprachebenen zwischen Gehirn, Recht und Erleben liegt natürlich darin, dass der Neuronenverlust selbst auch in die Richtung von kalt und fremd weisen mag, dass wir jetzt aber in der Lage sind, gerade dieses als unser Ureigenes zu erfahren. Es bietet sich also an, das Gesetz als ursprüngliche Verwirklichung unserer Existenz zu denken. Es durchquert immer schon unsere Gefühle und gehört damit zu unserem Ureigenen, wie das in den neurowissenschaftlichen Bildern der frühkindlichen Hirnentwicklung verdeutlicht werden kann, wobei die Forschung zeigen wird, wieweit es sich dabei um eine Metapher bzw. um eine ursprüngliche Einschränkungsmöglichkeit handelt. Gesetz und Gefühle gehen dabei keine hierarchische Struktur ein, sondern durchqueren einander, wodurch die Möglichkeit gegeben ist, dass das Gesetz, die Regel, in den verschiedensten Lebenslagen und Emotionen aufgefunden werden kann. Erst der Versuch, eine reine Hierarchie einzurichten und den Turm der Regularitäten immer höher zu bauen, würde eine Teilung ins Nervensystem bringen, die der Abgreifbarkeit des Gesetzes nicht zuträglich wäre. Nun suche ich aber auch gar nicht nach einem Gesetz, das die Hierarchie und Heterarchie, also die übereinander und nebeneinander geordnete Struktur des Nervensystems, «in den Griff» bekommen wollte, denn gerade in dieser Organisation liegt die Freiheit des Menschen, die immer auch über das Gesetz mit entscheiden sollte, d. h., abwägen dürfen muss, wie im Einzelfall und bei Kollision verschiedener Regeln zu verfahren ist. Es kann also nicht darum gehen, einen allgemeinen Algorithmus für das Gehirn zu suchen, der auch noch alle ethischen Probleme löst. Das Gesetz des Nervensystems ist kein Algorithmus zur Lösung von Problemen, sondern ein Regelwerk, das stets auch selbst Probleme erzeugt. Möglicherweise ist der Satz «Es geschehe stets etwas Neues!» nicht weit von einer angemessenen Beschreibung dieses Regelwerks entfernt.

Nun ist es keine einfache Aufgabe, eine Regel für die Entwicklung des Gehirns zu formulieren. Schließlich wird die Entwicklung immer von der Gesellschaft und Kultur (und natürlich Religion) mitbestimmt. Es läge also nahe, nach einer Regel zu suchen, die sich zwischen Gehirn und Gesellschaft befindet und beiden Rechnung trägt. Das heißt, wir isolieren kein Objekt, wie beispielsweise ein Gehirn oder einen gesellschaftlichen Tauschhandel, um dafür dann Beschreibungen und Vermutungen über Regelmäßigkeiten zu liefern, sondern suchen nach einer allgemeinen Regel, die von einer derartigen Gegenstandseinschränkung nicht bestimmt ist.

Ein derartig Unbestimmtes-Bestimmtes tritt bereits in Platos Erkenntnistheorie auf und wird dort als ein dennoch abgetrennter Bereich angesehen. Er nennt ihn Chora.[15] Im Grunde genommen hat Plato damit eine Hirntheorie geliefert, denn das Gehirn ist ein unbestimmt bestimmter Bereich, abgegrenzt und dennoch veränderbar. Will man also bei den Griechen nach einer Hirntheorie suchen, so sollte man nicht nach den spärlichen Bemerkungen bei Hippokrates oder einem Denker in *Kriton* fahnden, sondern sich mit Platos Chora befassen, die eine Hirntheorie liefert, die sich jenseits der Teilung in Geist und Materie bewegt, denn das Gehirn ist weder nur Materie noch nur Form. Es ist weder nur Hardware noch nur Software. Es gestaltet sich aus der Interaktion zwischen beiden, wobei beide gar nicht getrennt werden können.

Es liegt nahe, das Gehirn aus dieser Eigenschaft, Chora zu sein, heraus deuten zu wollen. Dann kommen wir allerdings in der Tat zu einer Bewegung, in der das Zurückhalten zugleich die Erzeugung des Neuen ist und die Einkerbung nicht bewahrt werden kann, da dann das Ganze sich darauf stürzt, sie zu verarbeiten (der Versuch, die psychische Narbe zu beseitigen). Das heißt, der Versuch, einen Schutzwall wie eine Welle zu erzeugen, endet in einer erheblichen Gischt, stets wieder das Neue erzeugend.[16]

In der Krypta des Schädels drängt das Gehirn auf Weiterarbeiten und nimmt die angebotenen Regeln so in sich auf, dass aus ihnen und für das System Neues entsteht.

Man muss also nicht mit einem allgemeinen Operator beginnen, aber man kann auch nicht annehmen, dass man mit einer partikularen Regel schon alles Verhalten voraussehen könne. Dies erinnert an die Überraschungen der Sozionik[17], die mit kommunizierenden Computersystemen versucht, ein Sozialverhalten zu imitieren. Dabei werden den einzelnen beweglichen Computer- bzw. Robotersystemen nur minimale Verhaltensregeln beigegeben. Mit den einfachen Anweisungen, die gleiche Geschwindigkeit wie die anderen einzunehmen, Kollisionen zu vermeiden und zugleich möglichst nahe aufzuschließen, können sich verschiedene Roboter wie ein Vogelschwarm bewegen.

Gerne hätte man ähnlich einfache Regeln, wie z. B. rechts vor links im Straßenverkehr, auch für das allgemeine menschliche Verhalten. Vielleicht kann man Anleihen bei der Sozionik machen und die einfache Regel «Don't touch!» einführen. Dann bräuchten nicht komplexe emotionale und religiöse Vorarbeiten gemacht zu werden, über die man sich am Schluss doch streitet und auf welche die Regel «Tut einander nicht weh!» doch nicht angewendet wird, weil sie auf eben diesen Vorarbeiten beruht. Es wäre also schön, eine einfache Regel wie «Tut einander nicht weh!» oder «Don't touch!» zu haben, dann müsste man nicht zum Extrem eines intervenierenden Computers in der Brille oder Schädeldecke greifen und hätte auch nicht als Alternative nur den komplizierten kulturellen Hintergrund religiöser oder säkularer Traditionen, die sich um Ethik bemühen, zu berücksichtigen. Wäre nicht ein frischer Start mit einer Regel wie «Don't touch!», «Berühre nicht einen anderen!», für das technologische Zeitalter mit seinem Tempo und seiner analytischen, auf kleine Bausteine ausgerichteten Vernunft angemessen?

Aber vielleicht gibt es solche Regeln schon in der Tradition. Ist nicht der paulinische Versuch, allem Fleisch zu entsagen, als eine derartige Ethik zu beschreiben? Keinen berühren hieße, keinen töten, allerdings auch keinen körperlich lieben. Dies ist sicherlich ein sehr drastisches Prinzip, für das man doch lieber Ausnahmen formulieren sollte. Oder sollte man bei den Ausnahmen auf Entschuldungsmechanismen setzen? So ganz überzeugend scheint mir dieses Prinzip nicht, vielleicht sollte man sich auf das Verbot von Tötungshandlungen beschränken und andere Berührungen gesondert abhandeln? Also eine Trennung von drastischen Schwerverbrechen (Körperdelikten) und kleinen politischen Unkorrektheiten? Dies ist auch wieder nicht ganz unproblematisch, da die kleinen interaktionellen Unkorrektheiten das System Mensch in emotionale Veränderungen bringen können, die dann auch die Grundregeln, die man in der so schön entworfenen minimalen Ethik formulieren wollte («Du sollst nicht töten»), ihre «Repräsentation» und Wirksamkeit unterminieren könnten.

Sollte man also nicht doch lieber beim Begehren des Menschen und seiner reproduktiv-proliferierenden Tätigkeit auf dieser Erde beginnen? So könnte man den Satz «Seid fruchtbar und mehret euch» als ein positives Regelwerk betrachten, das sowohl dem Begehren als auch der Weiterentwicklung der Menschen dienen kann, wobei die Reflexion jeweils entscheiden dürfte, was der Reproduktion und Proliferation zuträglich ist.

Aber gerade im genetisch-genitalen Bereich gibt es für die Menschen viel Konfliktstoff. Vielleicht kann man das vielfältige evolutionär gewachsene System des Gehirns, das manche Laborbiologen am liebsten als eine Ansammlung von evolutionärem «Müll» betrachten würden, doch am besten in eine Ordnung des ethischen Verhaltens bringen, wenn der vereinigende Gedanke des Herrn darüber steht. Vielleicht bin ich überfordert, wenn ich mich selbst in den Kontrollturm denke, denke ich aber eine Kontrollinstanz, die nicht ich bin, so ist das ja auch noch ein Geschehen in *meinem* Gehirn. Dies erscheint mir nicht uninteressant, wenn man sich vorstellt, dass dieser Kontrollgedanke gerade durch den Exzess des Systems hervorgerufen werden kann (Überschuss neuronaler Impulse, die nicht als Information strukturiert werden konnten). Danach wäre der Gedanke des Herrn nicht die Einführung einer fremden Macht, sondern die Chance, einen eigenen Überschuss zu strukturieren (ohne ihn zu beenden, sondern ihn durchaus im Einklang mit dem Gesetz des Gehirns: $1 + n$ zu setzen).[18]

Arjuna meditiert auf dem Schlachtfeld

Die Schrift und die Aggression

> Die wolkenfarbenen Esel, die Wolken, gewaltige Felsen
> ohne Gewicht, die Berge wie abgesackte Himmel, die Herde
> der Bäume, am Bache trinkend, alle sind da, beglückt in
> ihrem Dasein, uns gegenüber, die wir nicht da sind,
> gefressen von der Wut, vom Hass, von der Liebe gefressen,
> vom Tod.
>
> *Octavio Paz*

Wenn man die Vielfalt der Welt ins Auge fasst, so muss man Geist und Buchstabe vielleicht doch etwas näher zusammendenken, als dies im griechischen Horizont des Neuen Testaments der Fall war. Das Neue Testament entstand im Zeitalter des Hellenismus, und es war nicht ungewöhnlich, dass sich die Rabbis auf Griechisch über Bildungsfragen unterhielten. Das war ein dramatischer Bruch in der jüdischen Kulturgeschichte. Die hebräische Schrift hatte aufgrund fehlender Vokale immer gefordert, den ganzen Geist in sie hineinzulegen, da man sie nicht entziffern kann, wenn man nicht mit kulturellem Vorverständnis und ihrem Geist entsprechender Kultur an sie herangeht. Man muss die fehlenden Vokale ergänzen, und dies kann aufgrund der vorhandenen Konsonanten alleine nicht durchgeführt werden.

Erst in der griechischen Schrift, in der alles ausbuchstabiert ist, kann der Geist sich vom Buchstaben trennen. Er ist hier nicht so eng an das Ausbuchstabieren gebunden. Im Hebräischen hatten die Schriftgelehrten eine hohe Funktion, da Geist und Buchstabe in eins zu bewahren waren. Dies bedeutete nicht, dass nicht viele Meinungsverschiedenheiten auszudiskutieren gewesen wären, sie konnten sich aber nicht so weit von der Schrift entfernen, wie dies beim griechischen Text der Fall ist, anhand dessen man einen völlig neuen

Geist beschwören kann, wie dies Paulus mit seinem Bild von der Trennung von Buchstabe und Geist verdeutlichte. Erst im griechischen Horizont war eine Verachtung von Schriftgelehrten denkbar und die Vorstellung möglich, dass sie sich «geistlos» verhalten könnten. Dies stellt jedoch eine Unterschiebung einer am griechischen Text entwickelten Denkweise dar, die mit der engen Abarbeitung des «Geistes» und Textes in der hebräischen Thora nur wenig zu tun hat. So kam es, dass der Einbruch eines neuen Schrifthorizontes in eine Kultur eine tödliche Trennung von Geist und Buchstaben einführte, die zur Matrix für weitere Todescodierungen herhalten konnte. Ich denke, dass die Verachtung der Schriftgelehrten leichter rückgängig gemacht werden kann, wenn man bedenkt, dass es nicht angemessen ist, aus einem griechischen Kulturhorizont auf einen hebräischen zu blicken, ohne die Eigentümlichkeiten des «geistigen» Umgangs mit den Buchstaben zu würdigen. Zumindest sollte man sich klar machen, dass die Trennung von Geist und Buchstabe auch aus der umgekehrten Perspektive betrachtet werden kann, aus der heraus dann «Vergeistigung» als ein Vorgang «gelesen» werden kann, bei dem die Körperlichkeit in jeder Hinsicht vergessen wird und in der entflammten Spiritualität vor allem die Asche des anderen erzeugt wird. Diesen Gedanken führt Derrida im Hinblick auf Hegels Konzept der Vergeistigung aus, wobei die Anspielung auf das Geschehen des Holocaust in Bezug auf eine Tradition des «Geistigen» zunächst wie ein Schock wirken mag, hingegen jedoch aufrufen sollte, sich zu fragen, ob man Geist und Körper nicht doch zu sehr am Modell der Schrift – in diesem Fall nur einer speziellen griechischen Schrift – gedeutet hatte.

Konzentriert man sich zu sehr auf den Geist und nicht auf seine körperlichen Bedingtheiten und vergisst man darüber hinaus auch, dass diese körperlichen Bedingtheiten bei verschiedenen Menschen unterschiedlich sein können, so kann es vorkommen, dass einem andere Menschen geistlos erscheinen, nur weil sie in einem ganz anderen Schriftsystem sich zu äußern gewohnt sind. Dies ist keine nebensächliche Bemerkung. Ein Blick in die Kulturgeschichte zeigt, dass die Demarkationslinien für Aggression nicht selten mit den Kulturgrenzen verschiedener Schriftsysteme zusammenfallen. Nicht die

Religion oder die Ethnie wären demnach die häufigsten Transporteure für «verhasste» Identität, sondern die Schriftsysteme, in denen sie sich unterschiedlich ausdrückten. Nach diesem Interpretationsmodell erscheint ein anderer Mensch als Alien, wenn sein Geist sich in einer für mich nicht entzifferbaren Schrift äußert, so als ob er die Heuschreckenbeine der Invasoren des Films *Independence Day* hätte. Möglicherweise ist nicht die Körperlichkeit des anderen in Bezug auf seine biologische Anatomie, sondern die «Materialisation» in Bezug auf die Verschriftlichung seines Geistes das entscheidende äußere Kennzeichen für Fremd- und Nichtfremderkennung. So wie die Flugabwehr aufgrund der Codekennung der vom Flieger aus gesendeten Signale Freund und Feind vor dem Drücken des Abschussknopfes identifiziert, erkennt der Mensch bei der Gewahrung einer fremden Schrift einen offenbar komplexen und vielleicht «zu komplizierten» Verkörperungsmechanismus eines Geistes, der auf dieser einfachen Codeebene dann schon als fremd bzw. gar als Feind eingestuft wird. Man kann ihm natürlich nach dem Romeo-und-Julia-Mechanismus den Code des Feind-Freund-Schemas durch hektische Wallungen in der Amygdala zu überspielen versuchen. Die Unterschiedlichkeit der körperlichen Codes (der Schriften) setzt alles jedoch in ein schwieriges Szenario, das allein durch Umdeutung eines Lerchengesangs in den der Nachtigall noch nicht gemeistert werden kann.

Schrift wird häufig als etwas angesehen, das auf dem Papier stattfindet und daher außerhalb des menschlichen Kopfes anzusiedeln wäre. Schreiben und Lesen werden aber im Kopf verarbeitet und spielen bei der Organisation von Gedanken eine entscheidende Rolle. Die Schrift tritt in ein schräges Verhältnis zu unserer Sprechmotorik. Sie aktiviert sie auf gewisse Weise mit. Erst spät lernen wir das stumme Lesen, und selbst dann sind oft noch minimale Lippenbewegungen oder zumindest Aktivierungen des Sprechzentrums im Gehirn nachweisbar. Dennoch hat das Gebiet für Sprache und Lesen im Gehirn eine gewisse Eigenständigkeit. Es eröffnet neue Verbindungen für die Kognition und kann sich in manchen Fällen von den Dimensionen und Verarbeitungszentren für Sprechen und Hören abkoppeln. Entscheidend ist, dass dies für unterschiedliche Schriftsysteme sogar unterschiedlich der Fall sein kann. So sind Kanji und Kana, die Bildschrift und die Silbenschrift im Japanischen, beim Schlaganfall isoliert treffbar.

Man kann Schriften danach klassifizieren, in welchem Maße sie den phonetischen Lautstrom abbilden. Dies kann zu tief greifenden kognitiven Umorganisationen führen, die im Einzelnen kaum überschaubar sind. So ist bekannt, dass die vokallosen Schriften – mit Ausnahme der äthiopischen, die einen Bilderschriftcharakter hat – von rechts nach links geschrieben werden. Die kognitive Organisation des die Aussprache-suchen-Müssens, erfordert die Aktivierung der rechten Hirnhälfte, sodass das beim Lesen und Schreiben vorauseilende Auge von dieser Hirnhälfte aus besser gesteuert werden kann. Dies führt zu einer Vereinheitlichung der semantisch-graphischen Leistungen in einer Hirnhälfte. Die Auswirkungen für die Kognition können kaum ausgerechnet werden.

Nimmt man jedoch an, dass die griechische Schrift mit ihrer vokalisierten, von links nach rechts weisenden Organisation eine stärkere Aktivierung der linken als der rechten Hirnhälfte mit sich führt und deshalb bildliche Leistungen der rechten Hirnhälfte durch diese stärker als komplementäre Dimension eingefordert werden konnten, dann kann man sich vorstellen, dass rein im schrifttheoretischen Bezugsrahmen das Christusereignis als ein spezifisch hellenistisches Phänomen zu deuten ist. In der neuropsychologischen Diktionsweise wäre dann das Christusereignis ein Geschehen der durch die griechische Schrift unzureichend ausgelasteten rechten Hirnhälfte, die bei der hebräischen Schrift, man denke an die einen Freudentanz aufführenden Thoraschüler, bereits begeistert mitaktiviert war. Wäre Christus also die Ergänzung einer jüdischen Tradition, die durch den Hellenismus griechische Momente in sich aufgenommen hatte?

Hält man an einen derartigen neuropsychologischen Bezugsrahmen fest, dann müsste für die interreligiöse Kommunikation ein verblüffendes Ergebnis festgehalten werden: Die jüdische und die christliche Religion kämen je erst dann zu ihrer Entfaltung, wenn sie sich auf ihren eigenen (Thora-)Text oder auf ihren «griechischen» Christus bezögen. Erst dann wären sie in ihrer je eigenen Religion. Der Versuch, Christus zurückzunehmen, müsste neuropsychologisch als Deprivation erscheinen, wenn man sich nicht zugleich den hebräischen Texten zuwendet. Natürlich sind diese Überlegungen durch medientheoretische Interferenz längst verkompliziert. Wir leben in einer Zeit, in der unwiederholbar das Individuum zu seiner individuellen rationalen Entscheidung aufgefordert ist und Religion als dessen Beförderung verstanden werden muss.

Erscheint es auch wenig aussichtsreich nach den multimedialen Verkomplizierungen menschlicher Wahrnehmungsgewohnheiten und Kognitionsorganisationen, Religion noch nach den Eigenschaften der sie konstituierenden Schrift durchgängig charakterisieren zu wollen, so muss unabhängig von den neuropsychologischen Besonderheiten einer jeweiligen Schrift auf die besondere Bedeutung von Fremdheitserlebnissen beim Umgang mit Schriften geachtet werden. Sie kann als Befremdungsphänomen und als Demarkierung sogar von Feindschaft, als Evozierung von Angst vor Kopflosigkeit des anderen, vor seiner Geistlosigkeit und damit Animalität als wichtiges Moment bei der Friedensirritation eine Rolle spielen.

Ortschaften, in deren Eingang ich Namensschilder entdecke, die ich nicht entziffern kann, evozieren die Vorstellung, dass ich auf alles gefasst sein muss. Im faktischen Lebensumgang zeigt sich dann, dass die Bewohner nicht von unkalkulierbaren Dämonen heimgesucht sind, sondern dass sie ihre Lebensvollzüge kaum anders als ich gestalten. Die Angst, dass sich hinter der unlesbaren Schrift jedoch Aliens verbergen können, sitzt tief. Die Vorstellung, dass mein Geist auch an eine andere Schrift gekoppelt sein könnte, ist nicht überall gegenwärtig. Der andersartige religiöse Ritus findet in den Gotteshäusern oft keinen Einlass. Die Zumutung, doch in einer Schrift, die nicht meine ist, Geist zu vermuten, kann den meinen aus der Verankerung reißen und zur Feindschaft führen, was nicht sein sollte. Der Frontverlauf zwischen Serben und Kroaten im ehemaligen Jugoslawien folgte der Linie zwischen kyrillischer und lateinischer Schrift. Geschichte, mörderische Vergangenheiten und Kulte trugen die Feindschaft. Die für den anderen nicht lesbare Schrift ließ ihn jedoch nichtexistent erscheinen.

Die nicht lesbare Schrift brüskiert mein Begehren, artikulatorisch die Welt und insbesondere den anderen auskundschaften und im

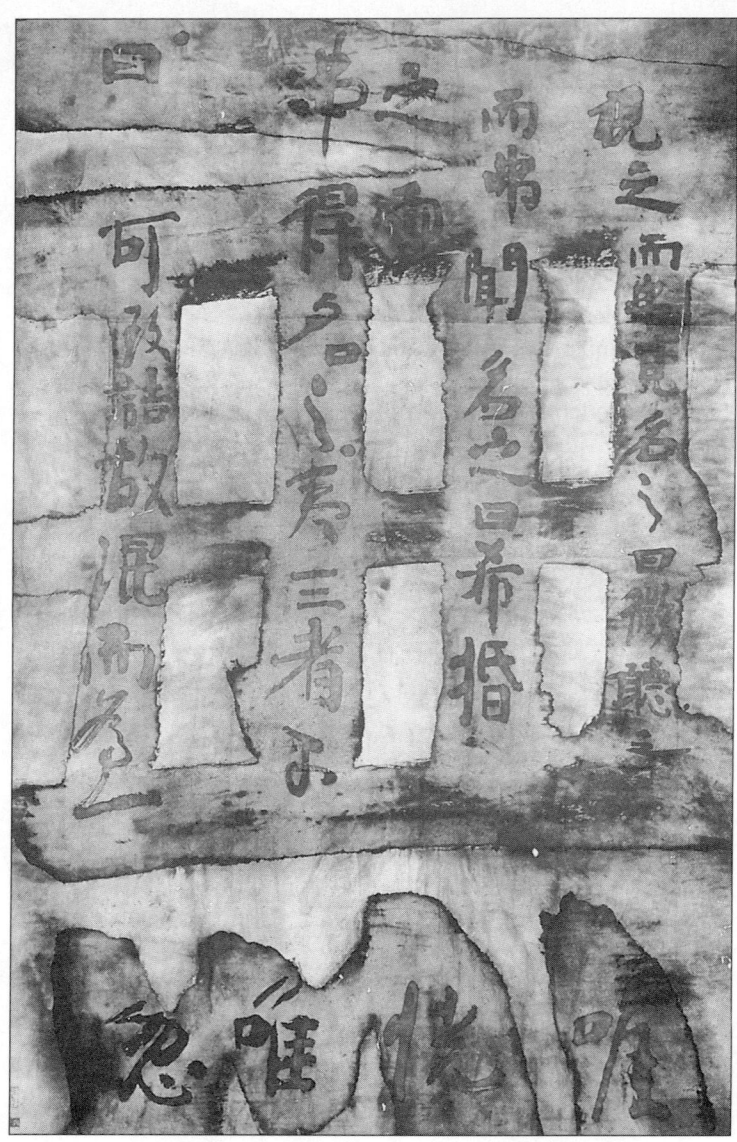

«Welt der Meditation», Gu Wenda, undatiert (um 1985)

Nachsprechen seiner wenn auch nicht verstandenen Laute das Risiko mundgerecht machen zu können.

Schriften lassen sich per Dekret schneller ändern als eine Religion. Die Entscheidung Rumäniens, von der kyrillischen zur lateinischen Schrift überzugehen, war sicherlich ein wesentlicher Schritt bei der Öffnung gegenüber dem Westen. Das Gleiche gilt für die Türkei, die mit Kemal Atatürk von der arabischen zur lateinischen Schrift wechselte und damit die poetische Geschlossenheit des Islam aufbrach. Religion kann unter Umständen privatisiert werden, Schrift von ihrer genuinen Funktion her kaum. Politische Entscheidungen über Schriftsysteme sind daher sowohl Entscheidungen zur Völkerverständigung als auch zur eigenen Identität.

Graffiti-Kultur gewährleistet eine öffentliche Präsenz von Andersheit, wie sie durch noch so verschrobene Reden innerhalb der Hyde Park-Corner nicht exemplifiziert werden kann.

Im Gehirn hat man «Zentren» für das graphische Wortbild herausgearbeitet. Eine bildorientierte Schrift wie das Kanji im Japanischen, das vom Chinesischen übernommen wurde, oder wie das Chinesische selbst, zeigt Besonderheiten hinsichtlich der Beziehung zum phonetischen System auf. In dieser Schrift findet China, das so zahlreiche Dialekte aufweist, unter denen nur unzureichendes Verständnis herrscht, ein wesentliches Identitätsmerkmal. Die chinesische Kultur wird hinsichtlich ihrer Identität von Kulturtheoretikern gerne mit einer Buchsbaumhecke verglichen, die, ob hundert Jahre lang Mongolen oder Marxisten die Herrschaft übernehmen, ihre Grundstruktur bewahrt und stets wieder auf das gleiche Format zurückgeschnitten werden kann. Der Wechsel von der chinesischen zur lateinischen Schrift in China würde jedoch eine neue Epoche markieren und ganz andere kulturelle Integrationsmuster wachrufen, die vielleicht auch stärker auf Differenz aufbauen.

Es gibt Kulturen, die wider alles bessere neuropsychologische Wissen einen Anschlag auf ihre eigene Identität vorziehen, wie dies im Falle Deutschlands mit der Rechtschreibreform geschehen ist. Die Referenz auf das Schriftbildzentrum wurde in eine Irritation gebracht, wodurch Schrift als identitätsbildendes Moment als noch geringer veranschlagt werden kann. Will man es positiv werten, so mag man es als einen Beitrag zur europäischen Integration und zur Globalisierung ansehen. Meine Korrekturwünsche an der deutschen Geschichte, im Hinblick auf eine hoffnungsfreudige Zukunft, gehen aber gerade in die umgekehrte Richtung, auf eine Betonung der Schrift als eine Gestalt des Geistigen, die das diabolische Unterzeichnen mit Hilfe von Blut (siehe den Pakt mit Mephisto) für ein Geschehen unter unserem «geistigen» Niveau hält. Der Teufelspakt der Vernichtung des anderen, wie er sich heute in den Computerspielen vollzieht, sollte durch Schrift vereitelt werden.

Wenn der Krieg zum Selbst wird

Die drei Werke *Upanischaden*, *Bramasutra* und *Bhagavadgita* machen den Kanon der hinduistischen Religion aus. Die *Bhagavadgita* reicht weit in die Geschichte zurück und stellt eine 800 Verse lange Mitteilung des Gottes Krishna an den Jüngling und Heerführer Arjuna dar. Die Situation der göttlichen Belehrung ist sehr ungewöhnlich. Arjuna ist mit seinem Heer gegen ein feindliches Heer angetreten, die ersten Pfeile prasseln hernieder, da erkennt er unter den Feinden viele Verwandte und ehemalige Freunde. Er gerät ins Grübeln und fährt mit seinem Kampfwagen zwischen die beiden Heerlager, um zu überlegen. Soll er diesen Kampf durchführen, wenn doch so viele Freunde und Verwandte auf beiden Seiten der feindlichen Parteien sich befinden? In dieser Meditation legt der Gott Krishna dem Arjuna dar, dass er nicht zaudern und zögern dürfe. In den interpretierenden Kommentaren wird Krishna als das Innerste Arjunas selbst angesehen, und in den Versen heißt es auch, je mehr Arjuna aufsteigt in der Meditation, umso mehr würde er zu Krishna. Krishna plädiert nun für die Selbstlosigkeit Arjunas.

Interessanterweise führt dieses Argument aber dazu, dass Arjuna nicht auf den Krieg verzichten, sondern gerade seine Interessen gegenüber Verwandten und Freunden zurückstellen soll. Das ist ein wichtiger Befund, da oft angenommen wird, dass das meditierende Verlassen der Selbstinteressen zu größerer Friedfertigkeit führen

Krishna als Wagenlenker verkündet Arjuna die «Bhagavadgita»

müsse. Wenn der Mensch seine Selbstinteressen aber aufgibt, zu denen hier auch die Interessen gegenüber Freunden und Verwandten gerechnet wurden, dann kann es passieren, dass eine Abstraktheit von ihm Besitz ergreift, die erst aus der externen Perspektive als Konkretheit des Kriegsgottes entlarvt werden kann. Insofern kann man die *Bhagavadgita* als ein Lehrgedicht lesen, mit dem ein «cooler Krieger» herausgebildet werden soll, der nicht von seinen Emotionen abhängig ist, sondern aus höchster «Selbstlosigkeit» heraus den Krieg führen soll. Wieder einmal zeigt sich, dass die Fronten nicht einfach verteilt sind. Konkrete Selbstbezogenheit, zumal eine, die den persönlichen Kreis mit einschließt, braucht nicht kriegerisch zu sein, und Selbstlosigkeit muss nicht friedfertig sein. Es zeigt sich wieder einmal, die ethische Wertung menschlichen Verhaltens kann nicht in unmittelbarer Korrelation zu den physiologischen Zuständen (Selbstlosigkeit versus Selbstinteresse) erfolgen, sondern bedarf einer Würdigung in größerem Zusammenhang (der Krieg müsste noch einer besonderen Prüfung unterzogen werden).

Auch vor dem Ersten Weltkrieg hatten viele Dichter und Intellektuelle das Handeln Gottes als die reinigende Kraft herbeigesehnt. Erst später entdeckten sie, dass sie den Kriegsgott Mars angerufen hatten.

Natürlich hat auch aus neurophysiologischer Sicht die Begeisterung, die der Kriegsgott immer wieder hervorgerufen hat, eine «reinigende» Kraft. Im Haushalt der menschlichen Informationsverarbeitung ist gerade dann, wenn die Komplexität vom Menschen nicht mehr bewältigt werden kann, die Zweiteilung des Systems durch Feindeshass, Sehnsucht nach aufopfernder Selbsthingabe und Kampfesbegeisterung eine Möglichkeit der energetischen «Abfuhr». Umso mehr müssen wir darauf achten, dass in der Gesellschaft Möglichkeiten von Abfuhr bzw. Transformation oder gar Sublimation bereitgestellt werden, die bei immer komplexer werdender Informationsverarbeitung den Drang nach Auflösung bzw. gar «Reinigung» zumindest teilweise befriedigen können, ohne dass ein Kriegsgott angerufen wird.

Ekstase

Das Ende der Endlichkeit

Die Lebensumstände haben sich geändert, Lebensziele haben sich geändert, vielleicht hat sich auch der Mensch geändert. Bezeichnenderweise sind die Änderungen so weit reichend, dass die philosophischen Konzeptionen, die zur Formulierung der Würde des Menschen führen, heute in dieser Weise nicht mehr von einer kulturellen Lebendigkeit getragen werden. Möglicherweise ist der Würde der tragende konzeptionelle Pfeiler entzogen. Dann wird es höchste Zeit, nach einem Schutz für die Menschen Ausschau zu halten.

Den wesentlichen Rahmen zur Begründung der menschlichen Würde hat für die Neuzeit Immanuel Kant gesteckt. In seinem philosophischen Entwurf ist die Würde derart mit dem Reich der Vernunft verbunden, dass die tatsächlichen Verhältnisse der sinnlichen Welt oder gar der Biologie oder der Lebensform die abstrakte Begründung der Würde des Menschen für seine vernünftige Subjekthaftigkeit innerhalb des gelieferten Denkschemas nicht tangieren kann. Der philosophische Gesamthorizont hat sich jedoch geändert, und zwar in einer Weise, dass die Philosophie aufgefordert erscheint, die neuen Orientierungen des Menschen zur Sprache zu bringen. Es zeigt sich dann, dass der Mensch in eine ganz neue Situation geraten ist.

Bei Kant handelt es sich bei den Themen Unsterblichkeit, Seele und Gott um für den Menschen nicht beantwortbare Fragen. Die Kant zufolge für die Philosophie konstitutiven grundlegenden Fragen des Menschen waren:

a) Was kann ich erkennen?
b) Was soll ich tun?
c) Was kann ich hoffen?

Diese Fragen gehen von der Endlichkeit des Menschen aus. Erkenntnis, Unsterblichkeit und Ethik würden in dieser Weise nicht thematisch werden, wenn der Mensch in seiner Zeit nicht begrenzt wäre.

Die Frage nach dem, was erkannt werden kann, dominierte für Kant und setzte die Dimension der Unsterblichkeit in ihre Schranken. Er beginnt nicht mit der Hoffnung auf Unsterblichkeit, um von dieser aus das Erkennen zu gestalten, sondern weist vom Erkennen aus Unsterblichkeit und Hoffnung in einen zurückgesetzten Bereich. Sein Denken ist von der Endlichkeit bestimmt, konstruiert im Erkennen aber ein Reich der Vernunft, in welchem die Endlichkeit selbst nicht mehr als Thema aufgegriffen wird. Der Versuch, ein Ich zu denken, das der Zeit enthoben ist, gibt Kants Erkennensansatz dennoch ein wenig den Schwung des Übersteigens von Endlichkeit. Doch das Transzendieren, das die Kant'sche Vernunft vollzieht, sichert noch kein Übersteigen der Endlichkeit.

Der Versuch, mit dem Erkennen eine Bresche in die Endlichkeit zu schlagen und an einem dauerhaften Reich der Vernunft teilzuhaben, konnte natürlich keine individuelle Unsterblichkeit versprechen, lieferte dem Philosophen aber eine Art Tröstung, die in ihrer Struktur Ähnlichkeiten mit dem Gedanken früherer Zeiten von der Teilhabe am Reich des Herrn hatte. Kants Philosophie stieß sich noch an der Endlichkeit und gewann ihre Kraft in der Auseinandersetzung mit einer Tradition der Unsterblichkeit. Nicht wenig verdankt die Konzeption von der Würde des Menschen der neuen Art von Teilhabe und nicht dem Reich der Vernunft.

Die letzten zweihundert Jahre begannen nicht mit der Hoffnung auf Unsterblichkeit. Indem man sich dem Erkennen zuwenden wollte, verlor der Gedanke der Unsterblichkeit zunehmend an Konturen. Es war nur ein kleiner Schritt für Heidegger, die Endlichkeit bei der durchgängigen Bestimmung des Menschen heranzuziehen. Seine Kant-Interpretation beruht im Wesentlichen darauf, dass Kants Grundfragen der Philosophie, wie oben dargelegt, als aus der Endlichkeit bestimmte Fragen angesehen werden und die zusammenfassende Frage «Was ist der Mensch» als Frage nach der Endlichkeit ausgelegt wird. Die «Anmutungsqualität» von Unendlichkeit, mit der das neuzeitliche Erkennen auftrat, versuchte Heidegger vollends nun auch an ein Ende zu führen, indem er dem objektergreifenden Denken den Spiegel des Todes vorhielt, um es auf diese Weise in sich selber zerbrechen sehen zu können.

Heidegger ließ die Möglichkeit offen, dass den Menschen durchaus einmal ein anderer Bestimmungsgrund als der ihrer Endlichkeit für die philosophische Selbstauslegung in den Vordergrund treten könnte. In der Tat kann die Lebensform des heutigen Menschen als eine neue Selbstauslegung gedeutet werden, die mit dem Gedanken der Unsterblichkeit auch den der Endlichkeit verloren hat.

Das Zeitalter der Ekstase

Das *nunc stans,* das ewige Jetzt, hat ausgedient. Ewigkeit wird nicht mehr als ein ausgedehntes Jetzt gedacht. Sie wird nicht als etwas gedacht, was nach dem Leben folgen könnte. Sie wird überhaupt nicht gedacht. Andeutungen von ihr sind höchstens in dem enthalten, was anstelle des Jetzt gedacht wird: Das Heraustreten aus der Zeit.

Vergangenheit, Gegenwart und Zukunft wurden als Ekstasen der Zeit konzipiert. Jetzt aber ist die Ekstase das Heraustreten aus der Zeit. Am liebsten möchte man die Ekstase nicht nur als den großen Augenblick ansehen, sondern als das, was alle Zeit in sich verschlingt, alles vergessen lässt und damit alles in einen allgemeinen Strudel des Sinns hineinzieht.

Soll Zeit danach noch gedacht werden, so wird sie von diesem Ereignis her betrachtet. Das Subjekt, das Ego, tritt noch auf, um diesen Heraustritt aus sich selber zu bereiten. Versuche, die Unmöglichkeit des Gewinnens des Augenblicks aufzuzeigen, weil sich in ihm schon eine Differenz auftäte, spielen bei der Konzeption von Ekstase keine Rolle mehr, da sie selbst zum Zeitgeber wird – wenn es danach denn noch eine Zeit gibt. Dem ganz entsprechend, und das ist mehr als ein Spiel mit einem Namen, führt die Droge Ecstasy zu einer Schädigung von Regionen des Stirnhirns, die für den Entwurf des eigenen Verhaltens, das Planen und die Zeitstrukturierung von Bedeutung sind: Der Exzess aus der Zeit heraus gibt eine neue, möglicherweise zerstörte Zeit.

Neue Fragen nach dem Menschen

Die Ekstase als das Vergessen von Zeit setzt den Menschen in einen Bereich jenseits von Leben und Tod, Unendlichkeit und Unsterblichkeit, Zeit und Ewigkeit. Nicht die Herrschaft des Ich kennzeichnet unsere Umbruchzeit, sondern die Erwartung eines Ereignisses, das paradoxerweise doch vom Ich bereitet sein soll. Da das Ich nicht mehr zeitlos gedacht wird, sucht der Mensch den Heraustritt aus der Zeit und den mit ihr verbundenen Unterscheidungen und Gegensätzen im Versuch, das Ich auch zu verlieren, und zwar auf kontrollierte Weise.

Der manipulatorische Einsatz der Droge zur veränderten Gestaltung des Selbst ist dabei nur die pharmakologische Erfüllung eines Schemas, welches das Glück der Selbstaufgabe auf eine von selbst kontrollierte Weise zu erlangen sucht. Für das praktische Leben ist nicht der Mensch zur Orientierung geworden, sondern seine Möglichkeit zur Ekstase. Die Ekstase ist mit dem Menschen nicht koextensiv, so wie es auch Vernunft und Subjekt nie waren. Als Workaholic, in der Sucht oder in der Korrektur der Erfahrung von Liebe, versucht der Mensch, aus sich herauszutreten, um derjenige selber zu sein, der sich verliert. In diesen paradoxen Entwürfen geht es weniger um Unendlichkeit und Unsterblichkeit als um Einmaligkeit, um das Erheischen von Singularität. Durchbricht man das Tabu des Bildungsdenkens, so zeigt sich, dass die Menschen ganz andere Fragen bewegen als jene, die Kant formulierte. Sie lauten nun:

a) Welches sind die Bedingungen der Bereitung von Ekstase?

b) Was soll ich tun, um die Ekstase zu erreichen?

c) Was kann ich von der Ekstase erhoffen?

Konsequenterweise lautet die zusammenfassende Frage nun auch nicht mehr: «Was ist der Mensch?», sondern: «Was ist die Ekstase?»

Folgerungen und Folgen

Ekstase wird nicht mehr als der große Augenblick gedacht, von dem man hofft, dass er ewig sein wird (wie bei Goethe und Nietzsche), und auch kaum noch als das Ereignis, das alle Zeit strukturiert (wie bei Heidegger), sondern eher als Einmaligkeit, Singularität, in der alles sein Genüge findet. Die Ekstase wird zu Gott, für den nicht mehr die Unterscheidung von Endlichkeit und Unendlichkeit den Zugang bestimmt. Das Leben außerhalb der Ekstase verliert seine Bedeutung, ist nur noch Ermöglichung für den Zugang zum Einen und Einmaligen. Dass die Wiederholung des Einmaligen gesucht wird, ändert nichts daran, dass das übrige Leben Vorbereitung oder Ausklang ist. Das reale Sterben ist aus diesem Konzept herausgenommen, seine Ekstasemöglichkeiten, sein gedankliches Stimulans, sein Stachel scheinen philosophisch erschöpft zu sein. Die Natur der Erfahrungen, die mit der Endlichkeit zusammenhängen, soweit sie nicht ohnehin schon den Beruhigungsmitteln zum Opfer gefallen sind, finden im Ekstasekonzept keine Berücksichtigung mehr. Man will sie natürlich nicht am Ende des Lebens, sie aber vorher zu wünschen wäre zu riskant (man experimentiert nur mit dem kontrollierten Selbstverlust, und dies in allen Bereichen).

Der Mensch wird nicht mehr gegen die Folie des Todes gelesen. Dadurch ist auch der Tod als Ermöglichung der Begegnung mit dem Herrn verschwunden. Selbst das Konzept vom Herrn verschwindet in der Ekstase, die als Ausbuchtung in der diesseitigen Zeit sich um die Frage von Diesseits und Jenseits, Endlichkeit und Unendlichkeit nicht mehr kümmert.

Dadurch, dass die Ekstase nicht koextensiv mit der Zeit des Menschen ist, ergibt sich für die Ethik ein ähnliches Problem wie bei Subjekt- und Vernunftkonzepten wegen der Würde des Menschen. Die Würde der Menschen, die z. B. aufgrund einer Hirnverletzung nicht über Vernunft verfügen, musste über Spezieszugehörigkeit gesichert werden. Wie steht es mit der Würde eines Menschen, der seine Ekstasefähigkeit (unter Berücksichtigung der üblichen Sedierungspraxis der Intensivmedizin) verloren zu haben scheint? Aus dem Interesse der Menschen fällt er jedenfalls heraus. Holen wir uns mit der Ekstase eine (evolutionäre) Ethik des Stärkeren ins Haus? Wird nach der ekstatischen Verabschiedung derjenige der Herr, der sich durchsetzt?

Ein freies Zusammenleben

Freiheit und Tötungsverbot

> Und der Mensch beschleunigt seinen Schritt, und zur
> rechten Zeit, um grad noch recht zu kommen, biegen sie
> um die Ecke, pünktlich, Gott und die Straßenbahn.
>
> *Octavio Paz*

Das freie Zusammenleben der Religionen ist den meisten Menschen ein dringendes Anliegen. Durch Abschaffung der verschiedenen Religionen oder gar einiger ausgewählter würden die Konflikte nicht verhindert. Der Abschaffungsversuch selbst würde erheblichen Streit, wenn nicht gar Kriege unter den Menschen hervorrufen. Auch wenn die Religionen abgeschafft würden, wären die Kriegsanlässe für die Menschen dadurch nicht beseitigt.

Die größten Katastrophen der Menschheitsgeschichte des 20. Jahrhunderts sind vor dem Hintergrund der Säkularisation entstanden. Daraus ist nun keinesfalls zu folgern, dass ohne Säkularisation, ohne eine Verweltlichung des Menschen und seine Ablösung von offiziellen Religionen die Katastrophen des 20. Jahrhunderts nicht stattgefunden hätten. Es sind ja gerade die Prinzipien der Demokratie und der Menschenrechte, mit denen wir auf Weltkrieg und Holocaust reagieren. Die unveräußerlichen Rechte (*inalienable rights*) des Menschen, wie sie in der Verfassung von Virginia 1779 formuliert wurden und denen der Würdebegriff unseres Grundgesetzes entspricht, stammen aus der hohen Tradition der Anerkennung des Menschen, wie sie von Judentum, Christentum, Freimaurern und der Aufklärung hochgehalten wurden.

Wichtig wäre es, einen Weg zu finden, uns am Gesetz zu orientieren. Dabei erscheint mir das Gesetz als der unmittelbare Zugang zum Zusammenleben. Die Individualität sexueller Besonderheiten, das Ausleben persönlicher Eigenarten usw. ergeben sich ohnehin und erst recht im Zusammenspiel mit dem Gesetz, dessen menschlicher Höhepunkt darin besteht, dass es das Töten verbietet. Unsere Weltsicht beginnt zumeist ohnehin mit unserer Individualität, und ich halte es für problematisch, dies mit einer ethischen Forderung zu verwechseln. Individualität kommt in das Gesetz hinein, wenn es darum geht, dass der einzelne andere nicht getötet werden darf (ich natürlich auch nicht getötet werde). Individualität als Konzept ist insofern für den Menschen und das Gesetz, das die Beziehungen zu ihnen regelt, unverzichtbar. Insbesondere dürfen keine Menschen für andere Zwecke verrechnet werden. Seine deutlichste Schärfe gewinnt dies im Tötungsverbot. Damit der Mensch mit dem Gesetz leben kann, ist alles dafür zu tun, seine Freiheit zu erhalten. Die Freiheit ist die Ermöglichung einer individuellen Beziehung zum Gesetz. Insofern muss Individualität nicht nur im Hinblick auf das Tötungsverbot, sondern in allen Dimensionen des kulturellen Zusammenlebens respektiert werden, da sonst ein starkes Verhältnis der Individualität zum Gesetz sich nicht entwickeln kann. Das «Du sollst nicht töten» betrifft nicht erst die Situation, in der zwei im gleichsam bildhaft archetypischen Duell einander mit der Waffe in der Hand gegenüberstehen und nun die Waffe fallen lassen sollen. Das Tötungsverbot muss seine Kraft früher entfalten. Auch Gerechtigkeitsabwägungen gehören vorbereitend dazu. Um Gerechtigkeit sich entfalten lassen zu können, bedarf es erst der Freiheit des Individuums, das der Ort ist, an dem Gerechtigkeit abwägend gestaltet werden kann. Eine Gerechtigkeit, die als Algorithmus vorformuliert wäre, ohne der Verantwortung des einzelnen Individuums zugespielt zu werden, würde zu einem tödlichen Mechanismus erstarren. Der Satz «Es geschehe Gerechtigkeit und wenn die Welt zugrunde geht!» (*fiat iustitia et pereat mundus*) stellt die Installation einer der Freiheit der Entscheidung entzogenen tödlichen Maschine dar, die gerade nicht geeignet ist, dem Tötungsverbot zuzuarbeiten.

Freiheit ist für mich in erster Linie der Begriff, der das Zusammenleben der Menschen ermöglicht. Freiheit ist die Freiheit für das Gesetz. Die Eigeninteressen melden sich ohnehin zu Wort (unter Umständen auch als Interesse für jemand anders). Im Hinblick auf die Natur wurde der Freiheitsbegriff lange Zeit durch die Auseinandersetzung des Menschen mit der Natur geprägt. Der Mensch verstand sich als gegen eine außenstehende Natur kämpfend und wollte sich einen Freiraum, eine Lichtung in den Dschungel hineinschlagen. Die Übertragung des Freiheitskonzeptes auf die menschlichen Beziehungen sollte natürlich nicht vom Bild des Umschlagens der umstehenden Bäume geleitet sein.

Friedrich Schiller war der Ansicht, dass der Tod eine Herausforderung an die menschliche Freiheit sei. Man könnte auch eine andere Position einnehmen und sagen, dass der Mensch unfrei ist, wenn er sich ständig durch den Tod herausfordern lässt. Diese letztere Position liegt mir näher, denn ich weiß nicht so recht, was man mit einem Freiheitsbegriff soll, der das Unabänderliche auf Dauer herausfordern will. Man kann es ja mal probieren, und es gehört zu den größten Heldengesten des Menschen, den Tod herausfordern zu wollen. Aber ständig mit nackten Fäusten gegen eine Felswand schlagen zu wollen scheint mir eine fruchtlose Fehleinstellung zu sein. Schiller musste viele Jahre gegen die Tuberkulose kämpfen und hatte den Tod häufig vor Augen, bis dieser ihn schließlich dahinraffte. Aus dieser Perspektive heraus ist es durchaus nachzuempfinden, dass der Tod als beleidigende Einschränkung der Freiheit angesehen wird. Der zu früh kommende Tod ist schrecklich und fordert alle Kräfte des Individuums heraus. Als allgemeine Aussage kann der Satz «Der Tod ist die Herausforderung für die menschliche Freiheit» natürlich auch Unheil anrichten. Er kann zum Durchbrechen der hippokratischen Haltung anstiften, der zufolge Therapie gegen einen unabwendbaren Tod nicht einzusetzen ist. Heute wird gegen den Tod gekämpft, was nicht selten dazu führt, dass durch die Verlängerung des Lebens die Frage des Tötens aufgeworfen wird. War zunächst der Tod als Lebensbegrenzung der Gegner der Freiheit, wird es nach der Todesbekämpfung das Leben selbst, das als Gegner der Freiheit auftreten kann.

Die Bekämpfung des Todes als Verlängerung des Lebens hat den Ruf nach der Freiheit zum Töten nach sich gezogen. Menschliches Zusammenleben beginnt jedoch mit dem Tötungsverbot. Wer dieses durchbrechen möchte, muss sehr gravierende Gründe anführen (z. B. absolute Notwehr). Unglücklicherweise ist die Diskussion jedoch in eine Schieflage geraten, bei der die Vertreter des Tötungsverbots zur Begründung aufgefordert werden. Aber es zeichnet sich eine Entkoppelung von Leben und Würde ab, die nicht im Sinne des Grundgesetzes war. Selbstverständlich wollten die Väter unseres Grundgesetzes mit der Würde auch das Leben respektiert wissen. Wer dies ändern will, muss gute Gründe haben. Die allgemeine Diskussionslage beispielsweise zur Euthanasiedebatte hat jedoch zur Umkehrung geführt, sodass, wer Töten einfordert, z. B. bei Menschen, bei denen das Leben dann doch mehr verlängert wurde, als zunächst geplant war, nicht selbst begründen will, sondern die Gegner der Euthanasie zur Begründung auffordert. Sollte man dann nicht lieber den Schutz von Würde und Leben in eins im Grundgesetz verankern oder das Tötungsverbot als grundlegendes Gesetz bereits an herausragender Stelle hineinschreiben, wenn faktisch die Orientierung daran in den Argumentationsverteilungen verloren gegangen ist?

Auf dem Weg zur kulturellen Vielfalt

Beginnt man mit dem Gesetz (im entschiedensten «Du sollst nicht töten!»), so entfaltet sich eine reiche Dynamik des Lebens. Die Gestaltung von Ich und Persönlichkeit kann daran reifen. Der umgekehrte Weg von der Ich-Gestaltung und der Bestimmung von deren Grenzen führt eher zu «unendlichen» Streitereien. Lösungsversuche auf der Ebene waren zumeist frustran. Das Modell der Assimilation, der Anpassung an den anderen, ist historisch bereits einmal katastrophal missglückt. Die Juden waren kulturell in Deutschland so weit «assimiliert», dass Unterschiede kaum noch wahrnehmbar waren. Assimilation ist also kein ausreichender Mechanismus, um Ausgrenzungen zu verhindern. Aber auch die Betonung von Differenz als ethischem Wert erscheint mir nicht die ausreichende Qualität eines ausgleichenden Prinzips zu haben. Die Betonung des ethischen Gesetzes (Tötungsverbot) jedoch würde jene Orientierung liefern, von der ausgehend sich dann auch kulturelle Vielfalt entwickeln kann.

Im Islam ist anders als im Judentum das «Du sollst nicht töten!»

nicht als eigenständiges Gebot aufgestellt. Der Koran verbietet das Töten von Menschen jedoch mit Vehemenz, wenn er darauf hinweist, dass man eine Welt tötet, wenn man einen Menschen tötet. Das Tötungsverbot als universelles Prinzip für unsere Welt zu fixieren scheint mir ein angemessener Weg, individualistische Konzepte auch in der Kultur des Islam deutlich zu machen. Dies ist wichtiger, als individuelle Freiheiten des Konsums in den Vordergrund zu stellen. Auf diese Weise ließe sich auch die Herabwürdigung der Frau bekämpfen, die im Strafrecht zum Ausdruck kommt. Im Iran steht auf die Tötung eines Mannes die Todesstrafe. Wird eine Frau ermordet und beschweren sich die Angehörigen beim Richter, so wird ihnen beschieden, sie mögen warten, bis der Täter eine zweite Frau umbringt, da erst dann die Tat auch so vergolten werden kann wie bei der Ermordung eines Mannes.

Ich bin für eine Universalisierung des Tötungsverbots, weil ich meine, dass sich auf dieser Grundlage die Freiheit des Individuums entwickeln kann.

Meine These ist schlicht und einfach. Bei der Abwahl des Herrn zugunsten des Selbst gehen gewisse Dinge verloren, die für das Zusammenleben der Menschen äußerst wichtig sind, wenn zugleich aus der Freiheit zum Gesetz eine Freiheit vom Gesetz geworden ist. Man konnte geteilter Auffassung darüber sein, ob die Freiheit vom Gesetz ebenfalls zu einer gerechten Welt führte – solange der Bezug zum Herrn blieb. Die Abwahl von Gesetz *und* Herrn zugleich lässt es geboten erscheinen, nach neuen Möglichkeiten für *minima moralia* Ausschau zu halten. Neurowissenschaftliche Überlegungen können dazu einen Beitrag leisten und gleichzeitig helfen, das Verständnis zwischen verschiedenen religiösen und säkularen Positionen zu fördern. Es lohnt, in allen Religionen das Potenzial zur Überwindung von Gewalt aufzusuchen und dabei zu bemerken, wie auch säkulare Haltungen von religiösen Orientierungen in ihrer Entwicklung mitbestimmt sind. Besinnt man sich auf das Frieden stiftende Potenzial in allen Religionen, dann geht es nicht mehr um demütigende Übertrumpfung einer Position, sondern um die Förderung der Kräfte des Menschen, die zum angemessenen Umgang mit Religion beitragen können.

Nachtrag: Ästhetik des Respekts

Im Jahre 1997 wurde das Theaterstück *Respekt* von Renan Demirkan nach Texten von Khalil Gibran und anderen Autoren uraufgeführt. Renan Demirkan trat als Sprecherin, Schauspielerin (und Beterin) auf. Sie wurde von weiteren Schauspielern, einem Ballett und einem türkischen Orchester begleitet. Die Handlung bewegte sich zum Teil um TV-Monitore, auf denen ich für Gerechtigkeit zwischen den Völkern warb. Im Programmheft fanden sich zehn Thesen für den besseren Umgang zwischen den Menschen untereinander. Sie seien hier wieder abgedruckt.

10 Thesen zu einer Ästhetik des Respekts

1. Schaue dem anderen in die Augen! Habe einen reinen Blick! Den bekommst du, wenn du nicht lügst. Hast du gemerkt, dass der klare Blick die Voraussetzung für jede Ästhetik und für Glück ist?
2. Senke deine Lider! Du hast kein Recht, den anderen zu erforschen, wenn er es nicht will. Senke deine Lider. Auch so zeigst du Schönheit.
3. Blinzle nicht, sondern zwinkere mit den Augen! Blinzeln ist das Zappen mit der Wirklichkeit. Möchtest du ihr mit deinen Augen nicht lieber einen Gruß schicken?
4. Man schaut mit dem ganzen Gesicht. Lächle und lache auf der Straße, auch wenn keine Fernsehkamera in der Nähe ist. Die Leute erklären dich nicht für verrückt, wenn du lachst und sie nicht wissen warum. Lachen steckt an.
5. Respekt heißt zurückblicken. Bleib nicht eigensinnig, wenn ein anderer dich anschaut. Könnte sein Blick dir nicht irgendetwas schenken?

6. Betrachte den anderen nicht, als ob Narziss in die Quelle blickte. Du hast mehr drauf als den Umgang mit deinem eigenen Klon.

7. Sieh, dass der andere sieht, du wirst erfahren, dass die Welt in ist.

8. Ja, der andere kann dich verletzen, aber sieh, dass das individuelle Gehirn eine Knolle ist, die aus einer Verletzung sprießt. Entscheide dich für die Individualität. Meinst du nicht, dass sich so alles in ein Feuerwerk des Glücks verwandeln kann?

9. Möchtest du nicht in ein Spiel gehen, bei dem alle Sinne im Menschen angesprochen werden? Tu es, aber wolle damit keine Totalität erreichen, die nicht bereit ist, jederzeit in die Individualität zurückzufallen.

10. Renan Demirkan hat den Respekt in die Mitte gerückt, denn Respekt heißt Rücksichtnahme auf die Besonderheiten des anderen, ohne diese bloßlegen zu wollen. Eine Ästhetik des Respekts ist eine Ästhetik der Menschenrechte und kann nur von uns allen gemeinsam entwickelt werden. Machst du mit?

Anhang

Anmerkungen

Einleitung

[1] Bereits Ernst Cassirer untersuchte dies in seinem Buch *Der Mythos des Staates* in der Analyse des Dritten Reichs.

Religion und Mord

[1] Sigmund Freud: «Der psychophysische Parallelismus», in: Freud, S.: *Psychologie des Unbewussten*, Anhang B, 165–167?.

[2] Sigmund Freud: *Die Traumdeutung*, S. 236–237: «Ich reite auf einem grauen Pferd, zuerst zaghaft und ungeschickt, als ob ich nur angelehnt wäre. Da begegne ich einem Kollegen P., der im Lodenanzug hoch zu Roß sitzt und mich an etwas mahnt (wahrscheinlich, daß ich schlecht sitze). Nun finde ich mich auf dem höchst intelligenten Roß immer mehr zurecht, sitze bequem und merke, daß ich oben ganz heimisch bin. Als Sattel habe ich eine Art Polster, das den Raum zwischen Hals und Kruppe des Pferdes vollkommen ausfüllt. Ich reite so knapp zwischen zwei Lastwagen hindurch. Nachdem ich die Straße eine Strecke weit geritten bin, kehre ich um und will absteigen, zunächst vor einer kleinen offenen Kapelle, die in der Straßenfront liegt. Dann steige ich wirklich vor einer ihr nahe stehenden ab; das Hotel ist in derselben Straße; ich könnte das Pferd allein hingehen lassen, ziehe es aber vor, es bis dahin zu führen. Es ist, als ob ich mich schämen würde, dort als Reiter anzukommen. Vor dem Hotel steht ein Hotelbursche, der mir einen Zettel zeigt, der von mir gefunden wurde, und mich darum verspottet. Auf dem Zettel steht, zweimal unterstrichen: Nichts essen, und dann ein zweiter Vorsatz (undeutlich) wie: nichts arbeiten; dazu eine dumpfe Idee, daß ich in einer fremden Stadt bin, in der ich nichts arbeite.»
Natürlich kann man sehr viel darüber nachdenken, dass Freud 1. vom Pferd absteigt, 2. vor einer anderen Kapelle als geplant und 3. sich schämt, als Reiter anzukommen.

[3] Yael Hedaya: *Liebe Pur*. Zürich 2000.

[4] «Es gibt kein Entkommen». Gespräch mit Yael Hedaya, in: *Jüdische Allgemeine*, Spezial Jüdische Literatur, 25. April 2002, 57. Jg., Nr. 9, S. 4.

[5] Siehe Deklaration der Menschenrechte.

[6] Robert Brandom hat die Explizierung als grundlegendes Prinzip der Vernunft herausgearbeitet. Dies bedeutet, dass unsere Art zu leben als Vorläufer der Vernunft angesehen werden kann. Für die Praxis hat das die ethische Bedeutung, dass die Art, wie wir unser Leben entwerfen und führen, irgendwann auch in unser Bewusstsein zurückkehren und unsere Lebensregeln beeinflussen wird. Für Hölderlin waren deswegen die Gesetze auch nur vom Geist des gelebten Lebens her bestimmt.

[7] Kant: «Ich mußte [...] das Wissen aufheben, um zum Glauben Platz zu bekommen», *Kritik der reinen Vernunft*, Vorrede zur 2. Auflage, I 37–Rc 32, 1786.

[8] Averroes: *Tahafut Al-Tahafut*. Cambridge 1978.

Gibt es ein Maß?

[1] Es mag im Rahmen der neurophilosophischen Bemühungen der Versuch angehen, Bewusstsein und Farbwahrnehmung so den Hirnfunktionen zuzuordnen, dass kein scharfer Dualismus mehr benutzt werden muss (obwohl dies noch völlig offen ist).

[2] Die Untersuchungen von Rizzolatti zeigen, dass wir auf einer gewissen Ebene mimetischen Prozessen und Spiegelungen gar nicht entgehen und Doppelgänger auch nicht beseitigt werden können. Eine Weise, mit ihnen umzugehen, wäre der Austausch. Dies schlägt Luther im Hinblick auf Schuld in Bezug zu Christus vor. Er denkt nicht nur an eine Schuldvergebung, sondern an einen fröhlichen Wechsel und Streit (er benutzt das Bild von Ross und Reiter). Man kann sich vorstellen, dass damit der von Rizzolatti beschriebenen mimetischen Ebene Genüge getan wird und dadurch die Freiheit eines Christenmenschen einsetzen kann: Der Christ braucht sich dann nicht mehr mit einem Doppelgänger herumzuschlagen. Sein Handeln ist nicht mehr von der Schwierigkeit geprägt, ein «Ich» als Kontrollzentrum einzurichten, da die mimetische Ebene nun einheitlich arbeitet. Dies wäre eine wichtige Reaktionsmöglichkeit auf das Spiegelungsproblem. Probleme treten erst wieder auf, wenn diese Ebene nicht mehr in der Verehrung des Herrn ihre Einheit findet. Die Ebene des Spiegelstadiums ist insbesondere von Jacques Lacan heftig kritisiert worden. Unter der Voraussetzung des Glaubens erscheint jedoch nicht die Vermeidung der Spiegelung als die angemessene Reaktion, sondern vielmehr deren innige Absättigung im «Wechsel und Streit» mit Christus. Die Frage ist, ob in der Verehrung des Namens des Herrn und im Lobpreis Gottes diese Spiegelungsabsättigung noch erforderlich ist und ob sie als «Innerlichkeit» schon genügend Ethik ermöglicht (siehe auch Luther: *Von der Freiheit eines Christenmenschen*, Stuttgart 1962, und D. B. Linke: *Einsteins Doppelgänger*, München 2000).

Ein seltsamer Diamant: Das Gehirn

[1] Wenn aber die Annahme stimmt, dass das Christusereignis mit der neuen Kultur in Schriftform des Griechischen zusammenhängt, dann wäre im Grunde genommen ein derartiger Schritt in der Dimension der Tiefenstruktur eine Annäherung nur dann, wenn zugleich auch die hebräische Sprache zurückgenommen würde. Ansonsten müsste man sagen, dass eigentlich nur für den oberflächlichen Gebrauch eine Annäherung erreicht wird, dass Identität in der Tiefe, aber aufgrund der verschiedenen Schriftkultur an der Oberfläche weiterhin unterschiedlich erscheint (siehe D. B. Linke: *Die Neurologie der Medien*, Düsseldorf 1997, und *Identität, Kultur und Neurowissenschaften*, Frankfurt a. M. 1999).

[2] Siehe hierzu auch D. B. Linke: *Identität und Psychiatrie*, Regensburg 1990.

[3] Siehe D. B. Linke/M. Kurthen: *Parallelität von Gehirn und Seele*, Stuttgart 1988.

Das Krampfleiden des Fakirs

[1] Sigmund Freud: *Entwurf einer Psychologie*.

[2] A. Lew und S. Jaffe: *One God Clapping. The Spiritual Path of a Zen Rabbi*. *Jewish Lights Publishing*, Woodstock 2001.
J. H. Gelberman: *Zen Judaism*. Freedom/CA 2001.

[3] Zu Cauchy siehe Detlef D. Spalt, *Vom Mythos der mathematischen Vernunft*. Darmstadt 2. Aufl. 1987.

[4] In den Geisteswissenschaften ist die Rede von der Unendlichkeit oft noch nicht auf der Differenzierungsebene der Mathematik angelangt. Auch die Rede von der Ganzheit, wie sie im öffentlichen Bewusstsein immer wieder auftritt, ist noch nicht durch alle Differenzierungsdiskussionen hindurchgegangen. Oft wird es als eine ethische Leistung angesehen, wenn ein «ganzheitliches» Menschenbild eingefordert wird. Vor allem meint man, ein ganzheitliches Menschenbild würde schon an sich zu einem ethischen Umgang mit dem Menschen führen. Man kann das Argument jedoch umkehren und sagen, der Mensch, der lernt, sich als unvollständig wahrzunehmen, wird am ehesten Respekt vor dem Unendlichen haben. Die Fronten der Diskussion verlaufen eher zwischen Vertretern der Ganzheit und Vertretern der Unvollständigkeit. Die Gleichsetzung dieser beiden Lager mit den Geisteswissenschaften als Vertreter der Ganzheit und den Naturwissenschaften als Vertreter der Unvollständigkeit und Partikularität ist völlig unzutreffend. Zu der provokativen Äußerung, dass die Geisteswissenschaften von den noch nicht ausreichend entwickelten Metaphern der Mathematikgeschichte leben, möchte ich mich jedoch nicht hinreißen lassen.

Das Unnennbare: Musik und Religion

[1] Zum Thema Erwartung und Erfüllung siehe auch M. Kurthen/D. B. Linke: *Erwartung und Erfüllung.*

[2] Siehe hierzu D. B. Linke: «*Identity without Text*»: *Negation and Execution*, 2000.

[3] Die Bedeutung der frühen Fichte'schen Philosophie (und damit des Teufelspaktes) auf dem Weg zum Holocaust sollte noch mehr Beachtung finden. Tritt die Philosophie des Ich und der Freiheit mit einem Absolutheitsanspruch auf, kann es geschehen, dass sie so sehr in ihre Eigeninteressen hineintritt, dass sie mit Andersheit nicht mehr umzugehen weiß. Deswegen mein ständiger Hinweis, dass Freiheit auch als Ort der Ermöglichung des Gesetzes gedacht werden sollte.

[4] Musik ist für die Hirnforschung insofern von besonderem Interesse, als sie an ihr ein komplexes Verhaltenssystem studieren kann, das für das Gehirn «zur zweiten Natur» geworden ist. Das Besondere ist, dass die zweite Natur zugleich auch die erste durchwirkt – wie in der Religion.

Kommunikationsstörung bei den Engeln

[1] Thomas von Aquin bringt die Engel mit der aristotelischen Begriffslehre in Beziehung. Es gibt zahlreiche andere Möglichkeiten, die Engel in Beziehung zum «Kosmos» der Rationalität zu setzen.

Das Bersten des Liebesapfels und der Diebstahl der Früchte

[1] Das Hohelied Salomos lässt sich für die Gegenwart neu lesen. Man denke, eine sechzehnjährige Palästinenserin hat sich bis hoch zu den Brüsten mit Sprengstoff umgürtet. Sie geht in einen Supermarkt in Tel Aviv und sprengt sich in die Luft. Zwei Israelis sterben. Hätte die Geschichte auch anders ausgehen können? Kurz bevor sie den Zünder auslöst, trifft sie den Blick des argwöhnischen Gehilfen (vielleicht der Sohn des Ladenbesitzers):

Dort ist er – schnell wie ein Hirsch, wie die flinke Gazelle. Jetzt steht er vorm Haus! Er späht durch das Gitter, späht zum Fenster herein. Nun spricht er zu mir: Mach schnell, mein Liebes! Komm heraus, geh mit! (2, 9–10)
Sie erwidert:
Schwarz gebrannt hat mich die Sonne, schwarz wie Beduinenzelte, wie die Decken Salomos. Trotzdem bin ich schön, ihr Mädchen aus der Stadt Jerusalem! Seht nicht so auf mich herunter, weil ich dunkler bin als ihr. Draußen muss ich alle Tage meiner Brüder Weinberg hüten. Doch für meinen eigenen Weinberg – für mich selbst – kann ich nicht sorgen; dafür bleibt mir keine Zeit. (1, 5–6)

Eigentlich wollte er prüfen, ob sie eine Terroristin sein könnte. Er denkt an die Explosionen und Rauchsäulen:

Was kommt dort herauf aus der Wüste? Wie Rauchsäulen zieht es heran; es duftet nach Weihrauch und Myrrhe, nach allen Gewürzen der Händler. (3, 6)

Sie ist von Schrecken erfasst angesichts der Wachleute, Soldaten und Polizisten, die von draußen in den Supermarkt hereinschauen:

Schaut hin! Das ist Salomos Sänfte, geleitet von 60 Beschützern, von Israels tapfersten Helden, im Kampfe erprobt und bewährt. Das Schwert hat ein jeder am Gürtel zum Schutz gegen nächtliche Schrecken. (3, 7–8)

Auch er ist nicht ohne Schrecken:

Schön wie Tirza bist du, Freundin, strahlend wie Jerusalem; wie ein Trugbild in der Wüste raubt dein Anblick mir den Atem.

Wer leuchtet so schön wie das Morgenrot, so hell wie der Mond, wie der Sonne Strahl, verwirrend wie Bilder im Wüstensand? (6, 4, 10)

Sie hätte sich eine weniger gefährliche Situation gewünscht:

Ich wünschte mir, dass du mein Bruder wärst, den meine Mutter an der Brust genährt hat. Dann dürfte ich dich unbekümmert küssen, wenn ich dich draußen auf der Straße treffe, und niemand würde dann die Nase rümpfen. Ich nähm dich mit zum Hause meiner Mutter; du könntest mich im Zärtlichsein belehren, ich gäbe dir gewürzten Wein zu trinken und meinen Most von Früchten des Granatbaums. Sein linker Arm liegt unter meinem Kopf, und mit dem rechten hält er mich umschlungen. Ihr Mädchen alle, ich beschwöre euch, dass ihr uns nicht in unsrer Liebe stört! (8, 1–4)

Doch es ist schon zu spät:

Es grünt und blüht, so weit das Auge reicht. Im ganzen Land hört man die Vögel singen; nun ist die Zeit der Lieder wieder da! Sieh doch: die ersten Feigen werden reif; die Reben blühn, verströmen ihren Duft. Mach schnell, mein Liebes! Komm heraus, geh mit! Verbirg dich nicht vor mir wie eine Taube, die sich in einem Felsenspalt versteckt. Mein Täubchen, zeig dein liebliches Gesicht, und lass mich deine süße Stimme hören! (2, 12–14)

Offenbar hat er nicht bemerkt, dass ihre Taille durch den Sprengstoffgürtel etwas ausgeweitet und ihr Gang auch etwas unbeholfen ist:

Deine Füße sind zierlich in den Schuhen, du Fürstin! Und das Rund deiner Hüften ist das Werk eines Künstlers! Einer Schale, der niemals edler Wein fehlen möge, gleicht dein Schoß, süßes Mädchen! Wie ein Hügel von Weizen ist dein Leib, rund und golden und von Lilien umstanden. Deine Brüste sind herzig wie zwei junge Gazellen. Einem Elfenbeinturm gleich ist dein Hals, schlank und schimmernd. Deine Augen – zwei Teiche nah beim Tore von Heschbon. Deine Nase ist zierlich wie der Vorsprung des Wachtturms an dem Weg nach Damaskus. (2, 2–5)

Als er von ihrer Schönheit spricht und sie in tausend Bildern rühmt, scheint er sie entdeckt zu haben, denn er erahnt nicht nur die Herden, sondern auch die Waffen:

Preisen will ich deine Schönheit, du bist lieblich, meine Freundin! Deine Augen sind wie Tauben, flattern hinter deinem Schleier. Wie die Herde schwarzer Ziegen talwärts vom Berg Gilead zieht, fließt das Haar auf deine Schultern. Weiß wie frisch geschorne Schafe, wenn sie aus der Schwemme steigen, glänzen prächtig deine Zähne, keiner fehlt in seiner Reihe. Wie ein scharlachrotes Band ziehn sich deine feinen Lippen. Deine Wangen hinterm Schleier schimmern rötlich wie die Scheibe eine Apfels vom Granatbaum. Wie der Turm des Königs David, glatt und rund, geschmückt mit tausend blanken Schilden, ragt dein Hals. (4, 1–4)

Sie spricht auch sogleich vom Feuer. Meint sie die Liebe oder den Sprengsatz?

Du trägst den Siegelring an einer Schnur auf deiner Brust. So nimm mich an dein Herz! Du trägst den Reif um deinen Arm. So eng umfange mich! Unüberwindlich ist der Tod: Niemand entrinnt ihm, keinen gibt er frei. Unüberwindlich – so ist auch die Liebe, und ihre Leidenschaft brennt wie ein Feuer. Kein Wasser kann die Glut der Liebe löschen, und keine Sturzflut schwemmt sie je hinweg. Wer meint, er könne solche Liebe kaufen, der ist ein Narr, er hat sie nie gekannt! (8, 6–7)

Sie warnt ihn noch:

Komm schnell zu mir, mein Liebster! Komm, eile wie ein Hirsch; sei flink wie die Gazelle, die in den Bergen wohnt. (8, 14)

Geht die Geschichte so zu Ende? Sie erinnert sich noch einmal:

Nachts lieg ich auf dem Bett und kann nicht schlafen. Ich sehne mich nach ihm und suche ihn, doch nirgends kann mein Herz den Liebsten finden. Ich seh mich aufstehn und die Stadt durcheilen, durch Gassen streifen, über leere Plätze – ich sehne mich nach ihm und suche ihn, doch nirgends kann ich meinen Liebsten finden. Die Wache greift mich auf bei ihrem Rundgang. «Wo ist mein Liebster, habt ihr ihn gesehen?» Nur ein paar Schritte weiter find ich ihn. Ich halt ihn fest und lass ihn nicht mehr los; ich nehm ihn mit nach Hause in die Kammer, wo meine Mutter mich geboren hat. (3, 1–4)

Sie erinnert sich, wie sie erzitterte:

Durchs Fenster an der Tür greift seine Hand; ich höre, wie sie nach dem Riegel sucht. Mein Herz klopft laut und wild. Er ist so nah! (5, 4)

Und sie erinnert sich an seine kosenden und rühmenden Worte:

Verzaubert hast du mich, Geliebte, meine Braut! Ein Blick aus deinen Augen, und ich war gebannt. Sag, birgt er einen Zauber, an deinem Hals der Schmuck? Wie glücklich du mich machst mit deiner Zärtlichkeit! Mein Mädchen, meine Braut, ich bin von deiner Liebe berauschter als von Wein. Du duftest süßer noch als jeder Salbenduft. Wie Honig ist dein Mund, mein Schatz, wenn du mich küsst, und unter deiner Zunge ist süße Honigmilch. Die Kleider, die du trägst, sie duften wie der Wald hoch auf dem Libanon. Mei-

ne Braut ist ein Garten voll erlesener Pflanzen! An Granatapfelbäumen reifen köstliche Früchte. Herrlich duften die Rosen und die Blüten der Henna, Narde, Safran und Kalmus, alle Weihrauchgewächse, Zimt und Aloe, Myrrhe, alle Arten von Balsam sind im Garten zu finden. (4, 9–14)

Und sie erinnert sich an ihr Verlangen:

Er: Auf die Palme will ich steigen, ihre süßen Früchte pflücken, will mich freun an deinen Brüsten, welche reifen Trauben gleichen. Deinen Atem will ich trinken, der wie frische Äpfel duftet, mich an deinem Mund berauschen, denn er schmeckt wie edler Wein ... Sie: ... der durch deine Kehle gleitet, dich im Schlaf noch murmeln lässt. Nur ihm, meinem Liebsten gehör ich, und mir gilt sein ganzes Verlangen! Komm, lass uns hinausgehn, mein Liebster, die Nacht zwischen Blumen verbringen! Ganz früh stehn wir auf, gehn zum Weinberg und sehn, ob die Weinstöcke treiben, die Knospen der Reben sich öffnen und auch die Granatbäume blühen. Dort schenke ich dir meine Liebe! (7, 9–13)

[2] Kant hat seine Leistung mit der Wende des Kopernikus verglichen (siehe I. Kant: *Kritik der reinen Vernunft*, Vorrede). Diese Bemerkung wurde bisweilen zum Anlass genommen, den Beginn einer neuen Epoche, zumindest aber einer neuen Kränkung des Menschen festzustellen.

[3] Brief an Christian Garve vom 21. September 1798. Er habe «einen Schmerz wie der des Tantalus», wenn er vor sich «die unbezahlte Rechnung seiner unvollendeten Philosophie» sehe (zitiert nach Eckart Förster: *Kant's Final Synthesis. An Essay on the Opus postumum*. Cambridge/Mass. 2000, S. 48). Kants erkenntnistheoretische Situation mit der Strafe des Tantalus zu vergleichen ist aufschlussreich. Dennoch kommt in der Erwähnung des Tantalus nicht nur eine erkenntnistheoretische Situation zum Ausdruck. Wieso beklagt Kant, dass er die Rechnung nicht *erreichen* kann, statt zu beklagen, dass er sie nicht *bezahlen* kann? Wollte er sie etwa unter den Tisch fallen lassen? Auf jeden Fall scheint es Kant nicht nur um das Erreichen der Dinge, sondern auch um die Bilanz des Universums gegangen zu sein. Die («kopernikanische») Wendung, das erkennende Subjekt in den Mittelpunkt zu stellen, macht die Bilanzierung jedoch noch nicht zugänglich.

[4] Wie Tantalus wollte Kant eine Kluft überbrücken. Warum lässt er die Lücke nicht klaffen? Er hatte doch genug zu essen und zu trinken! Was bedeutet diese Lücke im «Geistigen»? War es eine erotische Lücke? Oder sollte man ihr nicht zu viel Bedeutung beimessen, da es sich nur um eine «Metapher» handelt? In welcher Beziehung aber steht dieser offen gebliebene Raum zu dem Raum, den er für den Glauben offen halten wollte (siehe *Kritik der reinen Vernunft*, Vorrede zur 2. Auflage, I 37–Re 32: «Ich mußte [...] das Wissen aufheben, um zum Glauben Platz zu bekommen»). Wird gerade dieser Raum

im *opus postumum*, ohne dass er es bemerkt, zu schließen versucht? Und tut sich, wenn dieser Raum geschlossen wird, nicht erst recht ein Abgrund auf? («Das, was Kant und Sade überraschenderweise miteinander gemein haben, ist der Abgrund, der die Kette der ‹pathologischen› (empirischen) Ursachen und Effekte vom reinen Willen trennt ‹ich will es, ungeachtet aller Umstände, selbst wenn dann die Hölle los ist!›») S. Zizek: *Die gnadenlose Liebe*. Frankfurt a. M. 2001, S. 172.)

[5] Tantalus ist eine Gestalt aus der griechischen Mythologie. Kants Hinweis könnte genügen, um eine Gestalt aus dem polytheistischen Griechentum in die Diskussion um säkulare Aufklärung und kritische Vernunft einzubringen. Möglicherweise wird mit dem Schicksal des Tantalus der Verlauf einer Geschichte genauer beschrieben, in der sich die Vernunft von der Religion befreien will. Die Zusammenstellung der Begriffe Religion und Risiko muss immer auch als Frage nach dem Risiko des Versuchs einer Befreiung von Religion gelesen werden. Bei dieser Auseinandersetzung stehen die großen Religionen im Mittelpunkt. Die Rückkehr zum Polytheismus steht für mich auch für poetische Zwecke kaum zur Debatte. Eine Aufspaltung, wie Goethe sie durchführte, der sich in ethischer Hinsicht monotheistisch und in dichterischer Hinsicht polytheistisch «bekannte», erscheint heute, wo Fragen der Rückkehr und Wiederkehr ohnehin problematisch geworden sind, in dieser Weise kaum nachvollziehbar. Die Äußerung von Richard Rorty, zur Demokratie passe am besten Polytheismus, erscheint mir erst recht fraglich. Was ist damit gemeint? Solle jedes Individuum die Vielfalt der Monotheismen so in sich vereinen, dass aus ihnen ein Polytheismus wird? Hier ergibt sich allerdings die sehr schwierige Frage, was es eigentlich für das Geschehen im eigenen Kopf bedeutet, neben dem eigenen Monotheismus noch andere Monotheismen in ihm «repräsentiert» bzw. wahrgenommen zu haben. Es ist eine sehr tief gehende Frage, die hier zumindest einmal angesprochen sein soll. Außerordentlich interessant ist die These des Münchner Religionswissenschaftlers von Brück, welcher der Ansicht ist, dass alle Religionen monotheistisch seien. Dies wird den Forderungen des eifersüchtigen jüdischen Gottes sicherlich nicht gerecht, öffnet jedoch eine interessante Dimension, wenn man, von Brück folgend, Religion nicht an Gestalten und erst recht nicht an ihrer Zahl, sondern an Intensität festmacht. Allerdings kann es sehr schnell zu einer Projektion werden, hinter den Gestalten die Intensität zu lokalisieren, statt zu gewahren, dass sie auch immer mit diesen und deren Zahl verbunden ist. Auch wenn man diesem Vorschlag von Brücks nicht folgt, scheint es mir statthaft, Gestalten der griechischen Mythologie bei der Diskussion in die großen Religionen anzuführen, da sie, auch wenn sie aus

einer vielpersonenhaften Zersplitterung bzw. Komposition herausgenommen werden, doch auch Momente der Auseinandersetzung mit den großen Religionen zum Ausdruck bringen können.

[6] Die Geschichte von Tantalus und Pandareon ist in *Der Kleine Pauly*, Lexikon der Antike in 5 Bänden, München 1979, zusammengefasst.

[7] Siehe das Kapitel «Autor, Subjekt, Henker», in: Slavoj Zizek: *Die gnadenlose Liebe*, Frankfurt a. M. 2001, S. 170–175.

[8] Der Genuss ist dem Tantalus durch den über ihm hängenden Stein verwehrt. Es ist nicht verwunderlich, dass Descartes und fast die gesamte Geschichte des Denkens nach ihm einen großen Teil der Überlegungen darauf verwandt haben, ob die Einnahme der herausragenden Stellung des Ich nicht von einer bösen Macht bestraft werden könnte. Das Argument dagegen wird in der Kohärenz des eigenen Denkens gesehen, was als Beleg dafür angeführt wird, dass es sich nicht um einen Traum handeln könne. Der Gedanke, dass es sich bei all diesen Versuchen aber um einen kohärenten Traum handeln könnte, wird nicht weiter verfolgt. Möglicherweise aber können wir ja gerade nur durch ethisches Verhalten, auch wenn und gerade wenn die Welt eine «kohärente» Täuschung ist, dem Handeln des bösen Dämons entgehen (siehe hierzu O. Rössler, *Das Flammenschwert*). Vielleicht ist Tantalus der Begründer der Tradition des Schwebens, die in der Philosophie bei Nietzsche und z. B. auch Walter Schulz eine große Rolle spielt. Nietzsche wollte von der Schwerkraft loskommen, und auch Magritte malte einen schwebenden Felsbrocken, auf dem eine menschliche Ansiedlung platziert wurde. Tantalus, zwischen Erde und Himmel schwebend, hatte noch den drohenden Stein über sich. Bei Magritte macht man es sich in dieser Situation schon gemütlich: Der Stein wird besiedelt.

[9] Kant bemühte sich darum in seiner Theorie des Äthers, siehe E. Förster: *Kants Final Synthesis*.

[10] A. Damasio: *Ich fühle, also bin ich. Die Entschlüsselung des Bewusstseins*, München 2002.

[11] In der junghegelianischen Rezeption der Trinitätslehre nicht als harmonisches, sondern kampforientiertes Geschehen.

[12] Mit dem Hinweis darauf, dass in der Reflexion der Mensch sich selber zum Objekt machen könne, zeigt Kant an, dass er sich zugleich in der Außenwelt und Innenwelt zu bewegen scheint. Es ist nicht verwunderlich, dass dann bei Baudrillard die Objekte zu den eigentlichen Aktivpartnern in der Welt werden (nicht ich betrachte den Fernseher, sondern der Fernseher betrachtet mich). Natürlich kann man dies zu einer Geschichte des Kaufens erweitern, in welcher nicht ich die Gegenstände kaufe, sondern die Gegen-

stände mich kaufen. In dieser Lesart wäre der Kaufrausch der Gegenwart nicht auf die immer wiederholte verzweifelte Geste des Tantalus zurückzuführen, doch noch die Früchte und die Quelle zu erreichen, sondern Ausdruck der Tatsache, dass in der Konstituierung des Subjekts bereits zusätzlich die Position der Früchte einzunehmen versucht wurde. Man könnte der Ansicht sein, dass Kant sehr zurückhaltend war, nicht wie Tantalus in den Bereich der Götter vorzudringen, denn schließlich hielt er «das Ding an sich» für den Menschen für unerkennbar. Das Ding an sich war der Gegenstand, wie er sich aus der Perspektive Gottes darstellte. Bedenkt man aber, dass das Ding an sich als hinter dem dem Menschen erscheinenden Gegenstand sich befindend gedacht wurde, muss man doch feststellen, dass das Ding an sich auch in den Bereich der menschlichen Perspektive geraten war und damit in die Koordinaten der Kognition eingespeist wurde. In dieser Parallelsituation zum erscheinenden Gegenstand konnte «das Ding an sich» mehr oder weniger mitverrechnet werden. Man hatte nicht zu erwarten, dass es woanders als vor einem selber (also hinter den Vorstellungen) auftreten könnte. Damit geriet aber aus dem Blick, dass das Ding an sich womöglich dem Genießenden im Nach-vorne-Schauen entzogen war, weil es über dem Haupt des Tantalus/Kant als über ihm verhängter Stein schwebte, also das gefürchtete «Reale» war. (Jacques Derrida wies darauf hin, dass manche Dinge von oben kommen, wie z. B. die Begegnung mit einer Frau. Das vorstellende Denken würde nach vorne platzieren. Vielleicht ist dies schon eine perspektivische Anmaßung.)

[13] «Bekenne dich zu dir selbst. Um Religion zu haben, bedarf es keines Gottes (noch weniger des Postulates: ‹Es gibt einen Gott›)» (21:81, Op. 248).

Antlitz und Tier – ein gemeinsames Hirnzentrum

[1] Die dritte Person der Dreifaltigkeit, der Heilige Geist, durfte nicht mehr als Person, sondern nur als Flamme oder Taube dargestellt werden. Da die Taube in China als schmutziges Tier gilt, erhielten die Missionare in China vom Vatikan die Sondererlaubnis, den Heiligen Geist als Person darzustellen.

[2] Siehe *Zur Neurophysiologie des Gesichtererkennens*.

[3] Die technischen Identifizierungssysteme, die u. a. den Pförtner ersetzen sollen, liefern die Vorgabe für einen lediglich «klassifikatorischen» Umgang mit Menschen.

Ein oder zwei Quellen für die Religion. Sprache und Evolution

[1] D. B. Linke: «Ein neurokybernetisches Modell der Sprechmotorik», in: G.

Hauske/E. Butenandt (Hg.): *Cybernetics*. München/Wien 1978; D. B. Linke: «Vorprogrammierung und Rückkopplung bei der Sprache», in: Spreng (Hg.): *Interaktion zwischen Artikulation und akustischer Perzeption*. Stuttgart 1980.

[2] G. Rizzolatti/I. Fadiga/V. Gallese u. a.: «Premotor cortex and the recognition of motor actions», in: *Cognitive Brain Research* 30060, 1995.

[3] D. B. Linke: *Gehirn, Sprache und Bewusstsein*, Lübeck 1997.

[4] Man mag auch an die Abschiedsworte von Sokrates und Christus denken.

[5] Siehe hierzu Jacques Derrida: «Glauben und Wissen», in: J. Derrida/G. Vattimo: *Die Religion*. Frankfurt a. M. 2001.

[6] Hier ergäbe sich die Aufgabe einer Ergänzung der Verleiblichungskonzepte der Neurowissenschaften, wie sie sich z. B. bei Damasio finden.

[7] Siehe das «Pfingstwunder» im Neuen Testament.

[8] D. B. Linke: «Ganzheit und Teilbarkeit des Gehirns. Aphasie ist keine Störung des Kommunikationsvermögens», in: H. Schnelle (Hg.): *Sprache und Gehirn*. Frankfurt a. M. 1981, S. 81–96.

[9] Siehe Slavoj Zizek: *Die Tücke des Subjekts*.

[10] Jean-Paul Sartre: «Transzendentale Einbildungskraft», in: Die Transzendenz des Ego. Philosophische Essays 1931–1939. Reinbek 1982.

[11] So in talmudischen Texten.

[12] Jean Paul: «Rede des toten Christus vom Weltgebäude herab, daß kein Gott sei», in: *Blumen-, Frucht und Dornenstücke oder Ehestand, Tod und Hochzeit des Armenadvokaten F. St. Siebenkäs*, Zweites Bändchen, Erstes Blumenstück. 4. Auflage München/Wien 1987, S. 270 ff.

[13] Oliver Sacks: *Awakenings – Zeit des Erwachens*. Reinbek 1991.

[14] Heidegger bringt den Gedanken der Radikalität der Gegenwart des Reiches Gottes anders als z. B. noch Hegel nicht zum Ausdruck. Die Zweiweltenlehre des Augustinus (Reich Gottes und Diesseits) hat aber gerade die Chance, diesen Gedanken zum Ausdruck zu bringen. Vielleicht ist Gottes Tod dann der Ausdruck dessen, dass die «zweite» Welt hier nicht mehr zur radikalen Verwirklichung zu bringen getrachtet wird. Üblicherweise liegt der vielleicht fehlerhafte Vorgriff bei all diesem aber bereits darin, «ontologisierend» von zwei Welten zu reden, statt die Frage der Differenz und der von Ferne und Nähe in Bezug auf die Beziehung zum Herrn zu besprechen.

[15] Diese höchstmögliche Verlassenheit durchzuhalten, hat Hölderlin in seiner Dichtung und in seinem Leben versucht. In der Trennung von der geliebten Diotima versuchte er nicht, die Seite des Getrennten oder Verzweifelten, der dann eventuell sogar mit Hass reagiert, einzunehmen, sondern sagte, dass seine Tränen nicht verstünden, dass sie gar nicht getrennt seien.

Er begibt sich also in die Software der Gemeinsamkeit, die der individualisierten Anatomie des Leidens nicht nachgeben will.

[16] Charles Baudelaire (1821–1867).

Evolution und Risiko

[1] Gott wurde nicht in allen Phasen des Judentums nach oben situiert, sondern auch als den ganzen Raum erfüllend gedacht; Immanuel Kant sah den Raum noch als Zeichen des Göttlichen an.

[2] Samuel P. Huntington: *The Clash of Civilizations and the Remaking of World Order*. London 2002.

[3] Ein Versuch, den Gedanken des Gesetzes («Du sollst nicht töten» usw.) in den Vordergrund zu stellen, findet sich in dem Aufsatz von D. B. Linke: «Unzulänglichkeit des Gesetzes? Minima Moralia aus neurophysiologischer Sicht». Hier wird insbesondere betont, dass es kognitionstheoretische Vorteile aufweist, die menschliche Interaktion unter der Regelung von Gesetzen zu sehen.

[4] Die Jagdbeutetheorie in der Religion entwickelt Newberg in seinem Buch *Why God Won't Go Away*. New York 2001.

[5] In seinem Buch *Denn sie wissen nicht, was sie glauben* (Reinbek 1992) weist Buggle auf die vielen Aufforderungen zur Tötung der Feinde im Alten Testament und in den Psalmen hin. Die Betonung des Tötungsverbots wird dadurch jedoch nicht relativiert, sondern wir sollten uns aufgefordert fühlen, an seiner Sicherung und Ausweitung zu arbeiten.

[6] Siehe Jacques Derridas Deutung der Ursprünge des Holocaust in dem Kampf des mythischen Denkens gegen den Namen des Einzigen. J. Derrida: *Gesetzeskraft*. Frankfurt a. M. 1991.

[7] Emmanuel Lévinas: *Humanismus des anderen Menschen*. Hamburg 1989.

[8] Immanuel Kant: *Was ist Aufklärung?* Berlin 1968.

[9] Gefährlich wäre es, wenn jene Art von Verdrängung in der europäischen Gesellschaft fortgeführt würde, die früher den Umgang mit der Geldwirtschaft kennzeichnete. Man wollte die Zinsgeschäfte nicht selbst übernehmen, aber von ihnen profitieren. Dies stellt eine höchst gefährliche Spaltung dar, da in wirtschaftlich schwierigen Zeiten dann der andere der Schuldige ist, und man selbst gleichsam an der Spitze des kosmischen Rechnungshofs («Turm zu Babel») alles besser gewusst hätte. Im Allgemeinen glauben dabei diejenigen, die weniger Risiko eingehen wollen, auf der sicheren Seite zu sein. Die Geschichte zeigt aber, dass gerade Kulte des Übereinstimmenwollens mit Werden und Vergehen zu den brutalsten Verhaltensformen angestiftet haben. Zumeist wollte man von der Endlichkeit, zu der man sich be-

kannte, doch noch etwas mehr gewinnen, das dann aber mit Gewalt (z. B. «Tausendjähriges Reich»). Vieles spricht dafür, dass die Menschen mehr Hoffnung und Zukunftsvertrauen, Glaube an ein Versprechen, eine Zuwendung, eine Zuneigung, eine Liebe brauchen.

[10] Meine Äußerungen richten sich nicht gegen Ökologie, bevorzugen aber deren Freiwilligkeit (siehe das Konzept von Al Gore). Für solche Freiwilligkeit bedarf das Individuum aber durchaus gemeinschaftlicher Bestärkung. Eine freiheitliche und offene Gesellschaft muss daher möglichst viele, nicht nur individuelle, sondern auch gemeinschaftliche Positionen zulassen und diskutieren.

[11] Hans Selye: *Vom Traum zur Entdeckung*. Wien/Düsseldorf 1965.

[12] Rigveda, der erste im hinduistischen Gottesdienst verwendete Veda, der an die Stelle der Götter- und Weltentstehungsmythen des alten Veda den Gedanken des personal einen Gottes setzt.

[13] In den Heften für politische Bildung erschien ein Artikel über den Kasino-Kapitalismus, der beschreibt, wie das Wirtschaftswachstum nach dem Zusammenbruch der ehemaligen Sowjetunion dort am Spielkasino orientiert ist, das von entsprechenden Mafia-Organisationen beherrscht wird. Es ist nicht mehr die protestantische Ethik des Opfers am eigenen Leben, wie es Max Weber noch beschrieb, die eine Anhäufung von Reichtümern ermöglichte. In einer solchen Welt des Spielkasinos, der Kalkulation des Risikos liegt Realität im Sinne eines echten Widerstands praktisch nicht vor.

[14] Siehe R. Dunbar: *Klatsch und Tratsch. Warum Frauen die Sprache erfanden*. München 2000.

[15] Plato: *Timaios*.

[16] Siehe hierzu J. Derrida: «Glauben und Wissen», in: J. Derrida/G. Vattimo: *Die Religion*. Frankfurt a. M. 2001.

[17] Zur «Sozionik» siehe Manuela Lenzen: *Natürliche und künstliche Intelligenz. Einführung in die Kognitionswissenschaft*. Frankfurt a. M. 2002.

[18] Siehe Anmerkung 14.

Literaturverzeichnis

Adler, E./B. Crawford: *Progress in Postwar International Relations*. New York 1991

Adler, G.: *Die Engel des Lichts*. Stein am Rhein 1992

Alper, M.: *«God» Part of the Brain*. New York 2001

Antes, P. u. a.: *Ethik in nichtchristlichen Kulturen*. Stuttgart 1984

Arthurs, O. J./S. Boniface: «How well do we understand the neural origins of the fMRI Bold signal?», in: *Trends in Neuroscience*, Bd. 25, Nr. 1, 2002, 27–31

Austin, J. H.: *Zen and the Brain. Toward an Understanding of Meditation and Consciousness*. Cambridge, Mass./London 2001

Averroes: *Tahafut Al-Tahafut. The Incoherence of the Incoherence*. Bde. I und II. Hg. von S. van den Berg, Cambridge 1978

Azari, N. P./J. Nickel/G. Wunderlich/M. Niedeggen/H. Hefter/L. Tellmann/ H. Herzog/P. Stoerig/D. Birnbacher/R. J. Seitz: «Neural correlates of religious experience», in: *European Journal of Neuroscience* 2001, 13 (8), 1649–1652

Baudrillard, J.: *Das perfekte Verbrechen*. München 1996

Beck, U.: *Risikogesellschaft. Auf dem Weg in eine andere Moderne*. Frankfurt a. M. 1986

– (Hg.): *Politik in der Risikogesellschaft*. Frankfurt a. M. 1991

Bennington, G./J. Derrida: *Jacques Derrida. Ein Portrait*. Frankfurt a. M. 1994

Bernstein, P. L.: *Against the Gods. The Remarkable Story of Risk*. New York 1996, 1998

Biersack, H. J./F. Grünwald/D. B. Linke: «Transient Cerebellar Diachisis». In: *The Lancet* 9, 1988, 825

Blanke, Th.: «Zur Aktualität des Risikobegriffs», in: U. Beck (Hg.): *Politik in der Risikogesellschaft*. Frankfurt a. M. 1991

Bleuler, E.: *Das autistisch-undisziplinierte Denken in der Medizin und seine Überwindung*. Hamburg 2000

Blood, A. J./R. J. Zatorre/P. Bermudez/A. C. Evans: «Emotional responses to pleasant and unpleasant music correlate with activity in paralimbic brain regions», in: *Nat. Neuroscience* 1999, 2 (4), 382–387

Blood, A. J./R. J. Zatorre: «Intensely pleasurable responses to music correlate with activity in brain regions implicated in reward and emotion», in: *Proc. Natl. Acad. Science USA* 2001, 98 (20), 11818–11823

Bodner, M./L. T. Muftuler/O. Nalcioglu/G. L. Shaw: «FMRI study relevant to the Mozart effect: brain areas involved in spatial-temporal reasoning», in: *Neurol. Res.* 2001, 23 (7), 683–690

Borsig, M. von: *Leben aus der Lotosblüte. Nichiren Shonin: Zeuge Buddhas, Kämpfer für das Lotos-Gesetz, Prophet der Gegenwart*. Freiburg i. Br. 1976

Bouman, J.: *Der Koran und die Juden. Die Geschichte einer Tragödie*. Darmstadt 1990

Bowdle T. A./A. D. Radant/D. S. Cowley/E. D. Kharasch/R. J. Strassman/P. P. Roy-Byrne: «Psychedelic effects of ketamine in healthy volunteers: relationship to steady-state plasma concentrations», in: *Anesthesiology* 1998, 88 (1), 82–88

Brain, P. F./E. J. Susman: «Hormonal aspects of aggression and violence», in: Stoff, D. M./J. Breiling/J. D. Maser (Hg.): *Handbook of antisocial behavior*. New York 1997, 314–322

Brandom, R. B.: *Making It Explicit*. Cambridge/London 1994

Brown, G.: *The Energy of Life*. London 1999

Brown, J.: *The Self-Embodying Mind*. New York 2002

Brüll, L.: *Die japanische Philosophie. Eine Einführung*. Darmstadt 1989

Buggle, F.: *Denn sie wissen nicht, was sie glauben. Oder warum man redlicherweise nicht mehr Christ sein kann*. Reinbek 1992

Cassirer, E.: *Der Mythos des Staates. Philosophische Grundlagen politischen Verhaltens*. Düsseldorf 1987

Churchland, P. M.: *The Engine of Reason, the Seat of the Soul: A Philosophical Journey into the Brain*. Cambridge/Mass. 1995

Coates, R. M.: «The Law», in: Crane, M. (Hg.): *Fifty great short storys*. New York 1959, 367–370

Cormac, E. M./M. I. Stamenov (Hg.): «Fractals of Brain, Fractals of Mind», in: *Search of a Symmetry Bond*. Amsterdam/Philadelphia 1996

Damasio, A. R.: *Ich fühle, also bin ich. Die Entschlüsselung des Bewusstseins*. München 2000

Dennett, D. C.: *Darwin's Dangerous Idea. Evolution and the Meanings of Life*. London/New York 1996

–: *Brainchildren. Essays on Designing Minds*. London 1998

Derrida, J.: *Glas*. Paris 1974

–: *Die Stimme und das Phänomen*. Frankfurt a. M. 1979

–: *Apokalypse*. Graz/Wien 1985

–: *Vom Geist. Heidegger und die Frage.* Frankfurt a. M. 1988

–: *Falschgeld. Zeit geben I.* München 1993

–: *Gesetzeskraft. Der mystische Grund der Autorität.* Frankfurt a. M. 1991

–: *Adieu. Nachruf auf Emmanuel Lévinas.* München/Wien 1999

–: *Von der Gastfreundschaft.* Wien 2001

Derrida, J./G. Vattimo: *Die Religion.* Frankfurt a. M. 2001

Dick, P. K.: *Do Androids dream of electric Sheep?* New York 1996

Dumoulin, H.: *Östliche Meditation und Christliche Mystik.* Freiburg/München 1966

Dumoulin, H.: *Mumonkan – Die Schranke ohne Tor.* Mainz 1975

Dunbar, R.: *Klatsch und Tratsch. Warum Frauen die Sprache erfanden.* München 2000

Durwen, H. F./D. B. Linke: «Temporäres Spiegelschreiben und Spiegellesen als Desinhibitionsphänomene? – Eine Fallstudie», in: *Neuropsychologia* 26, 3, 1988, 483–490

Edelman, G. M.: *Unser Gehirn – ein dynamisches System. Die Theorie des neuronalen Darwinismus und die biologischen Grundlagen der Wahrnehmung.* München 1993

–/G. Tononi: *A Universe of Consciousness. How Matter becomes Imagination.* New York 2000

Eisenführ, F./M. Weber: *Rationales Entscheiden.* Berlin/Heidelberg, 2. Auflage 1994

Fagg, L. W.: *Electromagnetism and the Sacred. At the Frontier of Spirit and Matter.* New York 1999

Fakhry, M.: *A History of Islamic Philosophy.* New York, 2. Auflage 1983

Fichte, J. G.: *Wissenschaftslehre.* 1794

Fine, P. G.: «Low-dose ketamine in the management of opioid nonresponsive terminal cancer pain», in: *Journal of Pain Symptom Manage* 1999, 17 (4), 296–300

Flusser, V.: *Die Geschichte des Teufels.* Göttingen 1993

–: *Kommunikologie* (Wg. von St. Bollmann und E. Flusser). Frankfurt a. M. 1998

Förster, E.: *Kant's Final Synthesis. An Essay on the Opus postumum.* Cambridge/Mass. und London 2000

Förster, H. von: *Wissen und Gewissen.* Frankfurt a. M. 1993

Freeman, W. J.: *Societies of Brains. A Study in the Neuroscience of Love and Hate. The Spinoza Lectures.* Hillsdale/Hove/London 1995

Freud, S.: *Die Traumdeutung.* Studienausgabe, Bd. II. Frankfurt a. M., 10. Auflage 1972

–: *Psychologie des Unbewußten.* Studienausgabe, Bd. III. Frankfurt a. M., 7. Auflage 1975

Fromm, E.: *Aggressionstheorie. Anatomie der menschlichen Destruktivität.* Gesamtausgabe, Bd. VII, Stuttgart 1980

–: *Das jüdische Gesetz. Zur Soziologie des Diaspora-Judentums.* München 1989

Fukuyama, F.: *The Great Disruption. Human Nature and the Reconstitution of Social Order.* New York 1999

Ganoczy, A.: *Der dreieinige Schöpfer. Trinitätstheologie und Synergie.* Darmstadt 2001

Gelberman, J. H.: *Zen Judaism. Teaching Tales by a Kabbalistic Rabbi.* Freedom/CA 2001

Gephart, I.: *Geben und Nehmen im «Nibelungenlied» und in Wolframs «Parzival».* Bonn 1994

Gephart, W.: *Symbol und Sanktion. Zur Theorie der kollektiven Zurechnung von Paul Fauconnet.* Opladen 1997

Geschwind, N.: *Cerebral Lateralization: Biological Mechanisms, Associations and Pathology.* Cambridge/Mass. 1986

Glasenapp, H. von (Hg.): *Pfad zur Erleuchtung. Das Kleine, das Große und das Diamant-Fahrzeug.* Köln 1985

Gold, P./A. K. Engel (Hg.): *Der Mensch in der Perspektive der Kognitionswissenschaften.* Frankfurt a. M. 1998

Goldberg, E. (Hg.): *Contemporary Neuropsychology and the Legacy of Luria.* Hillsdale/Hove/London 1990

Gomes, G.: «The timing of conscious experience: a critical review and reinterpretation of Libet's research», in: *Conscious Cognition* 1998, 7 (4), 559–595

Goodenough, O. R.: «Mapping Cortical Areas Associated with Legal Reasoning and Moral Intuition», in: 41. *Jurimetrics Journal*, 2001, 429–442

Gorno Tempini, M. L./C. J. Price/O. Josephs/R. Vandenberghe/S. F. Cappa/N. Kapur/R. S. J. Frackowiak: «The neural systems sustaining face and propername processing», in: *Brain* 121 (1998), 2103–2118

Greene, J. D./R. B. Sommerville/L. E. Nystrom/J. M. Darley/J. D. Cohen: «An fMRI investigation of emotional engagement in moral judgment», in: *Science* 2001, 293 (5537), 2105–2108

Greyson, B.: «The near-death experience as a focus of clinical attention», in: *Journal Nerv. Mental Disorders* 1997, 185 (5), 327–334

Greyson, B.: «Dissociation in people who have near-death experiences: out of their bodies or out of their minds?», in: *Lancet* 2000, 355 (9202), 460–463

Grigsby, J./D. Stevens: *Neurodynamics of Personality.* New York 2000

Hacker, Fr.: *Aggression. Die Brutalisierung der modernen Welt*. Reinbek, 5. Auflage 1979

Halbertal, M./A. Margalit: *Idolatry*. Cambridge/London 1992

Hedaya, Y.: *Liebe Pur*. Zürich 2000

Heidegger, M.: *Die Frage nach dem Ding. Zu Kants Lehre von den Transzendentalen Grundsätzen*. Tübingen, 2. Auflage 1975

–: *Einführung in die Metaphysik*. Tübingen 1976

Heisig, J. W./J. C. Maraldo: *Rude Awakenings. Zen, the Kyoto School, & the Question of Nationalism*. University of Hawai'i Press 1995

Helmstaedter, C./M. Kurthen/D. B. Linke/C. E. Elger: «Right Hemisphere Restitution of Language and Memory Functions in Right Hemisphere Language-Dominant Patients with Left Temporal Lobe Epilepsy», in: *Brain* 117, 1994, 729–737

–: «Patterns of Language Dominance in Focal Left and Right Hemisphere Epilepsies: Relation to MRI Findings, EEG, Sex and Age at Onset of Epilepsy», in: *Brain and Cognition* 33, 1997, 135–150

Henrich, D.: *Ethik zum nuklearen Frieden*. Frankfurt a. M. 1990

– (Hg.): *All-Einheit. Wege eines Gedankens in Ost und West*. Stuttgart 1985

Hobbes, Th.: *Leviathan oder Stoff, Form und Gewalt eines kirchlichen und bürgerlichen Staates*. Frankfurt a. M. 1984

Hofmann, M. W. (Hg.): *Der Koran*. Arabisch–Deutsch. Kreuzlingen/München 2001

Huntington, S.: *The Clash of Civilizations and the Remaking of World Order*. London 2002

Jansen, K. L.: «A review of the nonmedical use of ketamine: use, users and consequences», in: *Journal Psychoactive Drugs* 2000, 32 (4), 419–433

Jaynes, J.: *Der Ursprung des Bewußtseins durch den Zusammenbruch der bikameralen Psyche*. Reinbek 1988

Jean Paul: *Sämtliche Werke*, 10 Bde.; Bd. 2, *Siebenkäs*. München 1987

Jensen, O./J. E. Lisman: «Dual oscillations as the physiological basis for capacity limits», in: *Behavioral and Brain Sciences* 24, 2001, 126

Jonas, H.: *Der Gottesbegriff nach Auschwitz. Eine jüdische Stimme*. Frankfurt a. M. 1987

–: *Dem bösen Ende näher. Gespräche über das Verhältnis des Menschen zur Natur*. Frankfurt a. M. 1993

Jungclaussen, E. (Hg.): *Aufrichtige Erzählungen eines russischen Pilgers*. Freiburg i. Br. 1974

Kant, I.: *Kritik der reinen Vernunft*. 2. Auflage 1786

–: *Was ist Aufklärung?* Werke, Bd. VIII. Berlin 1968, 32–42

Keel, O.: *Das Hohelied*. Zürcher Bibelkommentare. Zürich, 2. Auflage 1992

Kellner, M.: *Commentary on Songs of Songs. Levi ben Gershom (Gersonides)*. Yale Judaica Series, Bd. XXVIII, New Haven/London 1998

Kindlon, D. J./R. E. Tremblay/F. E. Mezzacappa/D. Laurent/B. Schaal: «Longitudinal patterns of heart rate und fighting behavior in 9-through 12-year-old boys», in: *Journal of the American Academy of Child and Adolescent Psychiatry* 34, 1995, 371–377

Knoepffler, N.: «Über die Unmöglichkeit, die Gottesfrage durch eine Wette im Sinne Pascals zu entscheiden», in: *Philosophisches Jahrbuch*, 107. Jahrgang/II (2000), 398–409

Korvin-Krasinski, C. von: *Trina Mundi Machina. Die Signatur des alten Eurasien*. Mainz 1986

Kurthen, M.: *Werbung für das Unmögliche. Psychoanalyse und Kognitionswissenschaft in der Postmoderne*. Wien 2001

–/D. B. Linke: «Über Erwartung und Erfüllung. Die Wirklichkeit der Sprache in der Spätphilosophie Wittgensteins», in: H. R. Fischer (Hg.): *Janus-Wissenschaft*, 11, 1989, 37–54

–/C. Helmstaedter/D. B. Linke/L. Solymosi/C. E. Elger/J. Schramm: «Interhemispheric Dissociation of Expressive and Receptive Language Functions in Patients with Complex-Partial Seizures: An Amobarbital Study», in: *Brain and Language* 43, 1992, 694–712

–/C. Helmstaedter/D. B. Linke/A. Hufnagel/C. E. Elger/J. Schramm: «Quantitative and Qualitative Evaluation of Patterns of Cerebral Language Dominance – An Amobarbital Study», in: *Brain and Language* 46, 1994, 536–564

–/D. B. Linke: «The ontology of aspectual shape», in: *Behavioral and Brain Sciences* 1995, 612–614

Lacan, J.: «Das Spiegelstadium als Bildner der Ichfunktion», in: J. Lacan, *Schriften I*. Weinheim/Berlin, 3. Auflage 1991

Lakoff G./M. Johnson: *Philosophy in The Flesh. The Embodied Mind and its Challenge to Western Thought*. New York 1999

Laotse: *Tao te king. Das Buch vom Sinn und Leben*. Übersetzung und Kommentierung von R. Wilhelm. Düsseldorf/Köln 1978

Lassalle, H. M.: *Zen-Meditation für Christen*. Bern/München, 4. Auflage 1976

Lavater, H. C.: *Physiognomische Fragmente zur Beförderung der Menschenkenntnis und Menschenliebe*. Stuttgart 1984

Lee, S. P.: *Morality, Prudence, and Nuclear Weapons*. Cambridge/Melbourne 1996

Lehmann, D./P. L. Faber/P. Achermann/D. Jeanmonod/L. R. Gianotti/D. Pizzagalli: «Brain sources of EEG gamma frequency during volitionally meditation-induced, altered states of consciousness, and experience of the self», in: *Psychiatry Res.* 2001, 108 (2), 111–121

Lenzen, M.: *Natürliche und künstliche Intelligenz. Einführung in die Kognitionswissenschaft.* Frankfurt a. M. 2002

Levi ben Gershom (Gersonides): *Commentary on Song of Song.* New Haven/London 1998

Lévinas, E.: *Humanismus des anderen Menschen.* Hamburg 1989

–: *Ethik und Unendliches. Gespräche mit Philippe Nemo.* Wien, 3. Auflage 1996

Lew, A./S. Jaffe: *One God Clapping. The Spiritual Path of a Zen Rabbi.* Woodstock 2001

Lifton, R. J./E. Markusen: *Die Psychologie des Völkermordes. Atomkrieg und Holocaust.* Stuttgart 1992

Linke, D. B.: «Ein neurokybernetisches Modell der Sprechmotorik», in: G. Hauske und E. Butenandt (Hg.): *Cybernetics.* München/Wien 1978, 371–372

–: «Zur Therapie polyglotter Aphasiker», in: G. Peuser (Hg.), *Studien zur Sprachtherapie.* München 1979, 442–451

–: «Neurophysiologie und Sprache», in: G. Peuser (Hg.), *Studien zur Sprachtherapie.* München 1979, 44–54

–: «Vorprogrammierung und Rückkopplung bei der Sprache», in: Spreng (Hg.), *Interaktion zwischen Artikulation und akustischer Perzeption.* Stuttgart 1980, 50–57

–: «Philosophie des Gehirns», in: *Philosophia naturalis* 19, 1982, 342–349

–: «Ganzheit und Teilbarkeit des Gehirns. Aphasie ist keine Störung des Kommunikationsvermögens», in: H. Schnelle (Hg.): *Sprache und Gehirn.* Frankfurt a. M. 1981, 81–960.

–: «Heideggers Mandala», in: *Philosophisches Jahrbuch* 93, 1986, 286–300

–: «Religionspsychologie». In: H. Waldenfels (Hg.): *Lexikon der Religionen.* Freiburg i. Br. 1987, 550–553

–/M. Kurthen: *Parallelität von Gehirn und Seele. Neurowissenschaft und Leib-Seele-Problem.* Stuttgart 1988

–: «Identität und Psychiatrie. Die Theorie der Hemisphärendominanz und die neurowissenschaftliche Grundlegung der Psychiatrie», in: J. Glatzel u. a. (Hg.): *Vom Umgang mit Irren.* Regensburg 1990, 107–120

–: *Hirnverpflanzung. Die erste Unsterblichkeit auf Erden.* Reinbek, 2. Auflage 1996

–: «Die Neurologie der Medien», in: M. Schirner (Hg.): *Neue Räume, neue Medien.* Düsseldorf 1997, 32–46

–: *Gehirn, Sprache und Bewusstsein.* Festschrift der Deutschen Gesellschaft für

Anästhesiologie und Intensivmedizin, Helmut Weese Gedächtnisvorlesungen 1978–1997, Lübeck 1997, 212–220

–: «Theoids, Androids and Clonoids», in: J. Brouwer/C. Hoekendijk (Hg.): *Technomorphica*. Rotterdam 1997, 227–255

–: «Die Hemisphärenbeziehung und das Neue», in: *Arbeiten mit Texten in der Aphasietherapie*. Freiburg i. Br. 1998, 225–228

–: «Identität, Kultur und Neurowissenschaften», in: W. Gephart/H. Waldenfels (Hg.): *Religion und Identität*. Frankfurt a. M. 1999, 93–99

–: *Einsteins Doppelgänger. Das Gehirn und sein Ich*. München 2000

–: «The Lord of Time, Brain Theory and Eschatology», in: J. Polkinghorne/ M. Welker (Hg.): *The End of the World and the End of God*. Harrisburg 2000, 42–46

–: «‹Identity without Text›: Negation and Execution», in: A. Rosenberg,/J. B. Watson/D. B. Linke (Hg.): *Contemporary Portrayals of Auschwitz, Philosophical Challenges*. New York 2000, 117–123

–: «Kreativität und Sabbat. Wenn das Gehirn Pause macht», in: *Der (im-)perfekte Mensch. Vom Recht auf Unvollkommenheit*. Ostfildern 2001, 85–94

–: «Vom Träumen und dem Sinn des Lebens.» Interview von Adalbert Reif, in: *Universitas*, Nr. 656, Februar 2001, 187–198

–: «Das Herz des Lesens», in: *Deutschunterricht*, Heft 2, 54. Jahrgang, April 2001, 5 f.

–: *Kunst und Gehirn. Die Eroberung des Unsichtbaren*. Reinbek 2001

–: «Unzugänglichkeit des Gesetzes? Minima Moralia aus neurophysiologischer Sicht», in: D. Matejovski/D. Kamper/G.-C. Weniger (Hg.): *Mythos Neanderthal, Ursprung und Zeitenwende*. Frankfurt a. M./New York 2001, 122–133

–: «Auf der Suche nach dem Glück: Doppelgänger, Klon und Neuropsychoanalyse», in: S. Carp (Hg.): *Alles Kunst?* Vortragsreihe des Hamburger Schauspielhauses. Reinbek 2001, 201–222

–: «The Biophysics of Light», in: H. H. Diebner/T. Druckrey/P. Weibel (Hg.): *Sciences of the Interface*. Tübingen 2001, 185–191

–: «Friedensfähigkeit und Aggression. Kann der Mensch vom Töten ablassen?», in: E. Nagel/E. von Vietinghoff (Hg.): *Sind wir zum Frieden fähig?* Hannover 2002, 79–92

Lommel, P. van/R. van Wees/V. Meyers/I. Elfferich: «Near-death experience in survivors of cardiac arrest: a prospective study in the Netherlands», in: *Lancet* 2001, 358 (9298), 2039–2045

Lorca, F. G.: *Gedichte*. Frankfurt a. M., 6. Auflage 1991

Lüling, G.: *Zwei Aufsätze zur Religions- und Geistesgeschichte: 1. Der vorgeschichtli-*

che Sinn des Wortes «Metall», 2. Avicenna und seine buddhistische Herkunft. Erlangen 1977

Luhmann, N.: *Die Religion der Gesellschaft.* Frankfurt a. M. 2000

Luther, M.: *Von der Freiheit eines Christenmenschen.* Stuttgart 1962

Mandel, G.: *Gott hat neunundneunzig Namen. Die spirituelle Botschaft des Korans.* Augsburg 1997

Manemann, J.: *«Weil es nicht nur Geschichte ist». Die Begründung der Notwendigkeit einer fragmentarischen Historiographie des Nationalsozialismus aus politisch-theologischer Sicht.* Münster/Hamburg 1995

Margalit, A.: *Politik der Würde. Über Achtung und Verachtung.* Frankfurt a. M. 1999

Markowitsch, H. J./J. Kessler/C. van der Veen/G. Weber-Luxenburger/M. Albers/W.-D. Heiss: «Psychic trauma causing grossly reduced brain metabolism and cognitive deterioration», in: *Neuropsychologia* 1998, Jan., 36 (1), 77–82.

Morrison, T.: *Solomons Lied.* Reinbek 1979

Newberg, A./E. D'Aquili/V. Rause: *Why God Won't Go Away. Brain Science and the Biology of Belief.* New York 2001

Nida-Rümelin, J.: *Demokratie als Kooperation.* Frankfurt a. M. 1999

Nida-Rümelin, J./Th. Schmidt: *Rationalität in der praktischen Philosophie.* Berlin 2000

Nishitani, K.: *Was ist Religion?* Frankfurt a. M. 2001

Obermann, J.: *Der philosophische und religiöse Subjektivismus Ghazalis. Ein Beitrag zum Problem der Religion.* Wien/Leipzig 1921

Pantev, C./R. Oostenveld/A. Engelien/B. Ross/L. E. Roberts/M. Hoke: «Increased auditory cortical representation in musicians», in: *Letters to nature*, 1998, 811–814

Paret, R. (Hg.): *Der Koran.* Übersetzung von R. Paret. Qum/Iran 1981

–: Der Koran. Kommentar und Konkordanz von R. Paret. Stuttgart, 5. Auflage 1993

Pascal, B.: *Gedanken. Über die Religion und einige andere Themen.* Ditzingen 1997

Paz, O.: *Gedichte.* Spanisch und Deutsch. Frankfurt a. M. 1990

–: *Suche nach einer Mitte. Die großen Gedichte.* Spanisch und Deutsch. Frankfurt a. M. 1996

Persinger, M. A.: *Neuropsychological Bases of God Beliefs.* Westport/Connect. 1987

Peters, T.: *Thriving on Chaos. Handbook for a Management Revolution.* London 1989

Popper, K.: *Logik der Forschung.* Tübingen, 10. Auflage 1994

Pynchon, Th.: *Mason & Dixon*. London 1997

Radhakrishnan, S.: *Die Bhagavadgita. Sanskrittext mit Einleitung und Kommentar von S. Radhakrishnan*. Deutsch von S. Lienhard. Wiesbaden o. J.

Ramachandran, V. S./S. Blakeslee: *Die blinde Frau, die sehen kann. Rätselhafte Phänomene unseres Bewusstseins*. Reinbek 2001

Rawls, J.: *Eine Theorie der Gerechtigkeit*. Frankfurt a. M. 1979

Rehn, G./B. Wischka/F. Lösel/M. Walter (Hg.): *Behandlung «gefährlicher Straftäter». Grundlagen, Konzepte, Ergebnisse*. Herbolzheim 2001

Ricken, F.: «Kant über Selbstliebe: ‹Anlage zum Guten› oder Quelle alles Bösen»?, in: *Philosophisches Jahrbuch*, 108. Jahrgang /II (2001), 245–258

Rieke, F./D. Warland/R. de Ruyter van Steveninck/W. Bialek: *Spikes. Exploring the Neural Code*. Cambridge/Mass. 1999

Rimbaud, A.: *Sämtliche Dichtungen*. München 1997

Rizzolatti, G./I. Fadiga/V. Gallese u. a.: «Premotor cortex and the recognition of motor actions», in: *Cognitive Brain Research* 30060, 1995

Roelfsema, P. R./V. A. F. Lamme: «Which brain mechanism cannot count beyond four?», in: *Behavioral and Brain Sciences* 24, 2001, 142–143

Rössler, O.: *Das Flammenschwert*. Bern 1996

Rorty, R.: *Solidarität oder Objektivität?* Stuttgart 1988

–: *Philosophie der Demokratie. Beiträge zum Werk von John Dewey*. Frankfurt a. M. 2000

Rosenberg, A./J. B. Watson/D. B. Linke (Hg.): *Contemporary Portrayals of Auschwitz. Philosophical Challenges*. New York 2000

Russell, R. J./N. Murphy/Th. C. Meyering/M. A. Arbib (Hg.): *Neuroscience and the Person. Scientific Perspectives on Divine Action*. Berkeley/CA 1999

Sacks, O.: *Awakenings – Zeit des Erwachens*. Reinbek 1991

Saint-André, A. de: *Die Enzyklopädie der Engel*. Frankfurt a. M. 2001

Sartre, J.-P.: *Die Transzendenz des Ego. Philosophische Essays 1931–1939*. Reinbek 1982

Saver, J. L./Rabin J.: «The neural substrates of religious experience», in: *Journal of Neuropsychiatry and Clinical Neuroscience* 1997, 9 (3), 498–510

Schaal, B./R. E. Tremblay/R. Soussignan/E. J. Susman: «Male testosterone linked to high social dominance but low physical aggression in early adolescence», in: *Journal of the American Academy of Child and Adolescent Psychiatry* 35, 1996, 1322–1330

Scharfetter, C.: *Der spirituelle Weg und seine Gefahren*. Stuttgart, 2. Auflage 1992

Seifert, E. (Hg.): *Perversion der Philosophie. Lacan und das unmögliche Erbe des Vaters*. Berlin 1992

Schama, S.: *Rembrandts Augen*. Berlin 2000

Selye, H.: *Vom Traum zur Entdeckung. Vademecum eines Wissenschaftlers*. Wien/ Düsseldorf 1965

Shammi, P./D. T. Stuss: «Humor appreciation: a role of the right frontal lobe», in: *Brain* 122 (1999), 657–666

Sharif, M. M.: *A History of Muslim Philosophy I und II*. Wiesbaden 1963, 1966

Shoham, G. S.: *Walhalla, Golgotha, Auschwitz. Über die Interdependenz von Deutschen und Juden*. Wien 1995

Simons, P.: *Tötungsdelikte als Folge mißlungener Problemlösungen*. Stuttgart 1988

Sloterdijk, P.: *Nicht gerettet. Versuche nach Heidegger*. Frankfurt a. M. 2001

Spalt, D. D.: *Vom Mythos der mathematischen Vernunft*. Darmstadt 1981

Stamenov, M. I./E. M. Cormac (Hg.): *Fractals of Brain, Fractals of Mind*. Amsterdam/Philadelphia 1996

Stonier, T.: *Information und die innere Struktur des Universums*. Berlin/Heidelberg 1991

Suhail, K./S. Akram: «Correlates of death anxiety in Pakistan», in: *Death Studies* 2002, 26 (1), 39–50

Teboul, J.: *Lauf, Hölderlin!* München 1982

Tetens, H.: *Geist, Gehirn, Maschine. Philosophische Versuche über ihren Zusammenhang*. Stuttgart 1994

Tipler, F. J.: *The Physics of Immortality. Modern Cosmology, God and the Resurrection of the Dead*. New York 1994

Tokarew, S. A.: *Die Religion in der Geschichte der Völker*. Berlin 1976

Townsend, J. M.: «Extraversion, sexual experience, and sexual emotions», in: *Behavioral and Brain Sciences* 22, 1999, 537

Treher, W.: *Hegels Geisteskrankheit oder das verborgene Gesicht der Geschichte*. Emmendingen 1969

Tronik, M. W.: *Wesen und Ursprung der Sprache*. Berlin 1995

–: *Genesis. Die Auflehnung gegen Gott*. Großhansdorf 1999

Unis, A. S./E. H. Cook/J. G. Vincent/D. K. Gjerde/B. D. Perry/C. Mason/J. Mitchell: «Platelet serotonin measures in adolescents with conduct disorder», in: *Biological Psychiatry* 42, 1997, 553–559

Usher, M./J. D. Cohen/H. Haarmann/D. Horn: «Neural mechanism for the magical number 4: Competitive interactions and nonlinear oscillation», in: *Behavioral and Brain Sciences* 24, 2001, 151 f.

Van Goozen, S. H. M./W. Matthys/P. T. Cohen-Kettenis/J. H. H. Thijssen/H. van Engeland: «Adrenal androgens and aggression in conduct disorder prepubertal boys and normal controls», in: *Biological Psychiatry* 43, 1998, 156–158

Van Goozen, S. H. M./W. Matthys/P. T. Cohen-Kettenis/H. Westenberg/H.

van Engeland: «Plasma monoamine metabolites and aggression. Two studies of normal and oppositional defiant disorderchildren», in: *European Neuropsychopharmacology* 9, 1999, 141–147

Varela, F. J./E. Thompson/E. Rosch: *Der mittlere Weg der Erkenntnis*. Bern/München/Wien 1992

Virkkunen, M./J. Dejong/J. Bartko/F. K. Goodwin/M. Linnoila: «Relationship of psychobiological variables to recidivism in violent offenders and impulsive fire setters», in: *Archives of General Psychiatry* 46, 1989, 600–603

Vries, H. de: *Philosophy and the Turn to Religion*. Baltimore/London 1999

Waldenfels, H.: *Absolutes Nichts. Zur Grundlegung des Dialogs zwischen Buddhismus und Christentum*. Freiburg i. Br. 1976

–: *An der Grenze des Denkbaren. Meditation – Ost und West*. München 1988

Weizsäcker, C. F. von: *Wege in der Gefahr. Eine Studie über Wirtschaft, Gesellschaft und Kriegsverhütung*. München/Wien 1976

Wiesel, E.: *Abenddämmerung in der Ferne*. Freiburg i. Br. 1988

Zizek, S.: *Die Tücke des Subjekts*. Frankfurt a. M. 2001

–: *Die gnadenlose Liebe*. Frankfurt a. M. 2001

Zupanacic, A.: *Ethics of the Real. Kant, Lacan*. Verso/London/New York 2000

Dank

Vielen Menschen habe ich zu danken.
Mein besonders herzlicher Dank gilt meiner Frau Ingeborg.

Bildnachweis

S. 12: Detail aus Abb. 1 aus H. J. Markowitsch, J. Kessler, C. van der Veen, G. Weber-Luxenburger, M. Albers, W. D. Heiss: «Psychic trauma causing grossly reduced brain metabolism and cognitive deterioration» In: *Neuropsychologia* 1998, Jan., 36 (1), 77–82.

S. 15: Abb. aus dem Internet, Public domain.

S. 25: William Gaunt: *Phantastische Malerei. Meisterwerke im Großformat*, Wiesbaden 1974.

S. 28: Maja Linke, Privatbesitz.

S. 66: Maja Linke, Privatbesitz.

S. 98: Gilles Deleuze: *Francis Bacon – Logik der Sensation*, Bd. 2, München 1995.

S. 111: Ausstellungskatalog Lee Ufan, *Gemälde 1973 bis 2001*, Kunstmuseum Bonn, 17. Juni bis 9. September 2001.

S. 124: Heike Kotzenberg (Hg.): *Chinesische Tuschemalerei im 20. Jahrhundert*, München/New York 1996.

S. 161: *DuMont's Engel Kalender*, Köln 2001.

S. 181: Maja Linke, Privatbesitz.

S. 196: Gilles Deleuze: *Francis Bacon – Logik der Sensation*, Bd. 2, München 1995.

S. 207: José Gudiol: *The Complete Paintings of El Greco*. Greenwich House, New York 1983.

S. 266: Heike Kotzenberg (Hg.): *Chinesische Tuschemalerei im 20. Jahrhundert*, München/New York 1996.

S. 269: Eckhard Schleberger: *Die indische Götterwelt*, Köln 1986.

Register

1+n 67f., 167, 257
Absolute, das 132f.
Adorno, Theodor W.
130f.
Alterität 108, 113, 133f.,
246f.
Amygdala 90, 263
Antlitz 79, 177, 181f.
Arjuna 268f.
Artikulation 187f., 206
(→ Mundraum)
Attraktor 79, 133, 138,
144, 192
Auferstehung 213, 215f.
Aufklärung 41–43, 281
Autoskopie 108
Ayurweda-Medizin 86f.

Baudrillard, Jean 118, 200
Begehren 49, 99–101,
230
Begrüßung, japanische
116f.
Bewusstsein 58, 65, 185,
187, 190f., 240
Bewusstseinsstrom
209–211
bildgebende Verfahren
11, 72, 74–76, 130, 210,
245
Bin Laden, Osama 15
Böse, das 113f., 138f., 147,
152, 231
– radikal 155–157
Bote 143–146, 154
(→ Engel)
Botschaft 143–149, 249

– Das Medium ist die
148
Buddha 105, 117, 123, 231
(→ Zen-Buddhismus)
– totzuschlagender 52,
137

Cauchy, Louis 121
Chaosforschung 123
Chora 255
Christentum 33, 35, 42,
54, 58, 77, 99, 156, 216,
281 (→ Gott; Religion)
Christus 67f., 77, 113, 171,
213
– als Hirsch 29, 32
– zurückgenommener
264
Christusereignis 264
cré nom 218
Darwin, Charles 109,
227
Denken 38, 68, 119, 149,
211f.
– Software-Dimension
156
Dennett, Daniel 14, 227
Derrida, Jacques 14, 67,
110, 112, 133, 167, 193,
262
– Wette 97, 99
Diamant 239–241
Differenz 57, 67, 77, 95,
99, 132, 135, 159f., 267
– als ethischer Wert 284
Dissonanz 129f.
«Don't touch!» 256

Dopamin 250f.
Doppelgänger 67, 120
Dualismus 30, 56, 93

Ecstasy 275f.
Einbildungskraft 210f.
Ekstase 275, 277f.
– Vergessen von Zeit 276
Emotionalität 18, 38f.,
65, 74, 85, 145, 200f.
Endlichkeit 273–275,
277
Engel 143, 145, 148, 160,
173
– Hierarchien 144,
146–148
– oberster 147, 149–150
– ohne Stoffwechsel 177
Entgrenzung 83
Entmythologisierung
119
Epilepsie 214
Ethik 38, 48, 51, 56f., 64,
99, 157, 171, 178f., 242,
257, 273, 277
(→ Menschenrechte)
– religiöse 52, 95, 202
(→ Religion)
Euthanasie 229, 284
Evolution 13, 59, 203,
223–228, 257
Exzentrik-Haltung 214

Falsifikation 64f.
Fellpflege 250f.
Fichte, Johann Gottlieb
113, 120f., 132, 247

Franziskanerinnen 80, 82f.
Frege, Gottlob 74f.
Freiheit 36, 47, 58, 119, 153, 190, 197, 216, 282f.
– Orientierung an 47
– unendliche 58
– Ursprung 36
Freud, Sigmund 24, 48f., 73, 105, 118, 203, 215
Fußgängerbrücken-Dilemma 38f.

Ganzheit 86f.
Gebet 50, 68, 118, 217
  (→ Meditation)
Geborgenheit 48f.
Gefühl 208, 254
– rationale Prüfung 96
Gehirn 56, 65, 74, 93, 100, 172, 185, 191, 208, 219, 254 (→ Hirn-...)
– Algorithmus für 254
– ausgetauschtes 146
– evolutionär gewachsenes 257
– fraktal organisiertes 229
– globales 245
– heiliger Platz 80f.
– hinabreichende Worte 129, 203
– Konnektivität 122
– Software-Dimension 93f., 96
– Umgang mit → Risiko 59
Gesetz 43, 67, 79, 93, 189, 206, 229, 231, 236, 248, 251, 254, 281f.
  (→ Tötungsverbot)
– Freiheit vom 285
– ins Fleisch geschriebenes 253
Gesichtererkennung 180–182

Glaube 64f., 78, 167, 189, 193, 232f., 242f.
  (→ Religion)
– Derridas Analyse 167
– falsifizierbarer 64
Globalisierung 16, 33, 231, 268
Glück 105, 116, 131, 286
Gnade 58
Goethe, Johann W. von 11, 138, 247, 277
Gott 41, 58, 91, 132, 136, 151, 171, 216, 224, 228, 273 (→ Herr)
Gott ist tot 35f., 113, 213, 215f.
Gottesferne 177
Gottesnähe 91f.
Grooming 250–252

Hegel, Georg Wilhelm Friedrich 37, 68, 138, 158, 171, 209, 262
Heidegger, Martin 56, 92, 119, 151, 170, 215, 277
Heil 65, 130, 193f.
Heiligung 218, 231
Herr 79, 117, 149, 152, 158, 194, 204, 216, 219, 224, 228, 231, 234, 257, 277
– Abwahl 285
– Begegnung 277
– Stimme 145 (→ Engel)
Hippocampus 89f.
Hirnaktivität 12f., 38, 57, 73, 75f., 80
– bei religiöser Praxis 75f.
– verminderte 12
Hirnentwicklung 63
– beim Kind 62, 254
– Gewinn durch Verlust 63
Hirnforschung 17–19, 26, 38, 56, 68, 74, 77, 84, 131, 158, 180, 238

Hirnfunktion 51, 190
Hirnhälfte 200, 208
– dominante 16, 88
– linke 85, 87f., 114, 199, 214, 218, 264
– narkotisierte 88, 213f.
– rechte 87f., 114, 199, 264
Hirnlokalisation 76, 245
  (→ Lokalisation)
Hirnprozesse 11f., 63, 77, 210
Hirnregion 230, 245
Hirnschädigung 217–219, 277
Hirnstoffwechselaktivität 73
– verminderte 11
Hirnzentrum 73, 244f., 248
– für das Sprechen 263
– für Gesichtererkennung 180–182
– für religiöse Beziehungen 81
Hohelied, das 165
Hölderlin, Friedrich 35, 37, 92, 123
Holocaust 137–139, 154, 229

Ich 65, 80, 116, 118, 132, 173, 190, 243f., 247, 284
– Mikro-Ich 191
– Setzung 120f.
– Ursprung des Leidens 105
Ich-Du-Beziehung 165f, 229
Ich-Funktion 80
Identität 27, 94
In-der-Permutation-Sein 189, 193
Individualität 97, 99, 206, 243, 282, 287
Infinitesimalrechnung 120f.

Informationsverarbeitung 74, 90, 143, 186
Interface-Kultur 198
Islam 30, 37, 40, 43, 54, 77, 93, 95, 97, 151, 285
– Aufklärung 41f.
– Zweiteilung der Welt 189
Isolierzellen 63

Johnson, Mark 112
Judentum 32f., 36, 77, 120, 132, 149, 158, 281, 284
Jung, C.G. 63, 200f., 215

Kaiman-Syndrom 106
Kant, Immanuel 41f., 131, 155, 160, 199, 209f., 273f.
– Leiden des Tantalus 168–173
Karma 66–68
Kategorienfehler 61, 160f., 246
Kategorie-Verschiebung 159
Ketanest-Narkose 109
Kognition 15f., 24, 65, 74, 90, 100, 112, 121f., 135f., 188, 191–193, 198–200, 202, 210, 212, 224, 243, 263, 265
– differenzierte 57, 63 (→ Differenz)
– komplexe 186f.
Kommunikation 143f., 181, 198, 246
– Konstituens von 159
Konstruktivismus 118, 123, 206, 212
Koran 40, 149, 284
kosmischer Rechnungshof 233
Krieg 268–270, 281
Kultur und → Gehirn 47, 172

Leib-Seele-Problem 24, 26
Leiden 105, 119
Liebe 61, 85, 113, 158f.
– Kategorienfehler der 160f.
– und Wahnsinn 161f.
Liebestod 36, 134
limbisches System 12, 89f.
Linkshänder, umerzogener 15f.
Linkshändigkeit 15, 47
Liturgie 199f.
Lokalisation 73f., 76, 84, 101 (→ Hirnzentren)
Lorendilemma 38f.
Luther, Martin 66f.

Magnetresonanztomograph 39
Märtyrer 28, 33
Meditation 50, 68, 76, 80f., 83, 105, 118f., 125, 211
– auf «Om» 208, 233
– in der bildgebenden Röhre 82
Mensch 13f., 52, 113, 179, 223, 281
– als Nachrichtensystem 146 (→ Engel)
– für eine Sache sterbender 94
– Keimstruktur 122
– Rückkopplung mit dem Leben anderer 14
Menschenrechte 33, 41, 160, 253, 281
Metaphysikkritik 41–43
Mimesis 32, 230
minima moralia 17, 52, 285
Mozarteffekt 130f.
Mundraum 187–189, 191, 194, 205f.
Musik 95, 129–134

– heilende 130
– unbewusstes Rechnen 129
Mythos 32, 36, 172, 240

Nahtodeserfahrung 108f.
Narzissmus 116, 121, 172f., 287
Nervensystem 23, 60, 118, 136, 223, 254
– Frequenzverhalten 125
– Selbstbeeinflussung 108
– Spiegelungsprozesse 230 (→ Spiegelneuronen)
Nervenzellen 74, 77 (→ Neuro-…)
– 100 Milliarden 185
Neurobiologie 14, 93, 228
Neurodynamik (des Gehirns) 123, 125, 202, 210
Neuroinformatik 199
Neuromythologie 84
Neuronen 67, 76, 78, 95, 178
– interne 192, 194
– Kindheit 253
– rückkopplungsfreie 186, 190, 192
Neuronengruppen 190, 192
– Permutation von 187–189
Neuronenpool 178
Neuronenverlust 57, 63, 216, 254
Neurophilosophie 56, 93, 144
Neuropsychoanalyse 227
Neuropsychologie 144, 199
Neuroradiologie 80, 83
Neurosemantik 227

Neurotheologie 80, 83
Neurowissenschaft 24,
56, 62, 80, 199, 238, 248,
254, 285
New York, Ereignis in
249f.
Newberg, Andrew 80,
82f., 228
Nietzsche, Friedrich
130, 133, 156, 215, 277

Ödipusmodell 62f.
Opfermystik, christliche
29
Oralität 206, 208
(→ Mundraum;
Sprache)
Ordo-Gedanke 151
ozeanisches Gefühl
48–50, 158

Pascals Wette 53
Paul, Jean 213f., 217
Paz, Octavio 56, 161, 185,
209, 232, 261
Pferd und Reiter 23–26
Plato 57, 255
Platos Rosselenker 23f.
Popper, Karl 13f, 24, 52,
60, 64
Prosodie 129, 135
Psychoanalyse 50, 57, 78,
96, 197, 227
Pynchon, Thomas 92

Rationalität 39f., 84, 96,
133f., 200–203, 241
– emotionale Veranke-
rung 201
Realitätsbezug 117–119
Reiten 23–26
Religion 14, 18f., 32f., 36,
50, 52f., 78, 86f., 90, 96,
100, 159, 193, 217, 239,
234, 248, 265
– Abschaffung der 34,
281

– Definitionen 47
– fragmentierte 37
– Freiheitsgrade 90
– friedensstiftende 285
– Managementtheorie 17
– monotheistische 150,
158
– privatisierte 267
– zugunsten der
→ Vernunft verlassene
172
– Zweiteilung 193
– zyklische 54
(→ Werden und
Vergehen)
Religion als
– Begleiter der menschli-
chen Evolution 34
– negatives Risiko 17
(→ Risiko-...)
– Oberbegriff 158f.
– tödliche Waffe 15
→ Risikobewältigung
55, 235
Religion und
→ Evolution 250
– Gehirn 48, 80, 167, 237
(→ Neurotheologie)
– Musik 129
→ Sprache 50
Religionsfähigkeit 244
Religionskritik 65
Religionswechsel 86
Repräsentationen,
neuronale 110f., 257
– differenzierte 96
→ Ich 119
– von Wissen 167
Rhythmik, körperliche
23f.
Risiko 34, 54, 194, 223,
225, 232f., 240
– der → Freiheit 225
– gewinnbringendes 17
– kalkuliertes 232, 234
Risikoberechnung 17f.,
53, 58f., 61, 186

Risikomanagement
17–19, 33
Risikominderung 34,
148, 188, 238
Risikotheorien 17, 84
Risikoverhalten 101,
232f.
Rolland, Romain 48f.
Rückkopplung 95, 187f.,
192, 239
Rückkopplungsschleifen
186, 192

Säkularisierung 35, 281
Scheitellappen 81f.
Schläfenlappen 27, 79,
85, 217
Schmerzunempfindlich-
keit 106f.
Schrift 265, 267
– als Gestalt des
Geistigen 268
→ Sprechmotorik 263
– vokallose 264
Schriftsysteme 262f.
Schwelle 195, 197f.
Seele 24, 41, 61, 273
Seitenbetonung 199
Selbst 11, 51, 53, 96, 166,
173, 276, 285
Selbstauflösung 48f.
Selbstbezüglichkeit 60
Selbstinteresse 268f.
Selbstirritation 190
Selbstlosigkeit 268f.
Selbstopfer 28, 100
Selbstorganisation 185f.
Selbstseligkeit 53
semantisches System 97
Sexualität 90f., 97, 157,
224
– Desinteresse an 106
– zurückgenommene
118
Sichverlieren 72
Singularität 136–139,
276

– des 11. September 138
Software (Gehirn) 93f.,
  97, 156
– Austausch 96f.
– individualisierte 99
Sozionik 256
Spiegelneuronen 32,
  192, 205, 230
  (→ Neuron-...)
Spiegelungsprozesse
  67f., 230f.
Sprache 50, 155, 187, 191,
  203, 206, 214
– Prosodie der 129
– Raum der 110–112
Sprachleistung 85, 88,
  230
– motorische 230
Sprachstörung 217
Sprachvermögen 219
Sprachzentrum 48, 205
Sprechmotorik 186, 188,
  191, 193, 208, 263
Sprechneuronen 192f.
Sprechzentrum 262
  (→ Hirnzentrum)
Stamenow, Ivan 125
Stammhirn 236
Sterbehilfe 40
Sünde 91, 224, 232
– Vermeidung 99
  (→ Ethik)
Symbole 32, 372, 202,
  211f.
– als Energieträger 201
– nationalsozialistische
  201, 211
– religiöse 37, 201, 226
Synapsen 63, 74

Tantalus 168–173
territoriale Mechanis-
  men 26, 195, 197
Territorialisierung
  193f., 224
Terroranschlag 13
Terrorismus 13, 16, 40f.
– Prävention des 95
Teufel 26, 147, 151–154
  (→ Engel, oberster)
Teufelspakt 132f., 135,
  247, 268
Theorie
– auf Tötung ausgehende
  14 (→ Tötungsverbot)
– falsifizierbare 64
– sterbende 13f., 52
– Zerstörung der 60
theory of mind 230, 245–
  247
Thomas von Aquin 151
Tod 13f., 33, 35, 52, 87,
  112f., 115, 194, 216, 277
– vermeidbarer 87
– Bekämpfung 283
Todestrieb 49f., 78
Tötungsverbot 40f., 52f.,
  182., 206, 226, 229,
  236f., 282–285
Trauma, psychisches 11,
  136–139
Traumatizee 137

Übertragung (psychische)
  61, 203f.
Unendlichkeit 67, 122,
  233, 276f.
Unsterblichkeit 41, 49,
  273–276

Vernunft 18, 33f., 38f.,
  41, 52, 170, 172, 211,
  273f.
Versicherungen 58f.
Versprechen 165, 194f.,
  197
– jüdisch-christliches
  232
Verstand 32, 208
Vertikale, die 65, 149,
  224

Wahrnehmungsphysiolo-
  gie 115
Wahrnehmungsraum
  112
Werden und Vergehen
  54, 56, 234
Wirklichkeit 235, 249
World Trade Center 40
Würde, menschliche
  273, 277, 281, 284

Zeit 56
– Heraustreten aus der
  275f.
– strukturierte 277
Zen-Buddhismus 80,
  82f., 113f., 119–121
Zungenreden 208
Zusammenleben,
  soziales 16f., 33, 62,
  138f., 202, 204, 227, 235,
  253, 283
→ Gesetz 16f., 33, 62
– in der Weltgemein-
  schaft 226
Zuwendung 178, 219